Ibraimo Alberto

mit Daniel Bachmann

Ich wollte leben wie die Götter

Was in Deutschland aus meinen
afrikanischen Träumen wurde

Kiepenheuer & Witsch

MIX
Papier aus verantwor-
tungsvollen Quellen
FSC® C083411

Verlag Kiepenheuer & Witsch, FSC® N001512

1. Auflage 2014

Umschlaggestaltung: Barbara Thoben, Köln
Umschlagmotiv: © Sven Paustian
Gesetzt aus der Aldus und der Meta
Satz: Buch-Werkstatt GmbH, Bad Aibling
Druck und Bindung: CPI books GmbH, Leck
ISBN 978-3-462-04624-3

Dieses Buch widme ich meinem Vater,
der mir zeit seines Lebens und darüber hinaus
Vorbild und Schutzpatron war.

Inhaltsverzeichnis

Heute

Irgendwo über dem Äquator, in 12 000 Metern Höhe, denke ich: »Ich sollte das alles aufschreiben. Ich sollte aufschreiben, was mir widerfahren ist.« Vielleicht ist es dieser Artikel in dem Reisemagazin, in dem ich gerade blättere, der mich auf die Idee bringt. Da steht geschrieben, Afrika sei Teil des globalen Dorfes, kaum zu unterscheiden von anderen Kontinenten, und zum Beweis dafür ist die Skyline von Kapstadt abgebildet. Ich bin unterwegs ins Land meiner Väter und bin anderer Meinung.

Nach einem schrecklichen Bürgerkrieg, der erst 1992 endete, war Mosambik das viertärmste Land der Erde. Auch heute noch fehlt es an tausend Dingen. Daher liegen im Bauch des Flugzeugs meine 80 Kilogramm Übergepäck – nur das Nötigste, was meine Verwandten und Bekannten brauchen, die von einem globalen Dorf nicht einmal träumen. Sie erwarten meinen Besuch, den ersten seit vielen Jahren. In ihren Augen bin ich König. Der Einzige von ihnen, der es aus dem Ort Charonga, der auf keiner Landkarte verzeichnet ist, nach Deutschland geschafft hat. Der Einzige, der sich aus eigener Kraft aus der Sklaverei befreit hat.

Nein, das ist kein Druckfehler. Meine Familie und ich sind auf einer portugiesischen Sklavenfarm aufgewachsen.

Mosambik gehörte zu den letzten Ländern der Welt, die sich vom Joch des Kolonialismus befreien konnten. Das war am 25. Juni 1975 der Fall, nach 500 Jahren Fremdherrschaft. Zu dieser Zeit hielt der »Patron«, wie wir unseren portugiesischen Herrn und Gebieter nannten, über 80 Sklaven. Er schwängerte alle Frauen, auf die er Lust hatte, und bestimmte über unser Leben und unseren Tod. Ein Ziel meiner Reise ist, diesen Mann zu treffen. Ich habe erfahren, er sei noch immer im Land, hochbetagt, aber rüstig. Ein weiterer Grund ist meine Mutter: Sie ist 82 Jahre alt, ein biblisches Alter in einem Land mit einer durchschnittlichen Lebenserwartung von 48 Jahren, wo jeder zweite Mensch keinen Zugang zu sauberem Trinkwasser hat, die Säuglingssterblichkeit extrem hoch ist und die Anzahl der HIV-Infizierten ebenfalls. Man munkelt, dass im Fall meiner Mutter Hexerei im Spiel sein könnte, und in Afrika sollte man solche Spekulationen ernst nehmen. Vor allem, weil mein Vater Alberto Guira Kriche ein mächtiger Medizinmann unseres Stammes der Mateúe war. Er wiederum ist der dritte Grund meiner Reise.

Bisher gleicht mein Dasein einer Achterbahnfahrt, einem wilden Ritt in die tiefsten Abgründe und über die höchsten Gipfel, und ich will – nein, ich muss – dieser Sache auf den Grund gehen. Warum ist mein Leben das Gegenteil eines langen, ruhigen Flusses? Ich bin jetzt 50 Jahre alt und muss meinen Vater und die Ahnen nach der Ursache fragen. Natürlich sind meine Ahnen längst tot, und mein Vater ist auch schon verstorben. Ich habe also vor, mit den Toten zu sprechen.

So viel dazu, dass Afrika längst Teil des globalen Dorfes ist, nicht zu unterscheiden von anderen Kontinenten.

Ich schlage das Reisemagazin zu. Der Flugkapitän hat das Anschnallzeichen eingeschaltet. Wir sind über dem Kongo, wo der Schriftsteller Joseph Conrad einst das Herz der Finsternis ausmachte. Unser Flugzeug sackt in ein Luftloch, und die Maschine erzittert. Ein paar Mitreisende schreien vor Angst auf. Ich schließe die Augen und betrachte die Bilder, die wie Traumfetzen durch meinen Kopf wirbeln: Da sehe ich einen kleinen Buben, der sich immer wieder zum Haus des Sklavenhalters schleicht, um die Weißen zu beobachten. Er träumt davon, zu leben wie diese Götter; er träumt davon, zur Schule zu gehen, und beides ist unmöglich.

Dann sehe ich den Buben als jungen Mann. Er ist durchtrainiert, hat Muskeln bekommen, er steht in einem Boxring. Seine Schlagkombinationen sind so schnell, dass sie kaum zu sehen sind. Er schickt seinen Gegner zu Boden. Weiße Zuschauer springen von ihren Plätzen auf und jubeln ihm zu.

Ich sehe ein Paar. Die Frau ist weiß, der Mann ist schwarz, sie geben sich das Jawort. Ein Wunder ist geschehen.

Und dann sehe ich denselben Mann, mit Anfang vierzig. Ein deutscher Minister schüttelt ihm die Hand, überreicht ihm eine hohe Auszeichnung. Ein weiteres Wunder.

Und nun sehe ich den Mann wenige Monate später. Er wird von einem Dutzend Skinheads eingekreist. »Du stirbst, du Scheißneger«, schreien die Neonazis, und Fäuste fliegen. Wieder gibt es weiße Zuschauer, aber keiner greift ein. Niemand hilft. Alle glotzen nur zu. Es ist inzwischen eine Zeit lang her, dass der Mann ein großer Boxer war, aber noch weiß er sich zu verteidigen. Er muss sich wehren, er muss kämpfen, wie es ihm seine Oma prophezeit hat, es geht um Leben und Tod. Und in dieser Situation schießt ihm ein Gedanke durch den Kopf: Als Junge wolltest du leben wie die Weißen. Du wolltest leben wie die Götter. Damals, als du noch ein Sklave warst. Bist du das nicht immer noch?

Ich schrecke auf. »Du darfst niemals schlafen«, hat mir mein Vater, der Medizinmann, mit auf den Weg gegeben. »Du musst immer wachsam sein, du wirst viel durchmachen in deinem Leben.« Seine Worte sind mir in Fleisch und Blut übergegangen. Ich gehe selten vor ein Uhr nachts ins Bett und bin spätestens um fünf Uhr morgens wieder auf den Beinen. Ich leide an chronischem Schlafmangel und versuche, dies durch Training wettzumachen. Wenn ich aufstehe, mache ich 100 Liegestütze. Dann die nächsten 100 Liegestütze. Die nächsten. Und die nächsten. Mein Körper ist noch immer hart wie Stahl. Mit meinem Waschbrettbauch könnte ich jede Ausgabe von *Men's Health* zieren. Ich trainiere jeden Tag wie ein Besessener, weil diese Muskeln dafür gesorgt haben, dass ich in Mosambik Hyänen, Löwen, Krokodile und den Bürgerkrieg überlebte und in Deutschland die Angriffe der Rechtsradikalen.

Auf einmal höre ich die Stimme des Flugkapitäns. Er kündigt die Landung in Johannesburg an. Ich muss wieder weggenickt sein. Menschen mit chronischem Schlafmangel passiert das bei allen möglichen und unmöglichen Gelegenheiten. Ich bin da keine Ausnahme.

Unter mir breitet sich braune Erde aus, die südlichen Ausläufer der Kalahari-Wüste. Richtung Mosambik wird das Land zur Trockensavanne, Tausende Kilometer Busch und Steppe. Dort, im großen Nirgendwo, liegt mein Ziel: Zembe-Charonga-Nhamassacara, umgeben von Dschungel. Zembe heißen die heiligen Felsen unserer Gegend, Charonga ist der Ort, wo unsere Hütten stehen, Nhamassacara ist der Name des großen Flusses, der uns nährte. Ich bin bereit, meinen Fuß auf das Land meiner Ahnen zu stellen. Ich bin bereit für das große Abenteuer.

Charonga, Mosambik
1963 – 1972

»Ibraimo, komm!«

Der Ruf meiner Oma Mandenha schallte an mein Ohr. Wir schrieben das Jahr 1968, ich war fünf Jahre alt und gerade dabei, Holz für das Abendfeuer der Männer zu sammeln, doch wenn Oma rief, war es besser, alles stehen und liegen zu lassen. Sie war eine mächtige Medizinfrau – die Leute nannten sie eine Hexe – und nicht gerade das, was man schön nennen kann. Oma Mandenha hatte einen Bart, war muskulös, und wenn ihr danach war, boxte sie gegen die Männer, und meistens hatten die keine Chance. Neben meinem Vater hatte sie zwei weitere Söhne und ein Mädchen geboren, für unsere Verhältnisse verdächtig wenige Kinder.

Oma gehörte der Zauberkoffer, der voller Löwenknochen, Hyänenzähne, Muscheln und Affenschwänze war – kurz alles, was eine Medizinfrau für ihre Arbeit braucht. Der Koffer war ihr Heiligtum, und ich kann mich nicht erinnern, sie jemals ohne ihn gesehen zu haben. Umso überraschter war ich, als ich sie jetzt ohne das Utensil vor ihrer Hütte sitzen sah. Sie zog mich an sich und strich mir über den Kopf. Dann drückte sie mir ein paar Münzen in die Hand.

»Das sind sieben Escudos«, sagte Oma Mandenha. »Mein letztes Geschenk an dich.«

Verwirrt betrachtete ich das Geld. Sieben Escudos bedeuteten einen enormen Reichtum. Damit konnte man in der weit entfernten Stadt Vila Pery eine Hose kaufen und noch ein T-Shirt dazu. Ich besaß eine Hose und ein T-Shirt, und nun war ich von einem Augenblick auf den anderen doppelt so reich. Die Sache kam mir verdächtig vor.

»Ist was nicht in Ordnung, Oma?«, fragte ich.

Oma Mandenha sah mich an und lächelte. »Du bist anders als die anderen, Ibraimo«, sagte sie. »Du wirst immer kämpfen müssen.«

Ich verstand nicht, was sie mir sagen wollte, aber irgendwas in ihrer Stimme sorgte dafür, dass mir Tränen in die Augen traten.

»Ich werde heute Nacht weggehen«, fuhr Oma fort. »Gott wird kommen und mich holen.«

Das verstand ich noch weniger. Aber mir war klar, dass etwas passieren würde, und ich wollte nicht, dass es passierte. Ich begann zu weinen.

Eine der Frauen, die hinter Omas Hütte Blumenteppiche auslegten, erhob sich und trat zu uns. Es war meine Tante Rosa, die Schwester meines Vaters. Bei meiner Geburt war sie Hebamme gewesen, vielleicht mochte sie mich deshalb. Kurz bevor sie starb, erzählte sie mir, wie meine Geburt verlaufen war: »Deine Mutter kam vom Feld und wollte ihre Hütte erreichen, aber das hat sie nicht mehr geschafft. Du bist aus ihr rausgekommen, direkt in meine Hände.«

Jetzt drückte sie mich an sich. »Es ist nicht schlimm«, sagte sie. »Oma geht an einen schönen Ort. Eines Tages wirst du sie wiedersehen. Weißt du, Ibraimo, wir Menschen sterben nicht, wir gehen nur woandershin.«

Auf einmal hatte sie ein Bonbon in der Hand, und das war das nächste Wunder. Bonbons gab es bei uns nie. Ich sehe es heute noch vor mir: Es war in eine durchsichtige Folie eingepackt, darunter schimmerte es in einer geheimnisvoll grünen Farbe. Ich packte das Bonbon aus und steckte es in den Mund. Oma würde sterben, aber wenn der Tod kam, brachte er Geld und Bonbons. So schlimm konnte er nicht sein.

Schon damals betrachteten mich die Mitglieder unseres Stammes als Außenseiter. Man nannte mich das Wechselkind, aber ich konnte mit dem Begriff nichts anfangen. Meine Mama Madzinaca Jemusse Alberto stammt vom Volk der Mateúe, mein Vater vom Volk der Massena ab. Die Massena sind als zuverlässige, ernste Menschen bekannt, die man selten lachen sieht. Das war auch bei meinem Vater der Fall. Er lachte nur, wenn er etwas getrunken hatte, und er trank nur, wenn nach der Arbeit ein paar Escudos in seiner Tasche klimperten. 1962 arbeitete er bei Textáfrica, der größten Textilfabrik der portugiesischen Kolonie Mosambik. Chimoio wurde in dieser Zeit von den Portugiesen Vila Pery genannt und war eine Stadt mit 60 000 Einwohnern. Viele von ihnen waren bei Textáfrica beschäftigt. Die Firma hatte ihre eigene Fußballmannschaft, und mein Vater ging mit seinem besten Freund Afonso zu jedem Spiel.

Afonso stammte nicht von den Massena ab, er war nicht einmal aus Mosambik. Die Portugiesen hatten ihn aus Sambia ins Land geholt und ihm einen hohen Posten gegeben: Er war Steuereintreiber, und damit ein Mann mit Macht. Seine Frau hieß Madzinaca, und das ist erwähnenswert, weil diese Frau meine Mutter werden sollte. Durch seinen Beruf war Afonso viel unterwegs. So wie es heißt, dass ein Matrose in jedem Hafen sein Mädchen hat, hatte der Steuereintreiber in jedem Ort eine Frau. Afonso besaß neben Madzinaca sieben weitere Ehefrauen, aber sie war seine Nummer eins, jedenfalls glaubte sie das. Madzinaca lebte in Charonga, weit draußen im Dschungel, 50 Kilometer von Chimoio entfernt. Wenn Afonso alle Monate dort aufkreuzte, brachte er ihr eine Capulana mit, den traditionellen Wickelrock der mosambikanischen Frauen, zeugte mit ihr ein Kind, trieb die Steuern ein und verabschiedete sich wieder. Zurück in Chimoio besuchte er seine anderen Frauen und ging mit seinem Freund zum Fußball, um die Mannschaft von Textáfrica anzufeuern. Dort kickte ein vielversprechendes Talent namens Pedro, der älteste Sohn des Steuereintreibers. Dass Pedro einmal bei Benfica Lissabon um europäische Fußballpokale spielen sollte, wusste damals noch keiner, dass aber Dynamit in seinen Fußballschuhen steckte, konnte man schon sehen.

Wie Afonsos bester Freund – also mein Vater – Madzinaca im fernen Charonga kennengelernt hat, habe ich nie herausgefunden. Eines Tages aber ging er zu Afonso und sagte: »Madzinaca und ich haben uns verliebt. Und mal ehrlich, du hast doch keine Zeit für sie. Ich möchte mit ihr leben. Wir wollen heiraten.«

Das war mutig von Vater, weil nun kam, was kommen musste: Die beiden würden um Madzinaca kämpfen. Vater war zu dieser Zeit bereits in der Welt herumgekommen, hatte als Lastwagenfahrer das südöstliche Afrika durchkreuzt und in Simbabwe – damals Südrhodesien – als Sklave auf einer Farm der Buren die Kunst des Boxens erlernt. Als Afonso ihn zum Kampf herausforderte, fühlte er sich der Sache gewachsen. Allerdings war klar, dass einer von beiden sterben konnte, denn der Kampf wurde mit Messern ausgefochten. Vater erhielt einen tiefen Stich in den Rücken, aber am Ende ging er als Sieger vom Platz, ohne Afonso zu töten. Nun hatte er eine Frau gewonnen und einen Freund verloren.

Neun Monate nach dem Vorfall kam ich zur Welt. Viele der Stammesangehörigen fragten sich, ob ich von meinem Vater oder noch von Afonso gezeugt worden war. Nach meiner Geburt ließ Afonso zornig ausrichten, dass ich nicht sein Kind sei, aber zwei Jahre später änderte er seine Meinung: Jetzt bestand er darauf, dass er der Vater sei, und wollte mich in seine Heimat Sambia schicken. Noch einmal stellten sich die Männer zum Kampf, und wieder ging Vater als Sieger vom Feld. Von nun an war ich Afonsos Feind – aber die Zweifel, wer mein Erzeuger war, waren keinesfalls ausgeräumt. Bis heute gibt es keine Sicherheit: Ich habe viele Eigenschaften meines Vater geerbt, doch wenn ich mich neben meinen Neffen Dito stelle, den Sohn des Fußballers Pedro, der als Kapitän der mosambikanischen Fußballnationalmannschaft selbst ein hochbegabter Spieler ist, sehen wir uns verdächtig ähnlich.

»Du bist anders als die anderen, Ibraimo«, hatte Oma vor ihrem Tod gesagt, und es war ihr Vermächtnis an mich gewesen. »Du wirst immer kämpfen müssen.« Mit beidem behielt sie recht.

Am Tag, als Oma Mandenha ihren Tod kommen fühlte, rief sie meinen Vater zu sich. Sie übergab ihm den Zauberkoffer und sprach: »Von nun an bist du der Medizinmann unseres Volkes.«
 Das war kein Grund, vor Freude in die Luft zu springen. Der Medizinmann trägt eine schwere Bürde. Die Kommunikation mit der sogenannten anderen Welt, also mit der Totenwelt, ist kräftezehrend. Nur selten trifft man einen alten Medizinmann, in der Regel sterben sie früh. Dazu kommt der Koffer, den man mit sich schleppen muss und in dem sich die Erwartungen des Stammes manifestieren: Der Medizinmann muss Krankheiten heilen, die Geister besänftigen, Streit schlichten und Richter sein, das Wetter beeinflussen und die Ernte beschützen. Hätte mein Vater die Wahl gehabt, Medizinmann zu werden oder seinem Job in der Fabrik nachzugehen, hätte er sich sicher für die Fabrik entschieden. Doch er hatte keine Wahl, denn die Aufgabe des Medizinmanns wird innerhalb der Familie weitergegeben. Wenn kein würdiger Nachfolger in Sicht ist, begräbt der letzte Medizinmann der Linie sein Metier ganz buchstäblich. Er nimmt kurz vor seinem Tod den Koffer und versenkt ihn an einer Stelle, die niemand finden kann, in der Erde. Genau das tat mein Vater vor seinem eigenen Tod, als ihm klar wurde, dass ich nicht als Nachfolger zur Verfügung stand.
 Doch jetzt war er der neue Medizinmann des Stammes, und Oma ermahnte ihn, dieser Berufung nachzukommen, sonst würde er schlimmes Unglück heraufbeschwören. Er war der Auserwählte, der sich nicht verweigern durfte, doch genau das tat er. Nachdem Oma tot war, stellte er den Koffer in die Ecke und ging wieder in die Fabrik. Eine Zeit lang ging die Sache gut. Eines Abends aber marschierte Vater von der Fabrik direkt in eine Kneipe, trank ein paar Biere und setzte sich auf sein Moped. Die Portugiesen hatten am Feldweg, der von Chimoio Richtung

Charonga führte, den Dschungel abgeholzt, um einen Flughafen zu bauen. Nur ein Baum war stehen geblieben, und gegen den fuhr mein Vater. Natürlich hatte er keinen Helm auf, niemand hatte zu dieser Zeit einen Helm auf, und er erlitt tödliche Kopfverletzungen.

Ich war zu dieser Zeit in Charonga, und als am nächsten Tag ein Bote kam und die schreckliche Nachricht überbrachte, zögerte ich keinen Augenblick. Ich rannte los, rannte durch den Dschungel, machte keine Pause, rannte und rannte und rannte. Ich weiß nicht, wie viele Stunden ich für die 50 Kilometer benötigte, aber ich erinnere mich, dass es dunkel war, als ich Chimoio erreichte. Verloren irrte ich durch die Stadt und erreichte irgendwann den Bahnhof. Hier war viel los. Die Züge fuhren nach Beira am Indischen Ozean und in Richtung Rhodesien, dem heutigen Simbabwe.

Vor dem Bahnhofsgebäude gab es einen Markt mit vielen Ständen. Unter einem versteckte ich mich und schlief ein. Der Verkäufer kam am Morgen in aller Früh und weckte mich mit Fußtritten. In meiner Stammessprache Chiuté fragte ich nach dem Krankenhaus, aber er sprach nur Portugiesisch, und davon verstand ich kein Wort. Ich gab nicht auf und versuchte es bei jedem, der mir in die Quere kam. Schließlich hatte ich Glück, und eine Frau erklärte mir den Weg. Das Krankenhaus befand sich in einem der großen Kolonialgebäude, die es überall in der Stadt gab. Als ich es betrat, lief ich Onkel Daniel, dem Bruder meines Vaters, in die Arme.

»Wo ist Papa?«, fragte ich weinend.

Onkel Daniel grinste mich an, und obwohl ich nur ein Dreikäsehoch war, fand ich das unpassend. Der Bote hatte berichtet, Papa sei tot, was gab es da zu grinsen?

Onkel Daniel war Schneider bei Textáfrica, und er hatte in den letzten Jahren geradezu unverschämtes Glück gehabt. Die Beamten der portugiesischen Kolonialregierung hatten festgestellt, dass keiner ihnen die feinen Anzüge so gut auf den Leib schneidern konnte wie er. Kometenhaft war er vom kleinen Schneider zum Couturier der Elite aufgestiegen. Keiner konnte sich sein Glück erklären, aber Onkel Daniel war ein wichtiger Mann geworden und verdiente viel Geld. Als er die Nachricht von Vaters Unfall erhielt, hatte Onkel Daniel Nadel und Faden liegen gelassen und war ins Krankenhaus geeilt. Dort fand er meinen Vater nicht.

»Er war schon in der Leichenhalle«, erzählte Onkel Daniel, und grinste weiter von einem Ohr zum anderen. »Die Ärzte dachten, er sei tot. Die haben halt keine Ahnung. Dein Vater kann gar nicht sterben.«

»Warum nicht?«

»Das ist ein Geheimnis. Davon wissen nur er und ich. Ich ging zu den Ärzten und sagte, ihr irrt euch, mein Bruder lebt noch.«

Weil Onkel Daniel Einfluss hatte, holten die Ärzte Vater aus der Leichenhalle zurück. Tatsächlich, er atmete, er lebte!

»Ich will zu ihm!«, rief ich, aber Onkel Daniel schüttelte den Kopf.

»Er kann zwar nicht sterben«, sagte er, »aber jetzt braucht er trotzdem Ruhe. Komm mit mir.«

Onkel Daniel nahm mich mit in sein Haus, und mir gingen die Augen über. Bisher kannte ich als Behausungen nur unsere Strohhütten im Dschungel. Jetzt sah ich zum ersten Mal ein Haus aus Stein mit einem Dach aus Wellblech. Was für ein reicher Mann Onkel Daniel sein musste!

Vater blieb einen Monat lang im Krankenhaus. Als er entlassen wurde, war sein Kopf bandagiert. Sofort gab er seine Stelle bei Textáfrica auf. Er nahm den Koffer, marschierte nach Charonga und suchte sich einen Platz in der Nähe der Hütte meiner verstorbenen Oma, um dort selbst eine Hütte zu bauen. Vater hatte seine Lektion gelernt, er wusste, dass der Unfall kein Zufall gewesen war. Auch wenn das Geheimnis, das ihn und Onkel Daniel verband, dafür gesorgt hatte, dass er an diesem Tag nicht gestorben war, wollte er die Geister nicht noch einmal herausfordern. Er war nun bereit, das Amt des Medizinmannes zu übernehmen. Dazu war allerdings eine weitere Amtshandlung nötig. Vater musste bei Antonio Ferreira vorsprechen, dem weißen Gott, dem Mann, dem wir alle gehörten.

Zu dieser Zeit war Charonga noch immer Teil einer portugiesischen Sklavenfarm. Unser Volk der Mateúe war alles andere als ein freies Volk. 1965 schickten die Amerikaner die bemannte Rakete Gemini 4 ins All, in Deutschland fuhr der erste Personenzug über 200 Stundenkilometer, und bei uns in Mosambik lebten die Menschen als Sklaven der Portugiesen. Antonio Ferreira war unser »Muari«, unser Gott. Er war 34 Jahre alt, ein Mann, dem alle Frauen unseres Stammes zustanden und der über unser Leben und unseren Tod verfügte, wie es ihm gefiel. Ihn musste mein Vater um Erlaubnis bitten.

»Patron«, musste er sagen, »darf ich auf deinem Grund eine Hütte bauen? Darf ich als Medizinmann dir und meinem Volk dienen?«

30 Kilogramm wog der Sack mit Sonnenblumenkernen, den mir der Sklave aus Nampula auf den Rücken packte. Meine Knie zitterten, und ich brach fast zusammen, aber ich schaffte es, mich aufrecht zu halten. Die erwachsenen Männer schleppten 100-Kilogramm-Säcke, und ich wollte so stark sein wie sie. Gleichzeitig fürchtete ich mich vor diesen wilden Männern aus dem Nordosten von Mosambik.

»Antonio Ferreira ist schlau«, hatte mein Vater kürzlich gesagt. »Die weißen Götter sind alle schlau.«

Dann hatte er mir erklärt, was er meinte: Von unserem Stammesvolk der Mateúe mussten die Frauen und Kinder für den Patron schuften. Die männlichen Sklaven holte er sich von weiter weg: aus Nampula und von der Ilha de Moçambique, wo Leute vom Stamm der Makhuwa lebten.

»Die Sklaven sprechen nicht unsere Sprache«, führte mein Vater aus. »Sie wissen nicht, wo sie sind. Sie können niemals fliehen.«

Ich war mir nicht sicher, ob ich verstand, was er meinte. Die 80 Sklaven, die ein paar Kilometer vom Haus des Patrons entfernt in

Hütten lebten, waren in meinen Augen Menschen wie wir. Wenn Vater sie Sklaven nannte, musste ich also auch ein Sklave sein. Ich konnte mit dem Begriff nichts anfangen, aber ich nahm mir vor, den Patron genau zu beobachten, weil er so schlau war. Das war auch gar nicht schwer, denn er schulterte jeden Tag sein Doppelgewehr und machte sich auf die Jagd nach Gazellen und Antilopen. Deshalb nannten wir ihn auch Mangangaire – der Mann, der immer unterwegs ist. Dazu trug er hohe Stiefel zum Schutz gegen die Schlangen. Vor denen hatte ich ebenfalls Angst. Einmal rollte ich mich abends auf meinem Strohsack zusammen und spürte neben mir einen meterlangen Schlangenkörper. Langsam, ganz langsam, rutschte ich zur Seite. Dann zischte es, und die Schlange glitt an mir vorbei ins Freie.

Dass der Patron nicht nur die Jagd auf Gazellen und Antilopen betrieb, sondern auch auf die Frauen des Stammes, verstand ich nicht. Zwar sah ich ihn immer wieder mit einer Frau im Gebüsch verschwinden, aber ich traute mich nicht, der Sache auf den Grund zu gehen. Stattdessen nahm ich meinen ganzen Mut zusammen und näherte mich seinem Haus. Dort lebte er mit einer Frau, die er aus Portugal mitgebracht hatte. Sie war eine »Mulata« mit brauner Haut, die erste Mischlingsfrau, die ich zu Gesicht bekam. In meiner Kinderwelt ordnete ich sie als »Pflegerin« des Muari ein, weil ich davon ausging, dass ein weißer Gott nur mit einer weißen Göttin verheiratet sein konnte. Doch die Pflegerin bekam jedes Jahr frischen Nachwuchs, und als die Kolonialzeit endete, schickte Antonio Ferreira sie zusammen mit den Kindern nach Portugal zurück.

Außerdem lebte noch der Bruder des Patrons auf dem Anwesen. Chico sollte ihm bei der Verwaltung der Farm zur Hand gehen, aber die beiden stritten sich den lieben langen Tag, und es dauerte nicht lange, bis auch Chico nach Europa zurückkehrte. Das alles bekam ich mit, weil ich es inzwischen geschafft hatte, bis zum Küchenhaus vorzudringen. Es lag gegenüber dem Herrenhaus, und von dort konnte ich alles überblicken. Wann immer ich mich vom Schleppen der Sonnenblumensäcke wegstehlen konnte, stand ich hinterm Küchenhaus und betrachtete das Leben der Weißen. Hier träumte ich zum ersten Mal davon, so zu leben wie sie.

Natürlich dauerte es nicht lange, bis man mich entdeckte. Als die Kinder mich aufstöberten, war Schluss mit dem Versteckspiel. Sie sprachen alle Portugiesisch, was ich nicht konnte, aber unter Kindern versteht man sich auch so. Bald spielten wir zusammen, und der Patron, den meine Oma Sica als einen vom Himmel gesandten Gott betrachtete, schien nichts dagegen zu haben.

Eines Tages rief die Mulattin die Kinder zum Essen. Maria, die Jüngste, winkte mich mit ins Haus. Sie zeigte mir, wie man sich den Staub der Savanne von den Hosen klopfte. Danach betrat ich zum ersten Mal das Götterhaus. Mir wurde schwindelig, als ich die Pracht sah. Es gab Tische und Stühle und Schränke, in denen Teller und Schüsseln und Becher standen – ich hatte in meinem Leben fast nur Strohhütten gesehen, in denen es so gut wie nichts gab. Während die Kinder sich an den Tisch setzten, musste ich daneben stehen bleiben. Das machte mir nichts aus, denn ich durfte ihnen ja beim Essen zusehen. Und was sie aßen, Kartoffeln und Fleisch, ich konnte es nicht fassen! Bei uns gab es tagein, tagaus Maniokknollen. Zwar verspürte ich mächtigen Kohldampf, aber es war ausgeschlossen, dass ich im Haus der Götter etwas aß. Es war schon eine Auszeichnung, den Kindern dabei zuschauen zu dürfen. So etwas war noch keinem aus meinem Stamm erlaubt worden. An diesem Abend kehrte ich glücklich und in Gedanken versunken zu unseren Hütten zurück. Ob es mir jemals möglich sein würde, ebenfalls an einem Tisch zu sitzen, um Kartoffeln und Fleisch zu essen?

Am nächsten Tag waren die Träume erst einmal ausgeträumt. Mein Vater rief mich zu sich. »Der Einzelaffe ist zurück«, sagte er.

Ich wusste, was das bedeutete. Der Einzelaffe war ein alter Schimpanse, vor dem wir alle Angst hatten. Wenn er sich aufrichtete, war er größer als die Männer des Stammes, und sein Gebiss war Furcht einflößend. Weil er nicht mit anderen Affen zusammenlebte, hatte er ständig schlechte Laune, zumindest war das die

Meinung von Rui. Rui war mein Onkel, obwohl er nur zwei Jahre älter war als ich, und gleichzeitig war er mein bester Freund.

Wir bekamen von Vater den Auftrag, den Schimpansen vom Feld fernzuhalten. Der Patron hatte erlaubt, dass wir dort Maniok anbauten, unsere tägliche Speise. Das Feld war überlebenswichtig, und wenn der Schimpanse es räuberte, hatten wir nichts zu essen. Rui und ich bekamen den einzigen Blechtopf, den meine Mutter besaß. Dann schnitten wir uns Stöcke ab und machten uns auf den Weg zum Feld.

»Weißt du was, Ibraimo«, sagte Rui. »Wir machen ein bisschen Krach, dann gehen wir zum Fluss.«

»Was ist, wenn der Schimpanse kommt?«

Rui hatte aber keine Lust, den ganzen Tag auf dem heißen Feld zu verbringen. Seine Lieblingsbeschäftigung war angeln, und am Fluss wehte immer eine frische Brise. Ich musste zugeben, sein Vorschlag klang verlockend, aber ich würde nicht darauf eingehen. Ich gehorchte immer den Befehlen meines Vaters.

Eine Zeit lang machte die Aufgabe auch Spaß – ich schlug auf den Blechtopf und gab laute Schreie von mir –, aber nach ein paar Stunden wurde ich der Sache müde. Rui hatte sich längst verdrückt, und in mir stieg nun auch der Wunsch auf, den Blechtopf Blechtopf und den Schimpansen Schimpanse sein zu lassen. Stattdessen könnte ich doch bei den Hütten der Sklaven aus Nampula vorbeischauen. Meine Neugierde zog mich immer wieder zu ihnen. Außerdem gab es dort einen Mann, der nett war, mir über den Kopf strich und kleine Dinge wie einen geschnitzten Stock schenkte. Erst später wurde mir klar, dass ich ihn wahrscheinlich an seinen eigenen Sohn erinnerte, den er zurücklassen musste, als man ihn als Sklave in den Süden verkauft hatte.

Ich wartete ab, bis die Sonne unterging. Jetzt blieb mir nur noch wenig Zeit für meinen Ausflug. Ich würde mich sputen müssen, denn sobald es dunkel wurde, war es unmöglich, sich im Dschungel zu orientieren. Außerdem erwachte er dann zum Leben. Im Fluss waren Krokodile, an Land Löwen und Hyänen, und vor denen hatte ich am meisten Angst. So schnell ich konnte, rannte ich zu den Hütten der Sklaven.

Als ich ankam, vernahm ich lautes Geschrei. Zu meiner Verwunderung sah ich Antonio Ferreira, der sein Gewehr auf einen Mann gerichtet hatte. Die anderen Sklaven hatten einen Halbkreis um die beiden gebildet. Ich drängte mich nach vorne und sah, wie der Patron dem Mann das Gewehr an den Kopf hielt. Auf einmal hatte ich schreckliche Angst und wollte nur noch nach Hause. Wild um mich schlagend bahnte ich mir einen Weg durch die Männer. Im selben Augenblick fielen zwei Schüsse. Meine Füße trugen mich wie von selbst den Weg durch den Dschungel zurück zum Feuer vor der Hütte meines Vaters. Dort saßen die Männer des Stammes versammelt, und Vater sprach leise zu ihnen.

»Der Mann war krank und hat seit zwei Tagen nicht mehr gearbeitet. Jetzt ist er tot«, sagte er.

Obwohl mein Vater nicht dabei war, wusste er, was geschehen war. Wenn der Tod kommt, ist der Medizinmann immer im Bilde, dazu muss er sich nicht von seiner Hütte wegbewegen.

Mir liefen die Tränen über die Wangen, doch niemand achtete auf mich. Was immer geschehen war, es war geschehen. Es gab keinen Grund zu weinen. Antonio Ferreira war unser »Muari«, unser Gott, der Herr über Leben und Tod. Daran würde sich nichts ändern, heute nicht und morgen nicht und in hundert Jahren nicht, weil es uns Schwarze nur aus einem Grund gab, nämlich um den Göttern zu dienen. Wenn ein Sklave das nicht mehr konnte, weil er krank oder alt war, hatte er kein Recht weiterzuleben. Das lehrte mich meine Oma Sica Tag für Tag. Warum sollte ich es nicht glauben?

Mit Afonso hatte meine Mutter fünf Kinder bekommen, alles Jungs. Dann trat mein Vater in ihr Leben, und ich war das erste gemeinsame Kind, das Wechselkind. Nach mir bekam meine Mutter fünf Töchter und zum Schluss meinen Bruder Mussa. Eigentlich war sie immer schwanger, wie alle Frauen des Stammes.

Die ersten paar Jahre meines Lebens verbrachte ich meine Zeit bei ihnen. Ich durfte nicht am Feuer der Männer sitzen, sondern hatte meinen Platz an dem Feuer der Frauen. Manchmal nahm mich meine Tante Emma in den Arm, und legte meine Hände auf ihren ausladenden Busen. Sie lachte, während ich mit ihren Brüsten spielte. Auf diese Weise wurde uns Buben der Unterschied zwischen den Geschlechtern beigebracht. Der Übergang vom Feuer der Frauen zu dem der Männer geschah, als ich acht Jahre alt war und damit zu alt, um weiterhin arglos mit Tante Emma zu spielen.

Von der Zeit an übernahm Opa Jemusse unsere Erziehung. Wir kleinen Jungs hatten mit der Tante gekuschelt, doch nun sagte er: »Bis hierher, und nicht weiter. Geht nie mit euren Schwänzen an eine Frau ran. Die haben eine Muschi, die beißt.«

Je älter wir wurden, desto häufiger erzählte er uns von dieser Muschi, die biss. Von Opa erfuhr ich auch, was ein Mann tun musste, damit eine Frau kein Kind bekam. Dann stibitzte er eine ihrer gebrauchten Monatsbinden – die Frauen unseres Stammes hatten jede zwei davon, die sie abwechselnd im Fluss wuschen –, spuckte darauf und versteckte sie auf dem Dach ihrer Hütte. Danach betete er in der Stammessprache zu den Azimu, den toten Vorfahren: »Jajá imuimi, indo cumbirirao imuimi. Babá ndino mucazi unango indi-noda cumugazirira azocumbira acuna anna auo – Die Frau soll verhext sein, sie soll nie wieder Kinder bekommen.«

Dann hob Opa einen warnenden Finger und sagte, was auch mein Vater immer sagte: »Das wirkt nur, wenn keiner davon erfährt. Ein Geheimnis muss ein Geheimnis bleiben, damit der Zauber wirkt.«

Um ehrlich zu sein, verstand ich kein Wort von alldem, und den anderen Jungs ging es genauso. Trotzdem lauschten wir mit glühenden Ohren. In dieser Zeit lagen die Hütten unserer Familie noch weit auseinander. Das änderte sich erst später in den Zeiten des Bürgerkriegs, doch jetzt musste ich viele Kilometer zurücklegen, um von der Hütte meiner Eltern zu der Hütte von

Oma Sica und Opa Jemusse zu kommen. Trotzdem machte ich mich jeden Tag auf den Weg.

An diesem Abend kam ich aufgekratzt aus dem Haus der Götter zu Oma Sica. Ich hatte ein paar Stunden mit den Kindern des Patrons gespielt, ich hatte beobachtet, wie er von der Jagd nach Hause kam und zwei der Sklaven eine tote Gazelle herbeischleppten. Die Mulattin war mit der Wasserschüssel herbeigeeilt, damit er sich die Hände waschen konnte. Anschließend saß die Familie bei Tisch, und ich stand daneben und sah ihnen beim Essen zu.

Als ich mich jetzt zu Oma vor die Hütte setzte, platzte ein Satz aus mir heraus, der seit Wochen durch meinen Kopf spukte. »Oma. Ich möchte in die Schule!«

Oma Sica sah mich entgeistert an. Ich konnte in ihrem Blick lesen, was sie dachte. »Das ist völlig unmöglich. Nur Götter dürfen zur Schule gehen. Wir nicht.«

»Aber warum, Oma?«

»Weil wir den Göttern dienen. Die Götter dürfen nicht arbeiten. Sie müssen lernen.«

Was Oma sagte, klang logisch. Es klang so logisch, dass mir die Tränen kamen. Oma Sica schüttelte den Kopf über meinen verrückten Wunsch. Der Junge will zur Schule, hat man so was schon mal gehört! Sie lachte über den kleinen Tor, der ständig diese Hirngespinste im Kopf hatte.

Da kam Opa Jemusse herübergeschlendert. »Was ist so lustig?«, wollte er wissen.

Oma hielt nicht damit hinterm Berg. »Ibraimo mal wieder. Jetzt will er zur Schule! Red mal mit deinem Enkel, damit er sich nicht ständig Flausen in den Kopf setzt.«

Ich wischte mir die Tränen aus dem Gesicht, während Opa Jemusse mich lange ansah. Dann sagte er: »Ich kenne ein paar Schwarze, die lesen und schreiben können. Der Patron braucht sie. Ich rede mit deinem Vater. Komm mit.«

Er lief los, und ich rannte auf meinen kurzen Beinen hinterdrein. Am liebsten hätte ich ihm Löcher in den Bauch gefragt: Kennst du wirklich Leute, die lesen können? Glaubst du, ich kann das auch lernen? Wird Vater es erlauben? Aber das wäre unhöflich gewesen. Also schwieg ich die ganze Strecke über, bis wir unsere Hütten erreichten. Das Feuer der Männer war schon entzündet, und Opa steuerte darauf zu.

»Dein Sohn möchte zur Schule«, sagte er zu Vater.

Dieser sah mich noch länger an, als Opa es getan hatte. Keine Miene regte sich in seinem Gesicht. Das Herz schlug mir bis zum Hals, als wüsste ich, dass genau jetzt, in dieser Stunde, mein Leben eine entscheidende Wendung nehmen würde.

»Das freut mich«, sagte Vater plötzlich. »Morgen, wenn der erste Hahn kräht, stehst du auf.«

Umgerechnet in die Zeitrechnung der Götter war das um vier Uhr in der Früh.

»Wenn der Hahn das zweite Mal kräht, gehen wir los«, fuhr Vater fort. Das war eine halbe Stunde später, um 4 Uhr 30. »Ich zeige dir den Schulweg. Übermorgen gehst du alleine.«

Damit wandte er sich ab. Opa setzte sich ans Feuer, und die beiden unterhielten sich leise miteinander. Ich stand noch eine Weile daneben, wie vom Donner gerührt. Als sie sich nicht weiter um mich kümmerten, drehte ich mich um und ging zu meiner Hütte. Drinnen legte ich mich auf den Strohsack. Mir war klar, ich würde die ganze Nacht kein Auge zumachen, aber das war mir völlig egal. Ich würde zur Schule gehen! Niemand aus meinem Stamm ging zur Schule! Nur die Götter gingen zur Schule! Wenn ich erst mal dort war, konnte ich vieles von den Göttern lernen. Auf einmal erschien es mir durchaus nicht mehr unmöglich, dass ich eines Tages leben würde wie sie.

Ich war schon vor dem ersten Hahn auf den Beinen. Meine Mama hatte erfahren, was von Vater und Opa beschlossen worden war, und schenkte mir ihren kostbarsten Schatz: eine Plastiktüte. Diese Tüte würde mir in den kommenden Jahren als Schulranzen dienen, und ich platzte fast vor Stolz. Auch Vater war schon fertig. Er hatte einen Speer in der Hand, seinen Bogen über dem Rücken und vier Pfeile im Köcher. Diese Vorsichtsmaßnahme war nicht übertrieben. In den frühen Morgenstunden waren vor allem Hyänen aktiv. Mit ihrem kräftigen Gebiss sind sie in der Lage, Beinknochen von Nilpferden und Nashörnern aufzubrechen. Ich fürchtete mich vor diesen Tieren, und ich fürchtete mich davor, ab morgen den Schulweg alleine zurücklegen zu müssen.

»Präge dir alles gut ein«, riet Vater, als wir nach ein paar Kilometern den Nhamassacara erreichten. Dann zeigte er mir eine Stelle, an der ich während der Trockenzeit den Fluss überqueren konnte.

»Wenn die Regenzeit kommt, wirst du schwimmen müssen«, fügte er hinzu. Ich schluckte meine Furcht hinunter. Ich konnte nicht schwimmen und hatte keine Ahnung, wie ich es lernen könnte. Aber bis dahin würden noch ein paar Monate ins Land gehen. Erst einmal musste ich den Weg durch den Dschungel im Gedächtnis behalten. Das war ganz schön schwer. Gras, Büsche und Gestrüpp überragten mich und sorgten dafür, dass ich schnell die Orientierung verlor. Außerdem änderten sich die Wege ständig. Ein Platzregen, ein Sturm, eine durchziehende Tierherde, schon war der Pfad, der gestern noch vorhanden war, verschwunden.

Es waren 18 Kilometer von unserer Hütte bis zur Schule. Das klingt weit, aber für mich war die Distanz nicht ungewöhnlich. Schließlich war ich den ganzen Tag auf den Beinen und legte häufig weite Strecken zurück. Vater lief zügig und gleichmäßig, ich folgte seiner Spur. Kurz vor 7 Uhr erreichten wir die Schule. Kaum angekommen, kehrte Vater um, während ich mich auf den Boden setzte und umsah. Der Unterricht begann um 8 Uhr, es blieb mir also noch Zeit. Das Schulgebäude war eine geräumige Hütte, doch ich sah darin einen Palast. Schon bald würde ich in ihm sitzen und lernen, und zwar … ich wusste gar nicht, was ich lernen würde! Vermutlich, wie die Götter leben, aber sicher konnte ich mir nicht sein.

Nach und nach trafen weitere Schüler ein. Es gab ein paar größere Jungs, und ein paar, die in meinem Alter waren. Es waren keine weißen Kinder darunter, das hatte ich nicht erwartet. Neugierig schlichen sie um mich herum. Ich war der Neue, und der Neue wird immer begutachtet, das ist im Dschungel von Mosambik nicht anders als sonst wo auf der Welt. Kurz vor 8 Uhr kam der Lehrer. Er war ein groß gewachsener Mann, der nicht aussah, als ob er vom Volk der Mateúe oder der Massena stammte. Tatsächlich wendeten die Portugiesen auch bei den Lehrern ihre übliche Taktik an und holten sie von weit her. Dass es dadurch zu Sprachproblemen kam, was der Sache nicht gerade dienlich ist, war ihnen egal.

Der Lehrer hatte uns Portugiesisch beizubringen, die Lingua Franca der Kolonie. Das war für mich die erste harte Lektion, denn ich musste bei der Sprache der Götter bei null anfangen.

Alle Kinder befanden sich in einer Klasse: die, die schon etwas Ahnung hatten, und die, die noch völlig am Anfang standen. Die Unterrichtsmethode war simpel. Der Lehrer sagte ein Wort, wir sprachen es nach, und ab und zu stellte er eine Frage. Wehe, man wusste die Antwort nicht. Dann wurde der Holzlöffel geschwungen, der häufig zum Einsatz kam. Wer zu spät kam – klatsch. Irgendwohin gepinkelt? Klatsch! Sich mit anderen geprügelt? Doppelt und dreifach klatsch.

Während der Schulstunden hockten wir auf dem Boden – Bänke und Tische sollte ich erst viel später kennenlernen –, und wenn dem Lehrer etwas nicht passte, winkte er den armen Sünder zu sich nach vorne. Dort gab es einen quadratmetergroßen Platz, der mit spitzen Steinen bedeckt war. Auf den mussten wir uns knien, die Arme hinterm Kopf verschränkt, um den Rest der Stunde in dieser unbequemen Stellung zu verharren – natürlich zum Gespött der anderen.

Trotz dieser Härte verliebte ich mich in den Unterricht. Schließlich *wollte* ich Portugiesisch lernen, ich *wollte* lesen lernen, ich *wollte* wissen, wie man rechnet. Darin unterschied ich mich von den meisten anderen Schülern.

Es war nicht so, dass die Portugiesen den Schulbesuch verboten. Theoretisch durfte jeder zur Schule, selbst die Mädchen. Nur brauchten die Eltern ihre Kinder auf den Feldern. Dazu kam, dass nicht jedes Kind Lust auf Unterricht hatte. Immer wieder hockte der Lehrer fast alleine in der Schule. Dann wurde der Steuereintreiber losgeschickt, der auf seiner Runde durch die Gegend nicht nur Geld einkassierte, sondern Schulkinder gleich mit. Für ein paar Tage war die Schule dann wieder pickepacke voll. Das ging eine Weile gut, dann war von diesen Schülern nichts mehr zu sehen.

Auch mein Onkel Rui war so ein Fall. Immer wieder begleitete er mich auf dem beschwerlichen Weg, nur um festzustellen, dass er doch lieber mit der Angel drunten am Fluss saß. Es war auch eine harte Sache. Morgens um 4 Uhr stand ich auf, rannte 18 Kilometer voller Angst durch den Dschungel. Schule war von 8 Uhr bis 12 Uhr, dann rannte ich die 18 Kilometer zurück. Zu Hause angekommen, ging ich zu Mutter aufs Feld, schleppte Sonnenblumensäcke, sammelte Holz für die Feuer am Abend und versuchte, meine Besuche im Haus der Götter aufrechtzuerhalten. Nachts fiel ich todmüde auf meinen Strohsack, war aber immer vor dem ersten Krähen des Hahnes auf den Beinen. Jeden Tag war ich neu motiviert und immer stolz darauf, zur Schule zu dürfen. Nach zwei Jahren änderten sich die Zeiten: Die Schule war im Zweischichtbetrieb organisiert – was in Mosambik heute noch der Fall ist –, und ab der 2. Klasse saß ich von 13 Uhr bis 17 Uhr im Unterricht.

Mittlerweile hatte ich zwei Regensaisons hinter mich gebracht. Das brachte die Notwendigkeit mit sich, schwimmen zu lernen, und Onkel Rui packte die Sache ohne viel Federlesens an: Er nahm mich auf den Rücken, schwamm hinaus in den Fluss und schmiss mich dort ins Wasser. Zwei Krokodile lagen träge am Ufer, und ich schlug in Panik um mich. Doch ich ging nicht unter, sondern paddelte, wie ich es bei wilden Hunden gesehen hatte, zurück an Land. Von nun an hatte ich keine Schwierigkeiten mehr, den Nhamassacara zu überqueren.

Mit den Krokodilen war das so eine Sache. Für die Erwachsenen war der Fluss eine wichtige Nahrungsquelle. Außerdem der Ort, wo man Trinkwasser holte, sich wusch, die Wäsche reinigte – kurz, ein Platz, an dem man sich häufig aufhielt. Und wir Kinder liebten es, dort zu spielen. Deshalb musste jemand die Krokodile im Auge behalten. Sie hatten feste Lagerplätze. Fehlte dort eines, hieß es: Vorsicht! Dann war das Tier auf Beutefang. Einmal tobten wir am Fluss, Onkel Rui, ich, unser Freund Chingore und ein paar andere. Auf einmal fuhr der riesige Kopf eines Krokodils aus den Fluten, packte Chingore und riss ihn vor unseren entsetzten Augen mit sich. Ich sah nur noch einen aufgewühlten Wasserstrudel, der sich blutrot färbte. Wir Kinder schrien aus Leibeskräften, und von überall kamen Männer und Frauen gelaufen. Einige hatten Speere und Bogen mit, doch Krokodile auf der Jagd lassen sich selten übertölpeln. Meistens bekam man sie dann tagelang nicht mehr zu Gesicht, und das war auch hier der Fall. Wir haben Chingore nie mehr gesehen, und die Trauer war groß.

Danach hielten wir uns eine Zeit lang vom Fluss fern, doch auf dem Schulweg musste ich ihn trotzdem überqueren. In der Regenzeit ging ich dafür ein paar Hundert Meter flussaufwärts, zog meine Sachen aus, steckte sie zu meinem Schulzeug in die Plastiktüte, hob diese über den Kopf und stapfte in die Strömung. Dann steuerte ich mit ein paar Schwimmschlägen Richtung Flussmitte und ließ mich auf die andere Seite treiben. Dort zog ich meine Sachen wieder an und rannte weiter. Kurz vor dem Ziel musste ich ein Sumpfgelände durchqueren. Dort wollte ich meine Sachen nicht ausziehen und war dann meistens klatschnass, wenn ich die Schule erreichte.

Jahre später wurde mir klar, dass ich in all der Zeit kaum etwas gegessen haben muss. Meine Mama gab mir ein Frühstück mit, bestehend aus Maniok und Süßkartoffeln. Das hatte sie gekocht und in ein Bananenblatt gerollt, das man zuvor übers Feuer hält, damit es weich wird. Dieses Frühstück steckte ich in meine Tüte, doch kam ich meistens gar nicht dazu, es zu essen. Schließlich gehörte ich zu den Kleinsten in der Schule, und es gab immer ein paar größere Jungs, die Knirpse wie mich abpassten, um mir das Frühstück abzunehmen. Petzte ich beim Lehrer, bekamen sie Schläge, doch nach der Schule bekam ich von ihnen noch viel mehr Schläge, also ließ ich das Petzen sein. Stattdessen ernährte ich mich von den Früchten des Dschungels.

Am liebsten aß ich Macuacua, eine Frucht ähnlich der Kokosnuss. Ich öffnete sie, indem ich einen flachen Stein darauf schlug. Unter der Schale verbarg sich eine melonenähnliche Frucht, die meinen Durst löschte und das Hungergefühl stillte. Außerdem brach ich mir Zuckerrohr ab, das sich hier und dort ausgewildert hatte. Ich lernte, wie man es über dem Knie bricht und mit dem Mund schält. Das war nicht ganz ungefährlich, weil Zuckerrohrstangen scharf sind wie Rasierklingen. Doch ihr Inneres ist süß und flüssig, daran konnte ich ewig lutschen.

Nachdem mein Vater ein mächtiger Medizinmann geworden war, erlaubte ihm der Patron, weitere Felder anzulegen. Jetzt hatten wir Tomaten und Chinakohl, Wasser- und Honigmelonen. Die waren für den Verkauf in Vila Pery bestimmt, aber hin und wieder fiel auch etwas für uns ab. Ansonsten ergänzten Maisgrieß und Bananen die Maniokdiät, außerdem die Blätter von Kürbissen. Die wurden gekocht und mit einer scharfen Soße serviert. Dieses Piri-Piri ist ein Gewürz aus frischem Chili.

An Feiertagen wurde ein Huhn geschlachtet, was meine Aufgabe war. Das Fleisch wurde fein säuberlich verteilt: Vater erhielt eine Keule, und ich als erstes männliches Kind die andere. Das zweitälteste Kind bekam die Leber, das nächste das Herz, und saßen zu viele Kinder ums Feuer, mussten sich die Jüngsten mit Fleischsauce begnügen. Damals beobachtete ich das erste Mal, dass Männer, die Alkohol tranken, nicht mehr mit Maniok und Maisgrieß zufrieden waren, sondern Fleisch essen wollten. Mein Vater trank zwar nicht viel, aber regelmäßig, und so kam es, dass wir irgendwann jeden Monat ein Huhn schlachteten.

Als ich acht Jahre alt war, schenkte mir Onkel Francisco zwei Tauben. Am nächsten Tag konnte ich es kaum erwarten, von der Schule nach Hause zu rennen, denn Vater wollte mit mir einen Taubenstall bauen.

»Die schmecken auch gut«, sagte er, während wir Lianen um

dünne Äste flochten, um Wände, einen Boden und ein Dach herzustellen.

Mittlerweile hatte sich durch die Schule etwas in mir verändert. Ich besaß jetzt schon mehr Bildung als die meisten Mitglieder des Stammes. Allein, dass ich ein paar Brocken Portugiesisch sprach, rückte mich in der Rangordnung nach oben. Nun war ich mir sicher, dass mein Vater den Satz nicht einfach so ausgesprochen hatte. Doch ich wollte nicht glauben, dass er sich an meinen Tauben vergreifen könnte.

Dann bekamen die Vögel Nachwuchs, und ich war Herr über 16 Tauben. Eines Tages war eine weg. Wenig später die zweite. Beide Male hatte mein Vater getrunken. Ich ging zu meiner Mutter und fragte nach.

»Ja, so ist es. Dein Vater hat die Tauben gegessen«, war die Antwort.

Als es noch zweimal passierte, hatte ich genug. Ich ging zu Vater und beschwerte mich: »Das kannst du nicht machen! Es sind meine Tauben. Ich will nicht, dass du sie isst.«

Mein Protest war wie eine Revolution. Vater war Familienvorstand und der mächtige Medizinmann des Stammes, dazu das wichtige Bindeglied zum Patron und der Einzige, der die Welt dort draußen kannte. Jetzt kam ich, das Wechselkind, und stellte Forderungen. Im Normalfall hätte es nun Schläge gehagelt. Aber es gab keinen Normalfall mehr. Ich war Schüler, ich lernte jeden Tag Neues, ich hatte Verbindungen zur Götterfamilie und sprach ihre Sprache. Mein Vater wusste das und akzeptierte es. Vielleicht hatte er auch andere Gründe. Jedenfalls ließ er von nun an meine Tauben in Ruhe.

Ein paar Monate später verkaufte ich vier von ihnen und hatte das erste Mal im Leben selbst verdientes Geld in der Tasche.

Heute

Zwischen acht und zehn Millionen Menschen leben im Groß-
raum Johannesburg, genau weiß das keiner. Noch vor wenigen
Jahren überstieg die Zahl der Morde in Jo'burg, wie die Einheimischen die Stadt nennen, die der Verkehrstoten. Nirgendwo auf
der Welt wurde mehr vergewaltigt, gab es mehr Raubüberfälle.
Das brachte die Verantwortlichen des benachbarten Krüger-Na-
tionalparks dazu, ihre Regionalflughäfen auszubauen, damit die
vornehmlich weißen Touristen nicht länger durch arme schwarze
Townships fahren mussten.

Ich fahre durch diese Townships, um einen Abstecher in die
Mall of Rosebank zu machen, ein gigantisches Einkaufscenter,
das von seinen Ausmaßen jeden Supermarkt meiner Heimatstadt Karlsruhe klein erscheinen lässt. Die Mall gehört trotz ihres
Standorts zu den sichersten Einkaufszentren in der Stadt; dafür
sorgen die vielen schwer bewaffneten Wärter, die einem dort auf
Schritt und Tritt begegnen. Ich kaufe all die Dinge ein, die keinen
Platz mehr in meinem Gepäck fanden, und staune über die hohen Preise: fast alles ist ein Viertel teurer als in Deutschland. Wie
können sich das die Leute leisten, frage ich mich. Zwar ist Südafrika der wirtschaftliche Vorzeigestaat des Kontinents, doch einen Mittelstand wie in Deutschland gibt es hier nicht. Erst vor
wenigen Tagen hat der ehemalige Erzbischof und Friedensnobel-
preisträger Desmond Mpilo Tutu die immer größer werdende
Kluft zwischen Arm und Reich im Land kritisiert.

Trotzdem bietet Südafrika aus mosambikanischer Sicht geradezu paradiesische Chancen. Sie sind so verlockend, dass immer mehr junge Menschen hier ihr Glück versuchen. Auch mein Neffe Edu, der mich am Flughafen abholt, geht in Südafrika seinen Geschäften nach. Wie viele seiner Landsleute zwischen 20 und 30 Jahren kauft er Gebrauchtwagen, um sie ein paar Tausend Kilometer weiter nördlich in Malawi oder Simbabwe wieder an den Mann zu bringen.

»Viel bleibt nicht hängen«, sagt er zu mir. Aber offenbar reichte es, um sich und seiner Familie ein Haus bauen zu können. Ein Haus bauen. Ich lebe in einer kleinen Mietwohnung und kann mit meinem Beruf als Sozialarbeiter vom Häuserbauen nur träumen. Womöglich habe ich mich getäuscht, und ich bin in den Augen der Generation meines Neffen gar nicht mehr der König aus Deutschland? Edu hat drei Handys in der Tasche, eines davon ein nagelneues Smartphone einer weltbekannten Marke. Ich beglückwünsche ihn dazu. Er grinst verächtlich.

»Onkel, das ist eine asiatische Fälschung«, sagt er. »Das Ding war nach zwei Wochen kaputt. Ich trage es nur mit mir herum, weil's gut aussieht.«

Dann will er wissen, was so ein Telefon in Deutschland kostet. Das ist die häufigste Frage, die ich in den kommenden Wochen beantworten muss: Was kostet ein Smartphone in Deutschland? Was ein Fernseher? Ein Auto? Ein Motorrad? Was kostet eine Beerdigung in diesem fremden Land, in dem du lebst?

»5000 Euro«, werde ich antworten. Ich weiß, wie teuer der Tod ist, weil er in meinem Job als Betreuer von Schwerstbehinderten kein Fremder bleibt. »Umgerechnet 200 000 Metical.« Meine Antwort wird auf größtes Unverständnis stoßen, denn selbst ein mosambikanischer Staatsbeamter verdient kaum mehr als 120 Euro im Monat. Da müsste man lange arbeiten, um sich einen Tod in Deutschland leisten zu können.

Solche Dinge interessieren Edu nicht. Er ist jung, er hat noch Träume. Von meiner Geschichte weiß er kaum etwas. Edu ist ein weiterer Sohn meines Halbbruders Pedro, dessen Vater Afonso der erste Mann meiner Mutter gewesen war. Für mich hat diese Konstellation noch immer Auswirkungen, denn Afonso – heute nenne ich ihn nur noch den Alten Mann – hängt wie ein Schatten über meinem Leben. Was ich mir nicht eingestehen wollte: Er ist der vierte Grund meiner Reise. Auch ihn möchte ich aufsuchen. Ich weiß nicht, wovor ich mich mehr fürchte: vor der Begegnung mit Afonso, dem Alten Mann. Oder vor der mit Antonio Ferreira, dem Sklavenfarmer.

Mitten in der Nacht erreichen wir die Grenze zwischen Südafrika und Mosambik. Als Bürger des Schengen-Raums bin ich Grenzen gar nicht mehr gewohnt. Von Karlsruhe ist es ein Katzensprung bis nach Frankreich. Dort hat sich im Grenzort Lauterbourg ein Blumengeschäft in der ehemaligen Zollstation eingerichtet. Von solchen Entwicklungen sind wir hier weit entfernt. Unsere Reise führte uns zwischen dem Königreich Swasiland und dem Krüger-Nationalpark bis nach Komatiepoort, der südafrikanischen Grenzstadt. Hier ändert sich alles.

»Jetzt wird es dunkel, Onkel«, sagt Edu.

Es ist klar, was er meint. Während der südafrikanische Teil der Grenze noch hell erleuchtet ist, liegt der mosambikanische Teil in der Finsternis. Nur ein paar nackte Glühbirnen beleuchten das Innere der Zollstation. Dort gilt es Stempel abzuholen, außerdem muss der Inhalt unseres Kofferraumes überprüft werden. Vermutlich würde das alles ohne Edu weniger glimpflich ablaufen. Routiniert führt er mich durch das Labyrinth der Anlage. Auf einmal hat er einen Polizisten im Schlepptau, der einen desinteressierten Blick auf meine Koffer wirft. Ich weiß nicht, ob etwas Geld den Besitzer gewechselt hat. Klar ist, dass in Mosambik ein paar Scheine viele Probleme lösen können. Nach der Statistik von Transparency International, einer NGO, die gegen Korruption kämpft, rangiert das Land auf Platz 123. Da hilft auch das Schild nicht weiter, das am Ausgang des Zollgebäudes an der Wand hängt: Wer Polizisten und Beamte besticht, steht da, macht sich eines Verbrechens schuldig.

Von der Grenze bis in die Hauptstadt Maputo ist es nicht mehr weit. Maputo, die alte portugiesische Hafenstadt, zur Kolonialzeit Lourenço Marques genannt, erlebte vor drei Jahren wegen Nahrungsmittelknappheit schwere Unruhen. Offiziell leben eine Million Menschen in der Stadt, doch Edu meint, es könnten auch doppelt so viele sein. Jeden Tag entstehen neue Slums.

Plötzlich biegen wir von der geteerten Nationalstraße auf einen Feldweg ab, eine Buckelpiste mit tiefen Kratern.

»Jetzt bist du in Mosambik«, scherzt Edu. Dann stimmt er ein Lied an, das jeder kennt: »Moçambique é o meu país«, Mosambik, das ist mein Land.

Sein Haus entpuppt sich als Rohbau von der Größe einer deutschen Doppelgarage. Trotzdem: Es ist ein eigenes Haus, und es liegt außerhalb des Slumgürtels. Edu hat es in jungen Jahren zu etwas gebracht, und er kann stolz darauf sein. Übernachten soll ich aber nicht bei ihm, sondern bei seinem Bruder Dito. Der hat seine Fußballleidenschaft zum Beruf gemacht und ist Kapitän der mosambikanischen Nationalmannschaft. Allerdings kann man das nicht mit europäischen Verhältnissen vergleichen. Dito geht fleißig zur Abendschule, weil Fußball in diesem Land auf Dauer keine Familie ernährt. Aber auch er hat ein eigenes Haus. Es liegt in einer Ecke der Stadt, die wir in Deutschland als Slum bezeichnen würden, in Maputo aber als durchaus privilegierte Wohngegend gilt. Neben Hütten aus Wellblech und Stroh gibt es Häuser aus Stein wie das von Dito. Natürlich hat es eine hohe Mauer, und der Wachmann darf auch nicht fehlen. Fließendes Wasser kommt zwei Stunden am Tag aus dem Hahn. Das ist der Normalzustand, obwohl sich die beiden größten Staudämme auf dem afrikanischen Kontinent, Cahora Bassa und Kariba, in Mosambik befinden.

Fließendes Wasser! Wasser, das aus der Wand kommt! Ich war 12 Jahre alt, als ich dieses Wunder im Haus eines Portugiesen zum ersten Mal sah. Damals sprudelte das Wasser noch rund um die Uhr.

»Vielleicht sollten wir die Portugiesen wieder ranlassen«, grinst Edu. »Wir selber kriegen das nicht hin.«

Den Satz werde ich in den kommenden Wochen noch häufig hören. Und das nicht nur von Leuten aus Edus Generation, die sich von den ehemaligen Freiheitskämpfern und heutigen Politikern um ihre Zukunft betrogen fühlen.

Als wir bei Dito ankommen, weht ein Hauch von Heimat durchs Haus. Der Fernseher läuft – wer in Mosambik einen Fernseher besitzt, schaltet ihn nie wieder aus –, und es kommt Fußball. Fußball kommt immer, aber Dito hat wenigstens ein berufliches Interesse vorzuweisen. Einer der unzähligen Sportsender zeigt ein Porträt des Bundesligisten Eintracht Braunschweig. Es ist ein seltsames Gefühl, in Maputo davon zu hören, dass diese Mannschaft mit einem lächerlichen 36-Millionen-Euro-Etat in die Liga starten wird. Anschließend wird das Spiel FC Chelsea gegen AC Mailand gezeigt, und André Schürrle erzielt den 2:0-Endstand.

Vielleicht gibt es doch ein globales Dorf, und es wird von König Fußball regiert? Dann wäre ich dort gut aufgehoben, denn das runde Leder hat mein Leben maßgeblich beeinflusst. Das fing schon an, als ich Steppke die Männer meines Stammes davon überzeugte, den Dschungel zu roden, um einen Fußballplatz anzulegen. Nie zuvor war jemand auf so eine verrückte Idee gekommen. Davon erzähle ich Dito. Mein Neffe lächelt. Seinen Vater Pedro – meinen Halbbruder – hatten die Kolonialherren nach Portugal zu Benfica Lissabon geschickt. Ebenfalls aus Mosambik stammte ein anderer Spieler, der berühmte Eusébio da Silva Ferreira. Dieser torgefährlichste Stürmer aller Zeiten war aber portugiesischer Herkunft. Mit Benfica wurde er zehnmal Meister, fünfmal Pokalsieger und 1966 Torschützenkönig bei der WM.

Von solchen Erfolgen träumt Dito. Er erzählt mir, dass seine Mannschaft zweimal täglich trainiert, und das fünfmal die Woche. Vor einer Partie darf er nicht zu Hause übernachten, denn hier gilt noch die alte Keuschheitsregel: kein Sex vor dem Spiel. Dito weiß, dass er zu den Privilegierten im Land zählt, trotzdem schätzt er seine Situation nüchtern ein: »Wenn ich nicht mehr spielen kann, muss ich mir eine Arbeit suchen.« Stellen wir uns vor, der Kapitän der deutschen Nationalmannschaft würde zur Abendschule gehen. Dito baut für sein Karriereende vor. In die Schule zu gehen, ist für ihn so wichtig, wie es für mich gewesen ist, wenn auch unter anderen Vorzeichen.

Charonga, Vila Pery, Nyazonia
1973–1977

»Ibraimo«, rief meine Mutter. »Pass auf deine Schwestern auf!«

Das ist ein Satz, den ich täglich zu hören bekam. Auf die Schwestern aufpassen bedeutete, gefährliche Tiere zu vertreiben. Weil der Dschungel bis an die Hütten wucherte, wusste man nie, was im nächsten Augenblick geschehen konnte.

Vor allem wenn es dunkel wurde, musste ich aufpassen. Der Unterricht hatte mich auf eine Idee gebracht. Ich bohrte ein Loch in eine Konservendose und steckte ein Stück Stoff hinein. Drüben bei den Göttern kannte ich den Fahrer des Patrons, dem schwatzte ich ein wenig Diesel ab. Mittlerweile war mein Portugiesisch gut genug für solche Zwecke. Auf einmal hatte ich eine Leuchte, und mit dieser machte ich mich auf die Suche nach Schlangen, die meinen Schwestern gefährlich werden konnten.

Vor allem die Jeboua jagte uns Angst ein. Das war eine acht Meter lange Würgeschlange mit oberschenkeldickem Körper. Ein intelligentes Tier, das Fallen stellen konnte. Bewegungslos lag sie im Unterholz, den Körper zu Schlingen gebildet. Trat man in eine hinein, zog sie sich blitzschnell zusammen. Weniger bedrohlich, dafür umso ekliger waren Würmer, die im Boden lebten. Kaum lag ich auf der Strohdecke, krochen sie aus der Erde und bohrten sich in Nase und Ohren. Bei ihnen konnte meine neue Leuchte leider nicht allzu viel ausrichten.

Während ich aufpasste, gingen mir eine Menge Sachen durch den Kopf. Vor ein paar Tagen waren Männer gekommen. Sie waren bewaffnet, und es hieß, dass sie einer Gruppe namens Frelimo angehörten. Diese Frelimo hatte, schon bevor ich geboren wurde, gegen die Portugiesen gekämpft, damals noch im Norden des Landes. Nun waren sie auch in unserer Ecke unterwegs. Sie wollten Wasser, und weil wir es aus dem Fluss schöpften, verlangten sie, dass wir es abkochten, denn im Fluss gebe es Bakterien und Mikroben. Diese Worte hatte ich nie zuvor gehört, und ich wusste nicht, was sie bedeuteten. Ich wusste auch nicht, was die Frelimo-Leute gegen die Götter einzuwenden hatten, die ich doch bewunderte: Die Götter gingen langsam, während man uns ständig durch die Gegend rennen sah. Die Götter hatten gutes Essen, während wir Maisbrei aßen. Die Götter schrien nicht herum, während das bei uns auf der Tagesordnung stand. Die Götter lebten ein ruhiges, angenehmes Leben, dem galt es nachzueifern. Wenn sie einen von uns töteten, war das ihre Art der Erziehung.

Was wusste ich schon davon, dass wir Sklaven der Portugiesen waren, und das seit einem halben Jahrtausend. In der Schule erzählte der Lehrer, Mosambik sei eine Region von Portugal, wie das Minho, Trás-os-Montes, Lissabon oder Angola, Brasilien und Ceylon. Er machte keinen Unterschied zwischen portugiesischen Landstrichen und entfernten Kolonien, also machten wir auch keine.

Ich wusste nichts von einem portugiesischen Diktator namens António de Oliveira Salazar und dessen Nachfolger Marcelo José das Neves Alves Caetano. Nie hatte ich davon gehört, dass in Portugal der Volkszorn gegen diese Herrscher gärte. Das Land hatte mittlerweile mehr Soldaten in seinen afrikanischen Kolonien als zu Hause, die Militärausgaben verschlangen 60 Prozent des Staatshaushaltes. Von alldem hatte keiner bei uns in Charonga jemals gehört, selbst mein Vater nicht, der Medizinmann. Dass drei Jahre vor meiner Geburt im sogenannten afrikanischen Jahr 14 französische Kolonien, zwei britische, eine belgische und eine italienische bereits die Unabhängigkeit erlangt hatten? Diese Kunde war zu uns nicht vorgedrungen. Doch nun gab es die Frelimo, und die hatte mehr im Sinn, als uns beizubringen, Flusswasser zu kochen, bevor man es trank.

Was mich in dieser Zeit umtrieb, was das Ende der Schulzeit. In der Dschungelschule war nach vier Jahren Schluss. Ich gehörte zu den wenigen Schülern, die durchgehalten hatten. Wie sollte es jetzt weitergehen? Mittlerweile war ich völlig zum Außenseiter geworden. Als angehender Buschmann war ich nur zweite Klasse – was Fischen anging oder die Jagd, konnte ich mit Onkel Rui nicht länger mithalten. Zwar nahm er mich sonntags immer noch mit an den Fluss, aber nur weil ich mit meinen Sprachkenntnissen in der Lage war, der Frau des Patrons einen Haken abzuluchsen. Damit bastelte sich Rui eine primitive Angel, während ich dachte: Die Götter haben sogar eine Angel mit einer Rolle. Wäre es nicht schlauer, Geld zu verdienen, um sich so eine Angel kaufen zu können? Immer öfter hatte ich jetzt solche verrückten Ideen, von denen keiner etwas wissen wollte.

Auch beim Fußball war das so. Seit Jahren kickten wir einen Ball aus Stofffetzen zwischen den Bäumen hin und her. Einmal um die Weihnachtszeit war ich mit Vater nach Vila Pery gegangen, um Onkel Daniel zu besuchen. Die beiden nahmen mich mit zum Spiel von Textáfrica, und seither war klar: Ich musste dafür sorgen, dass wir auch einen Fußballplatz bekamen. Mitten im Dschungel wollte ich den bauen, die Idee ließ mich nicht mehr los. Ich dachte rückwärts: Um einen Fußballplatz zu bauen, muss man Bäume fällen. Um Bäume zu fällen, braucht man eine Axt. Niemand hat eine Axt – außer den Göttern. Ich kannte den Sklaven Mainato, der ihre Bügelwäsche versorgte. Vielleicht konnte ich ihn mit einer Taube dazu bringen, mir die Axt auszuleihen? Ich weihte Onkel Rui in den Plan ein, und wir machten uns an die Arbeit. Wir brauchten zwei Tage, bis wir den ersten Baum gefällt hatten, und es gab noch vierzig weitere. Meinen Vater um Hilfe zu bitten traute ich mich nicht, also ging ich zu Opa Jemusse.

»Ich baue einen Fußballplatz, und ich will Mannschaften aufstellen, damit wir Spiele austragen können«, überfiel ich ihn.

Wahrscheinlich war Opa Jemusse nicht einmal mehr überrascht über meine seltsamen Ideen. Jedenfalls machte er sich zu einer diplomatischen Mission auf. Er konnte tatsächlich ein paar Männer des Stammes überzeugen, bei der Rodung zu helfen. Sie brachten einen Sklaven aus dem Norden mit, der stark war wie ein Ochse. In einem Tag rodeten sie ein Spielfeld von 40 auf 20 Metern. Jetzt fehlten nur noch Tore. Wieder hatte ich eine Idee, und wieder lag die Lösung im Haus der Götter: Der Patron nutzte Eukalyptusstangen zum Anbau seiner Bohnen, für Tore geradezu perfekt. Wieder gelang es mir, die Frau zu überzeugen, uns ein paar abzutreten. Sie gab sogar noch ein paar große Nägel dazu. Ich dachte: Sie sind so nett, warum muss die Frelimo gegen sie Krieg führen?

In der kleinen Welt, in der ich lebte, war es schwer, die Zusammenhänge zu begreifen. Daher hatte ich keinen größeren Wunsch, als weiterhin zur Schule zu gehen.

Eines Tages sagte mein Vater: »Wenn du das willst, musst du in die Stadt. Wo wirst du wohnen?«

Mein Vater musste mich aufmerksam beobachtet haben: das Wechselkind, den Außenseiter, der alles anders machen will als die anderen und der ständig Gefahren ausgesetzt ist.

Das Krokodil hatte Chingore gepackt – aber nur, weil er Augenblicke zuvor an mir vorbeigerannt war. Nach seinem Tod waren wir nur noch sechs Jungs in der Clique. Eines Tages gingen wir durch den Dschungel, als wir plötzlich eine Schlange entdeckten. Sepedon haemachatis heißen diese Spuckschlangen, die einen halben Esslöffel Gift bis zu drei Meter weit spucken und dabei auf die Augen ihrer Opfer zielen. Dieses Mal war ich das Opfer. Noch nie hatte ich einen so großen Schmerz verspürt, ich war auf der Stelle blind. Mein Vater braute ein Gegengift, doch es sollte drei Monate dauern, bis ich wieder sehen konnte. In dieser Zeit verließ mich oft der Mut, auch weil ich nicht zur Schule konnte. Vater tröstete mich und sagte, das wird wieder, du wirst wieder sehen.

Kaum war ich genesen, biss mir ein Hund in die Hoden, der nie zuvor jemand gebissen hatte. Wieder versorgte mein Vater die schwere Verletzung. Anschließend nahm er Löwenfett und einen Affenschwanz aus seinem Koffer, rieb damit über die Wunde und sagte: »Morgen lebt dieser Hund nicht mehr.« So war es auch. Der Besitzer berichtete am nächsten Tag, der Hund sei einfach tot umgefallen. Als Nächstes fiel mich eine tollwütige Katze an.

Und dann gab es noch den Mundo Unolha Ana – der Mensch, der die Kinder isst. Er tauchte ein-, zweimal im Jahr auf. Er war dick, trug ein sackähnliches Gewand, hatte ein pechschwarzes Gesicht. Er stöhnte, schnaufte, stapfte mit den Füßen auf. War ein Kind unbewacht, riss er es an sich und nahm es mit. Im Laufe der Zeit waren im Umkreis von einhundert Kilometern sieben Kinder entführt worden. Heute bin ich sicher, dass der Mundo Unolha Ana ein verkleideter Weißer war, der im Auftrag der Patrons Angst und Schrecken verbreitete. Dagegen konnte mein Vater, der mächtige Medizinmann, nichts unternehmen.

Zu dieser Zeit war ich häufig mit Matias unterwegs, der eine Schwester hatte, Lisa, groß und mit mächtigem Busen. Diese Art Frauen mochte der Patron besonders. Normalerweise gab es keinen Ärger, wenn er ihnen nachstellte, doch Lisa hatte einen Liebhaber, einen Sklaven aus dem Norden. Er hieß Chriwéti, und er konnte es nicht mit ansehen, wie der Patron seine Freundin nahm, wann immer es ihm passte. Verzweifelt machte er sich auf den Weg zu Lisas Eltern. Dort trafen wir aufeinander, weil ich mit Matias angeln gehen wollte. Noch einer war vor Ort: unser Patron. Wenig später war Chriwéti tot. Von nun an wusste jeder Schwarze: Hände weg von Lisa, sie gehört dem weißen Gott. Ich drehte fast durch vor Angst, weil der Patron mich gesehen hatte und deshalb vielleicht daran dachte, mich aus dem Weg zu räumen.

Vielleicht brachten all diese Vorfälle meinen Vater auf die Idee, dass ich in der Stadt besser aufgehoben wäre. Also fragte er mich, wo ich wohnen würde, wenn ich dort zur Schule ginge. Ich dachte nach. Onkel Daniel kam mir in den Sinn und mein Halbbruder Pedro, der Fußballspieler und Sohn von Afonso. Vater hatte jedes

Mal seine Einwände: Daniel kam für ihn nicht infrage – wegen des Geheimnisses, das sie verband, doch das wusste ich damals nicht. Und der Sohn von Afonso? Das ging ihm ganz gegen den Strich.

Da wurde ich wütend. »Warum fragst du mich, wenn du mir nicht hilfst?«, schrie ich. »Warum hast du mich überhaupt in die Welt gesetzt? Ich will lernen wie die Götter, ich will essen wie die Götter, ich will leben wie die Götter!«

Vater schaute mich bloß an. Dann drehte er sich um und ging weg.

Ich ahnte nicht, wie überfordert er mit mir war. In diesem Moment war ich einfach nur traurig. Gleichzeitig wusste ich, was zu tun war: Ich musste mich alleine auf den Weg nach Vila Pery machen und dort sehen, wie ich mich durchschlagen konnte. Ich hatte Angst, aber ich erinnerte mich, wie ich den Weg schon einmal ohne fremde Hilfe zurückgelegt hatte. Noch am selben Tag packte ich meine Sachen und teilte Vater meine Entscheidung mit. Er nahm sie schweigend zur Kenntnis. Am nächsten Morgen verabschiedete ich mich von meiner Mutter und machte mich auf den Weg in die Stadt. Ich war elf Jahre alt und bereit, mein Leben selbst in die Hand zu nehmen.

Gleich den ersten der weißen Götter, die ich in Vila Pery traf, sprach ich an: »Ich suche Arbeit, brauchen Sie mich?«

Er war ein stattlicher Mann und blickte misstrauisch auf mich herab. »Wieso sprichst du Portugiesisch?«

Daran hatte ich nicht gedacht. Lausebengel in meinem Alter konnten die Sprache der Götter nicht.

»Ich bin zur Schule gegangen«, antwortete ich. »Und möchte weiter zur Schule gehen. Vor der Arbeit oder nach der Arbeit.«

Der weiße Gott hatte genug gehört. »Schwirr ab. Oder ich trete dir in den Hintern.«

Ich schwirrte ab, aber ich ließ mich nicht entmutigen. Beim dritten Gott hatte ich Glück, was im Grunde kein Wunder ist, weil die Portugiesen gerne kleine Jungs beschäftigten, die höchstens alle paar Monate ein neues T-Shirt brauchten und sonst keine Ansprüche stellten. Ich sagte mein Sprüchlein auf.

Der weiße Gott verzog das Gesicht. »Zur Schule willst du? Wie soll das gehen?«

»Ich weiß nicht, welche Schulschicht ich kriege, vormittags oder nachmittags, aber ich erledige alle Arbeiten davor und danach. Ich stehe auf, bevor ihr aufsteht, fege das Grundstück, hole Wasser vom Fluss, mache es warm, ich stelle jedem seine Wasserschüssel hin.«

»Bei uns kommt das Wasser nicht aus dem Fluss, sondern aus dem Hahn.«

Ich schaute ihn verständnislos an. Dass Wasser aus der Wand sprudeln konnte, musste ich erst noch lernen. Ich spielte meinen letzten Trumpf aus: »Ich kann lesen!«

Damit konnte ich Botengänge erledigen, für die andere Diener nicht zu verwenden waren. Das überzeugte den weißen Gott. Er warnte mich: »Ich schaue mir das Ganze genau an. Wenn du einpennst oder Fehler machst, schmeiß ich dich raus.«

Er musste mich nicht rausschmeißen. Der weiße Gott hatte keine Ahnung, wie selbstverständlich für mich das frühe Aufstehen war. Als 14 Tage lang alles wie am Schnürchen gelaufen war, schenkte er mir ein T-Shirt. Das war ein Zeichen, dass ich die Probezeit bestanden hatte.

Nun musste ich das nächste Problem lösen. Nach unserem Streit würde mein Vater nicht für das Schulgeld aufkommen. Beim weißen Gott arbeitete ich für Kost und Logis, ich würde ihn also überzeugen müssen, ein paar Escudos für die Schule lockerzumachen. Das war nicht einfach, denn selbst wenn es ums Essen ging, zeigte er sich als knausriger Gott.

»Kann ich die Reste eures Essens haben?«, hatte ich gefragt, und er hatte geantwortet: »Teil sie mit den Hunden. Aber pass auf, dass sie genug kriegen.«

Ich schlief auf einem Strohsack in der Abstellkammer. Das Haus hatte ein großes Wohnzimmer, Räume für Gäste und mehrere Kinderzimmer. Zwei der Kinder waren weiß, zwei waren Mulatten, die hatte der weiße Gott mit schwarzen Frauen gezeugt. In der Regel stand er spät auf, verließ das Haus und kam vor Mitternacht nicht mehr zurück. Dann war er oft betrunken. Arbeiten habe ich ihn nie gesehen. Er lebte tatsächlich wie ein Gott oder, in der Sprache von heute: Er wusste, wie man Party macht.

Das alles kümmerte mich nicht. Ich konnte endlich wieder zur Schule gehen und lernen, lernen, lernen. Es kümmerte mich nicht, dass ich mitten in der Nacht aufstehen musste. Es kümmerte mich nicht, Haussklave des weißen Patrons zu sein. Es kümmerte mich nicht, mein Essen mit Hunden zu teilen. Es kümmerte mich nicht einmal, dass ich weit weg von meiner Familie und auf mich allein gestellt war, und das in einer Stadt, die mir unvorstellbar groß erschien.

Wenn ich nach dem Unterricht durch die verwinkelten Märkte von Vila Pery lief, wo sich Fischfrauen hinter riesigen Bergen von Trockenfisch zankten und Werkzeugmacher, Schnapsbrenner, Geisterheiler und Schuhflicker in ihren Dialekten um Kunden warben, war die Kolonialmacht weit weg. Hier zeigte sich nie ein weißes Gesicht. Doch davon durfte ich mich nicht einlullen lassen. Die Gefahr tauchte blitzschnell auf, wie die Krokodile im Dschungel. Escravização – Versklavung – hieß diese Gefahr. Ständig waren weiße Männer in der Stadt unterwegs, um Jagd auf kleine Jungs und Mädchen zu machen. Wen sie einfingen, der wurde auf irgendeine weit entlegene Farm verkauft. Für diesen Menschenhandel gab es in Vila Pery einen Basar. Manche Portugiesen zeugten sich ihre künftigen Arbeitskräfte selbst, andere kauften sie dort ein.

Draußen im Dschungel war Fußballspielen mein Lieblingszeitvertreib gewesen. Auch in Vila Pery ließ mich der Ball nicht los. Wann immer ich konnte, organisierte ich Mitspieler, und schon ging es zur Sache. Wir kickten auf den staubigen Straßen der Stadt, da galt es, ein Auge auf den Ball zu richten und mit dem anderen die Umgebung zu scannen.

An einem heißen Tag im November richteten wir unser Spielfeld auf einem Sandplatz nahe der Straße nach Sussundenga ein.

Mitten in einem aufregenden Match hielt ein Geländewagen mit quietschenden Bremsen. Drei Weiße sprangen heraus. Ich wusste sofort, was das zu bedeuten hatte, und wandte mich zur Flucht. Mein Schulkamerad Aderito war nicht so schnell, und einer der Männer packte ihn. Hinten auf dem Geländewagen gab es einen Käfig, dort steckte er den schreienden Aderito hinein.

Ein anderer der Fänger hatte es auf mich abgesehen. Ich war schnell auf den Beinen, aber gegen einen Erwachsenen haben kurze Kinderbeine keine Chance. Der Mann krallte seine Hand in mein altes Arbeitshemd. Es war voller Löcher, und die Knöpfe hingen an wenigen Fäden. Das rettete mich. Das Hemd riss, der Mann kam ins Stolpern, ich schlug einen Haken und sprintete über den Platz. Auf der anderen Seite war ein Dornengebüsch, das wir mieden wie der Teufel das Weihwasser. Jetzt sprang ich kopfüber hinein. Der Mann blieb vor dem Gebüsch stehen. Nach einer Weile drehte er um. Der Einsatz war ihm zu hoch, und sie hatten ja schon Beute gemacht. Neben Aderito steckten drei weitere Kinder im Käfig. Keines von ihnen sah ich jemals wieder.

Ich blieb bis zum Einbruch der Dunkelheit in den Dornen verborgen, erst dann wagte ich mich heraus. Beim Patron musste ich ein Donnerwetter über mich ergehen lassen, weil ich meine Arbeit nicht gemacht und mein Hemd verloren hatte. Von nun an lief ich nur noch mit einer kurzen Hose bekleidet durch die Gegend, das taten viele andere auch. Doch für die Schule brauchte ich ein T-Shirt. Vom Patron würde ich erst in einigen Monaten wieder eines bekommen. Es blieb mir nichts anderes übrig, als Geld aufzutreiben.

Plötzlich hatte ich eine Idee: Glücksspiel! Beliebt war ein einfaches Spiel mit einer Münze. Die Spieler hockten sich im Kreis auf die Erde. Einer nahm einen Escudo und ließ ihn um seine Achse rotieren. Irgendwann schlug er mit der Hand darauf und verdeckte die Münze. »Bild oder Zahl?«, hieß es dann. Wer die richtige Seite erriet, gewann den Spieleinsatz. Obwohl man dabei genauso oft verlieren wie gewinnen kann, hatte ich bald mehr als 30 Escudos in der Tasche. Ich war reich! Und ich wusste, was ich mit dem Reichtum anfangen wollte: mir ein T-Shirt kaufen und mit dem Rest Geschenke für meine Familie. Zum ersten Mal in meinem Leben war ich in der Lage, ein Hemd für meinen Vater und eine Bluse für meine Mutter zu erstehen. Ich zitterte vor Aufregung bei der Vorstellung, ihnen Geschenke überreichen zu können.

Lange vor dem geplanten Besuch im Dschungel bat ich den Patron um seine Erlaubnis. Dann war es so weit. Ich durfte mich einen Tag lang von der Arbeit entfernen. Mitten in der Nacht stand ich auf und marschierte los, in der Hand die Geschenke, das Wertvollste, was ich je besessen hatte. Für die 50 Kilometer brauchte ich länger als geplant, weil ich in der Dunkelheit den Weg oft nicht fand. Nach Tagesanbruch erreichte ich unsere Hütte. Es war ein Jahr her, dass ich meine Eltern und Geschwister zuletzt gesehen hatte. Mama war gerade dabei, ein Feuer zu entzünden, als ich auf sie zutrat. Ich erwartete nicht, dass sie in Freudentänze ausbrach, denn unser Volk ist zurückhaltend, wenn es um Emotionen geht. Für einen Außenstehenden musste unsere Begrüßung wirken, als hätten wir uns noch am Tag zuvor gesehen, doch in den Augen strahlte unbändige Freude. Als ich ihr die Bluse überreichte, beugte Mama den Kopf. Dann rief sie nach meinen Schwestern: »Mucomana acauiwa! – Euer Bruder ist da!«

Meine Schwestern knieten vor mir nieder und reichten mir die Hand. Ich war jetzt eine Respektsperson: Ich ging zur Schule, lebte in der Stadt, verkehrte mit den Göttern. Dass ich dort ein Gejagter war, ein Knecht und Sklave, ohne Rechte, spielte dabei keine Rolle. Dann kam Tante Emma angelaufen, die Frau, die mir als kleinem Jungen ihre Brüste zum Spielen gegeben hatte. Der kleine Junge war zwar kaum größer geworden, trotzdem hatte sich alles geändert. Sie warf sich vor mir auf die Knie.

»Bitte tu das nicht«, wehrte ich ab, obwohl ich wusste, damit Traditionen zu verletzen. Ich half ihr auf. Dann wandte ich mich an Mama. »Papa ari cumunda?«, fragte ich. Ist Papa auf dem Maisfeld?

Mama nickte. »Der Schimpanse ist da«, sagte sie.

Seit ich in der Stadt war, musste Papa den Affen selbst vertreiben. Viele Stammesmitglieder murrten darüber und sagten: »Warum holst du deinen Sohn nicht zurück, damit er hier seine Arbeit macht?«

Als ich Papa nun das Hemd überreichte, wusste er, dass seine Entscheidung die richtige gewesen war. Kein anderes Kind konnte seinen Eltern derart wertvolle Geschenke machen. Papa zog das Hemd über, befahl mir, auf den Affen aufzupassen, und machte sich auf den Weg zu Opa. Dort erzählte er, welches Wunder geschehen war: Ibraimo ist zurück und hat Geschenke mitgebracht. Danach machte er eine ausgedehnte Runde, damit jeder sein neues Hemd bewundern konnte. Diese Geschenke waren meine Rückversicherung, dass ich weiterhin zur Schule gehen durfte. Ich würde mich noch einigen Glücksspielen stellen müssen.

Meine Schule hieß Escola da Cresche, Schule beim Kindergarten, weil sich in diesem Haus ein Hort der Firma Textáfrica befand. Wir waren im zweiten, dritten und vierten Stock untergebracht. Weiße und schwarze Kinder nahmen im selben Klassenzimmer Platz, aber streng voneinander getrennt. Hatten wir in der Dschungelschule gerade mal die Grundrechenarten und ein wenig Portugiesisch gelernt, gab es nun Fächer wie Physik, Zeichnen, Sport und Geschichte.

Hier lehrte man die alte Leier: Mosambik war eine portugiesische Provinz, das war schon immer so, und daran würde sich auch nie etwas ändern. Kein Wort davon, dass es im letzten Jahr in Portugal einen Militärputsch gegen die Regierung gegeben hatte, die sogenannte Nelkenrevolution. Wir schrieben das Jahr 1975, Portugal stand kopf, und noch im selben Jahr sollte die Kolonie Mosambik ihre Unabhängigkeit erlangen. Von alldem war in unserer Schule nichts zu spüren. Heute bin ich mir sicher, dass unsere Lehrer schon ganz gehörig Angst hatten, denn die bewaffneten Kämpfer der Frelimo waren überall. Noch klammerten die Lehrer sich daran, dass nicht sein konnte, was nicht sein durfte: Mosambik gehörte zu Portugal wie der Fado zum alltäglichen Leben. Doch das Ende eines halben Jahrtausends Fremdherrschaft war schon längst eingeläutet.

Im Sportunterricht spielten wir Fußball, Handball, Basketball, Volleyball, immer weiße Kinder gegen schwarze. Danach gab es eine Tasse Tee oder Kakao. Weiße Kinder erhielten das Getränk in Porzellantassen, wir schwarzen in Plastikbechern. Wir mussten abräumen, durften die Porzellantassen aber nur anfassen, nachdem wir uns Gummihandschuhe übergezogen hatten. Ich war das einzige Kind aus dem Dschungel und der Einzige, dessen Eltern nicht in der Stadt lebten. Die Papas und Mamas der anderen arbeiteten bei Textáfrica. Noch immer war ich stolz darauf, mit Kindern der weißen Götter in einem Raum sein zu dürfen, auch wenn diese Götter oft ein böses Gesicht zeigten.

Montag bis Samstag war Schule, sonntags gingen wir in die Kirche. Das war Pflicht. Wer nicht erschien, wurde tags darauf vom Lehrer verprügelt. Das passierte mir nie, denn ich mochte den Kirchgang. Eigentlich mussten wir Jungs ein weißes Hemd mit schwarzer Fliege tragen, doch solche Sachen besaß ich nicht. Von den Glücksspielgewinnen kaufte ich mir ein weißes T-Shirt, und wenn ich dann in der Kirche saß, kam ich mir vor wie ein Götterkind.

Dort gab es auch immer was zu essen: eine dünne Scheibe, die »Hostie« genannt wurde. Ich war immer hungrig, und auch wenn diese Hostie nicht viel hergab, war sie besser als nichts. Später lernte ich, dass sie den Leib Christi darstellte, des Gottes der weißen Götter. Ich fand es seltsam, ihn zu verspeisen. Im Grunde genommen ist das nicht viel anders als mit unseren Geistern im Dschungel, dachte ich, während ich auf meiner Hostie herumkaute.

Am Ende des Schuljahres bekam ich ein Zeugnis, das ich meinen Eltern in den Dschungel brachte. Überhaupt versuchte ich, sie so häufig wie möglich zu besuchen, und jedes Mal brachte ich Geschenke mit.

Einmal nahm ich, kurz bevor ich Opas Hütte erreicht hatte, eine Abkürzung und zwängte mich durch dichtes Gebüsch zu einem versteckten Trampelpfad. Plötzlich vernahm ich eine Bewegung. Ich erstarrte. Im selben Moment sprang ein Löwe auf den Weg. Vor diesen Tieren hatten wir mehr Angst als vor den Krokodilen, was vielleicht daran lag, dass man sie seltener zu Gesicht bekam. Krokodile waren immer da, die Gefahr allgegenwärtig, bei den Löwen war das anders. Es konnte sein, dass man monatelang keinen zu Gesicht bekam. Doch die Alten sagten: Eines Tages stehst du ihm gegenüber, und er tötet dich. Es sei denn, du bewegst dich nicht. Hältst den Atem an. Gibst keinen Mucks von dir. Genau das tat ich. Der Löwe kam näher. Er war keinen Meter von mir entfernt, als ein tiefes Grollen aus seinem Maul kam. Dann ging er um mich herum, so nah, dass ich ihn hätte berühren können. Ich stand unbeweglich wie eine Salzsäule, doch im Inneren zitterte ich. Auf einmal hörte ich den klagenden Ruf einer Gazelle. Ich konnte sehen, wie der Löwe die Muskeln spannte. Mit einem Satz sprang er in den Busch. Gleich darauf hörte ich die Gazelle schreien, doch da rannte ich schon. Wieder einmal bewegten sich meine Beine, so schnell sie nur konnten. In Windeseile lief ich zu Opas Hütte. Dort sprudelte alles aus mir heraus.

»Komm mit!«, sagte Opa. Er holte Speer und Machete, dann liefen wir denselben Weg zurück. Dort fanden wir die gerissene Gazelle.

»Sie hat sich für dich geopfert«, meinte Opa. »Der Löwe wird jetzt für lange Zeit satt sein.«

Er brachte mich zu meinen Eltern. Dort legte er die Hand auf meine Schultern und sagte zu Papa: »Ich bin stolz auf deinen Sohn. Er hat getan, was wir ihm gesagt haben: Rühr dich nicht, wenn der Löwe kommt.«

Meine Mutter fing an zu weinen. Es war das erste Mal, dass ich bei ihr Tränen sah.

»Was hast du?«, fuhr Opa sie an. »Dein Sohn lebt. Er hat alles richtig gemacht. Er hat sich nicht bewegt.«

Heute weiß ich, warum Mama weinte. Sie wusste, wie wichtig

es ist, sich nicht zu rühren, wenn der Löwe kommt. Sie wusste aber auch, dass man weglaufen muss, wenn der Mensch zur Bedrohung wird. Eine Erfahrung, die ich schon kurze Zeit später wieder machen musste. Einmal mehr überraschten uns Kinderfänger beim Fußballspiel, und dieses Mal war ich nicht schnell genug. Einer der Männer packte mich. Er hob mich hoch, als würde ich kaum etwas wiegen – was vermutlich der Fall war –, und trug mich zum Geländewagen. Ich strampelte mit den Beinen, doch der Kerl lachte nur. Da biss ich zu. Irgendwo im Bereich seiner Schultern bohrten sich meine Zähne ins Fleisch. Dabei knurrte ich, wie der Löwe geknurrt hatte. Der Mann fing an zu schreien und ließ mich los. Ich fiel zu Boden.

»Das Scheißnegerkind frisst mich auf!«, brüllte er.

Da war ich schon auf den Beinen und raste davon. In meinem Mund hatte ich Blut. Götterblut. Es schmeckte ekelhaft, und ich spuckte es aus.

Wenige Wochen später brach Jubel in den Straßen von Vila Pery aus. Autos mit Lautsprechern auf den Dächern kurvten durch die Barrios. »Independência!«, brüllte es heraus, »Unabhängigkeit!«

Überall tanzten und lachten Menschen, und ich tanzte und lachte mit ihnen. Dabei hatte ich genauso wenig wie die meisten von ihnen eine Ahnung, was sich ändern würde. Tatsächlich änderte sich kaum etwas, zumindest nicht in meinem Leben. Ich war zwölf Jahre alt und wusste noch nicht, dass die Frente de Libertaçao de Moçambique, kurz Frelimo, für diese Unabhängigkeit verantwortlich war. Von ihrem Gründer, Eduardo Mondlane, hatte ich nie etwas gehört. Dass ihn die Portugiesen 1969 mit einer Paketbombe getötet hatten, war in unserem Geschichtsunterricht kein Thema gewesen. Natürlich auch nicht, dass sich zu dieser Zeit bereits militärische Ausbilder aus der DDR im Land aufhielten, die Mondlanes Soldaten an westdeutschen Schnellfeuergewehren vom Typ G3 ausbildeten, die wiederum in Portugal hergestellt worden waren. Vom immerwährenden Spiel um Macht und Einfluss hatten wir lediglich die Auswirkungen erfahren.

140 000 portugiesische Soldaten befanden sich gegen Ende des Befreiungskampfes in Mosambik und mussten ähnlich wie die Amerikaner in Vietnam Niederlage um Niederlage einstecken. Lange Zeit hielten die Kolonialisten noch Städte wie Maputo, Beira und Vila Pery, was der Grund war, weshalb mir gar nicht auffiel, in welchen revolutionären Zeiten wir lebten. Als nach der Unabhängigkeit 90 Prozent der 230 000 Portugiesen das Land fluchtartig verließen, zerstörten sie zuvor noch die Infrastruktur. Straßen, Brücken, Dämme, Fabriken, Stromgeneratoren und Krankenhäuser wurden in die Luft gesprengt. Die weißen Götter in meinem Umkreis gehörten zu den wenigen, die blieben: mein Patron in der Stadt, die Lehrer an der Schule und Antonio Ferreira, unser »Muari« draußen im Dschungel.

Dort tickten die Uhren ohnehin langsamer. Während im ganzen Land Samora Machel als erster Präsident der Volksrepublik Mosambik gefeiert wurde, behielt Ferreira seine Sklaven noch über ein Jahr bei sich. Der Frelimo war ihr Schicksal herzlich gleichgültig, denn wie nach jeder Revolution ging es jetzt darum, wer in Maputo welchen Posten ergatterte. Ich ahnte nicht, dass unser Land in Windeseile auf einen grausamen Bürgerkrieg zusteuerte.

In meinem Leben änderte sich erst wieder etwas, als auch mein Patron nach Portugal zurückkehrte. Ich war 14 Jahre alt und brauchte einen neuen Unterschlupf.

Dieses Mal mischte sich Papa ein. »Schwester Maria wird dich aufnehmen«, sagte er.

Vielleicht hatte er ein schlechtes Gewissen, weil er sich nicht um mich gekümmert hatte, als ich den Dschungel in Richtung Vila Pery verließ? Nun war die Stadt in Chimoio umgetauft worden. Tante Maria nahm mich gerne in ihrem Haus auf, denn sie brauchte dringend einen Arbeiter. Die Tatsache, dass wir verwandt waren, änderte nichts daran, dass ich für sie schuften musste, um ein Dach überm Kopf zu haben.

Mit war das egal, denn das eigentliche Problem hieß Rosa, die Tochter meiner Tante. Cousine Rosa war acht Jahre älter als ich und hatte es sich in den Kopf gesetzt, aus dem kleinen Ibraimo einen Mann zu machen. Kam ich aus der Schule, lief sie halb nackt herum, holte ich Wasser, betatschte sie meine Muskeln, legte ich mich abends auf den Strohsack, tauchte sie neben mir auf. Mittlerweile war ich schon neugierig aufs andere Geschlecht, doch Opas Warnung über die »beißenden Muschis der Frauen« schreckte mich ab.

Eines Tages war Tante Maria aus dem Haus. Nach einem hitzigen Fußballspiel kam ich veschwitzt nach Hause, als ich meinen Namen hörte.

»Ibraimo, komm rüber, ich will dir was zeigen«, rief Rosa.

Sie hatte ein eigenes Zimmer, das ich normalerweise nicht betreten durfte. Schüchtern näherte ich mich ihrem Bett. Meine Cousine lag nackt darauf. Mein Blick heftete sich auf ihre Muschi, die gefährlich war, weil sie beißen konnte. Trotzdem konnte ich meine Augen nicht abwenden. Auf einmal sprang Rosa auf, packte mich und zog mir mit einem Ruck die Hose herunter. Ich besaß noch keine Unterhosen und stand nackt und bloß vor ihr. Sie nahm meinen Penis in beide Hände und bewegte ihn wie eine Verrückte vor und zurück. Plötzlich durchzuckte mich ein heftiger Schmerz, und ich sah, wie ihre Hände sich blutigrot färbten. Das kümmerte sie nicht. Rosa warf mich rücklings aufs Bett und kletterte auf mich. Mit einer Hand versuchte sie, meinen Penis einzuführen, während sie mit der anderen gegen meine Brust drückte. Dabei stöhnte und schrie sie, als ob ihr die Sache Spaß machte, während ich voller Schrecken daran dachte, dass ihre Muschi mir den Penis abbeißen würde. Das passierte zwar nicht, trotzdem war alles blutig, als sie von mir abließ. Meine Vorhaut war eingerissen, und die Wunde wollte nicht mehr aufhören zu bluten.

»Du hast mir wehgetan«, sagte ich.

Rosa lachte. »Das geht vorbei. Gib zu, dass es dir gefallen hat.«

»Hat es nicht«, entgegnete ich.

Rosa warf mir einen scharfen Blick zu. »Wenn du Mama davon erzählst, sorge ich dafür, dass du wieder auf der Straße landest«, drohte sie.

Die nächsten Wochen ging ich ihr aus dem Weg. Gleichzeitig hatte ich Angst, dass sie gerade deshalb ihre Drohung in die Tat umsetzen würde, und kümmerte mich mehr denn je um ihren Bruder Lucinho. Der war Epileptiker und konnte Hilfe gut gebrauchen. Nach sechs Monaten hielt ich die Situation nicht mehr aus. Ich machte mich auf den Weg in den Dschungel, um Papa davon zu berichten.

»Aha«, sagte er, als ich geendet hatte. »Rosa also. Dabei wollte dich schon ihre Mutter umbringen.«

Zuerst glaubte ich, mich verhört zu haben. Doch mein Vater fuhr fort: »Du warst vier Jahre alt. Meine Schwester steckte eine Banane in sich rein, als sie ihre Tage hatte. Die hat sie an dich verfüttert. Ein mächtiger Zauber! Dein Bauch schwoll an wie ein Ballon, er drohte zu platzen. Mit einem Gegenzauber habe ich dich gerettet. Meiner Schwester passte es nicht, dass du mein Erstgeborener bist.«

Warum zum Teufel hast du mich dann zu ihr geschickt? Das war die Frage, die ich hätte stellen müssen – was ich nicht tat. Heute glaube ich, wahrscheinlich hat Vater immer wieder gezweifelt, ob ich tatsächlich sein Erstgeborener war, und mich Proben bestehen lassen, um zu sehen, wie überlebenstüchtig ich war. Für mich blieb die negative Erinnerung an meine erste sexuelle Erfahrung. Dass diese innerhalb der Verwandtschaft stattfand, ist in unserer Tradition übrigens nicht ungewöhnlich. Drei Jahre später verführte mich eine weitere Tante. Ihr Mann hatte vier Frauen, und sie fühlte sich vernachlässigt. Sie war zärtlich und einfühlsam und sagte: »Keine Angst, ich beiße nicht«, weil sie wusste, mit welchen Worten Opa uns vor den Frauen warnte. Sie machte aus dem unsicheren pubertären Schuljungen einen Mann.

Nun musste ich mir also erneut einen Patron suchen. Das war schwerer denn je, weil nicht mehr viele Portugiesen in der Stadt waren. Ich fand einen, für den ich ein paar Monate arbeiten durfte. Als Gegenleistung erhielt ich einen Schlafplatz unter der Treppe. Dann warf er mich raus, und ich suchte den nächsten.

Immer träumte ich davon, bei Pedro unterzuschlüpfen, dem Fußballspieler und ältesten Sohn von Afonso, Steuereintreiber und Feind meines Vaters. In Pedro sah ich einen Halbbruder, der sich für die gleichen Dinge begeisterte wie ich, nämlich die Jagd nach dem runden Leder. Mittlerweile war sein Stern als torgefährlicher Stürmer aufgegangen. Er spielte noch immer für die Vereinsmannschaft von Textáfrica, und auch ich hatte mich einer Mannschaft angeschlossen, damit ich nicht länger auf der Straße kicken musste. Dort spielte ich jede denkbare Position: Verteidiger, Mittelfeld, Stürmer, sogar Torwart, wenn mich die schlechte Leistung unseres Torhüters aufregte. Wie alles, was ich tat, nahm ich auch das Fußballspielen ernst, und Pedro gab ein gutes Vorbild ab. Warum sollte ich nicht bei ihm wohnen? Wir steckten die Köpfe zusammen, und er meinte, was ihn anginge, wäre das kein Problem. Ich war im siebten Himmel! Bei Pedro musste ich sicher keine Hausknechtsarbeiten leisten.

Doch der Krieg der Väter ist immer das Leid ihrer Söhne. Als Afonso herausfand, wer unter Pedros Dach lebte, drehte er durch. Er stürmte in die Wohnung und packte mich am Kragen.

»Du bringst nur Unglück«, herrschte er mich an. »Raus!«

Ohne viel Federlesens warf er mich auf die Straße. Ich traute mich nicht, gegen ihn aufzubegehren.

Traurig schlich ich durch die Straßen von Chimoio. Ich wusste nichts davon, dass Mosambik am Rande eines Bürgerkriegs stand. Dagegen wusste man in einem 13 000 Kilometer entfernten Land namens Deutsche Demokratische Republik darüber bestens Bescheid.

Die DDR hatte damals jede Menge Probleme. Seit dem Machtantritt von Erich Honecker im Jahr 1971 hatte das Land ein Handelsbilanzdefizit von 11 Milliarden Westmark aufgehäuft, und der oberste Wirtschaftslenker Günter Mittag schlug Alarm. Das Politbüro der SED beschloss Sofortmaßnahmen. Die DDR brauchte Westmark, und der Devisenbeschaffer Alexander Schalck-Golodkowski wurde ermächtigt, Gold und Waffen aus der Staatsreserve zu verkaufen. Außerdem beschloss man die

»Afrikaoffensive« gegenüber sozialistischen Bruderstaaten wie Angola und Mosambik. Kohle und Kaffee sollten künftig nicht mehr in Dollar bezahlt, sondern gegen Armeelastwagen und Handfeuerwaffen eingetauscht werden. Dazu liefen trotz der Mauer dem Land die Arbeiter davon. Deshalb schloss die DDR im Februar 1979 einen »Vertrag über Freundschaft und Zusammenarbeit« mit Mosambik, der »die zeitweilige Beschäftigung mosambikanischer Werktätiger in sozialistischen Betrieben der DDR« regelte.

Wieder einmal war es eine Entscheidung weniger mächtiger Männer, die den Lebenslauf von vielen Tausend Menschen änderte. Wenn ich heute immer wieder betone, dass ich von vielem, was damals passierte, keine Ahnung hatte, ist das ein Appell an alle jungen Menschen, möglichst viel Wissen zu erwerben. Die Rechnung ist ganz einfach: Wer nichts weiß, kann nach Belieben rumgeschubst werden. Menschen, die informiert sind, passiert das nicht so schnell.

Während ich in diesen Tagen des Jahres 1975 durch die Straßen von Chimoio irrte, wurden die Dinge zwischen Ostberlin und Maputo festgezurrt. Auch anderswo warf man bedrohliche Blicke auf die junge Volksrepublik. In Südafrika unterdrückte die brutale Apartheidpolitik der Weißen die schwarze Mehrheit, und unser Nachbarstaat Südrhodesien – das spätere Simbabwe – war faktisch noch immer eine britische Kolonie. Die Buren, Afrikaans sprechende europäischstämmige Einwohner der beiden Länder, befürchteten Befreiungsbewegungen und ein Ende ihrer Herrschaft. Daher wurde 1976 vom rhodesischen Geheimdienst die »Resistência Nacional Moçambicana«, kurz Renamo, gegründet. Wie die Unita in Angola erhielten die Rebellen auch die Unterstützung der USA, weil sie vorgaben, den Sozialismus zu bekämpfen. Tatsächlich ging es nur darum, einen Bürgerkrieg anzuzetteln, um die Herrschaft der Schwarzen wieder zu beenden. Die Renamo trug ihre Kriege nach Mosambik, Malawi, Simbabwe und Sambia. Morde, Entführungen, Verstümmelungen und Vergewaltigungen waren von nun an an der Tagesordnung.

In dieser Zeit fiel mir ein Weißer unweit des Bahnhofs von Chimoio auf. Er packte Säcke mit Mais auf seinen Pick-up. Der braucht einen Knecht, dachte ich, das ist deine Chance!

»Senhor«, sprach ich ihn an. »Brauchen Sie Hilfe?«

Ich wartete die Antwort gar nicht ab, sondern wuchtete mir gleich ein paar Maissäcke auf die Schultern. Dabei dachte ich an Afonso. Das ist deine Schuld, allein deine Schuld! Warum hast du mich rausgeworfen? Doch das Klagen half nichts. Im Handumdrehen hatte ich den Wagen beladen, während sich der Weiße mit einem Tuch den Schweiß abwischte.

»Ich kann Ihr Knecht sein und Ihnen bei allem helfen«, wandte ich mich an ihn. »Wenn ich zur Schule gehen darf. Ich kann lesen und schreiben.«

Wie oft hatte ich dieses Sprüchlein schon aufgesagt? Auch dieses Mal zeigte sich der Weiße empfänglich. Ich hatte bewiesen, dass meine Muskeln was taugten, und falls ich nicht log und tatsächlich lesen und schreiben konnte, war ich eine gute Hilfe.

»Steig auf«, befahl er. »Wir fahren los.«

Ich kletterte auf die Ladefläche und machte es mir auf den Maissäcken bequem. Nach einer Weile bemerkte ich, dass wir Chimoio verließen. Der Wagen fuhr Richtung Westen, wo irgendwo die Grenze zu Südrhodesien lag. Nach einer halben Stunde bogen wir nach Norden ab. Ich hatte keine Ahnung mehr, wo wir uns befanden, wagte aber nicht, ans Fenster zu klopfen oder gar abzuspringen. Das Land war flach und eintönig, doch weiter westlich entdeckte ich die Ausläufer hoher Berge, im Dunst nicht mehr als eine Ahnung in der Landschaft. Die Fahrt dauerte drei Stunden. Der Geländewagen bog auf einen holprigen Feldweg ein und hielt ein paar Minuten später vor einem Farmhaus. Ich sprang von der Ladefläche und sah mich unsicher um. Der Weiße kletterte aus dem Führerhaus.

»Wo sind wir?«, fragte ich.

»Nyazonia«, war die knappe Antwort.

Wie ein Ertrinkender klammerte ich mich an einen Gedanken: »Wo ist die Schule?«

Der Farmer sah mich mit fragenden Augen an. »Was für eine Schule?«

»Ich will doch zur Schule!«

»Es gibt eine, irgendwo dahinten.« Der Farmer wies mit dem Arm in eine ungewisse Richtung. »Erst einmal lädst du ab. Dann müssen die Schweine gefüttert werden und die Hühner. Schlag Ratten tot, wenn du welche siehst. Schlafen kannst du im Stall. Und mach Feuer und heißes Wasser, ist das klar?«

Es war klar. Ich war in einem Ort namens Nyazonia gestrandet, der sich genauso gut in einem anderen Land hätte befinden können. Meine Eltern würde ich so schnell nicht wiedersehen, und ob es tatsächlich eine Schule gab, stand in den Sternen. Auf einmal stiegen mir Tränen in die Augen. Warum war alles so schwierig? Warum stritt sich Vater mit Afonso? Warum halfen sie mir nicht? Ein scharfer Ruf des Farmers riss mich aus den Gedanken. Los, Schweine füttern! Und die Hühner! Schlag Ratten tot! Und mach endlich Feuer! Für Tränen ist kein Platz!

Ich machte mich an die Arbeit. Wenn ich eine Schule finde, dachte ich, dann schaffe ich auch das.

Es dauerte ein paar Tage, bis ich Zeit hatte, mich nach der Schule zu erkundigen. Zu meiner Überraschung war sie tatsächlich nicht weit entfernt. Und groß war sie obendrein. Die Portugiesen hatten mitten in der Einöde eine Kirche gebaut und ein Hospital errichtet. Es gab mehrere lang gezogene Schulgebäude sowie eine großzügige Villa im Kolonialstil, in welcher der Schuldirektor gewohnt hatte. Außerdem gab es einen Park mit jungen Avocadobäumen und jede Menge Platz zum Fußballspielen. Seit der Unabhängigkeit hatte die Frelimo das Sagen. Zur neuen Schulordnung gehörte morgendliches Antreten, das Absingen der Nationalhymne, das Kehren der Sandplätze mit Reisigbündeln. Danach rückten wir gruppenweise in die Klassenzimmer ein.

Ich war einfach einer Klasse zugeteilt worden, nachdem ich mich zu einem Lehrer durchgefragt hatte, und saß nun vorne am Fenster. Zwar hatte ich Heimweh nach Chimoio und vermisste die Besuche bei meinen Eltern, trotzdem verspürte ich so etwas wie Glück. Endlich wieder zur Schule gehen zu dürfen! Natürlich gab es hier keine weißen Kinder mehr, daher dachte ich nur noch selten daran, dass ich so leben wollte wie die Götter. Die Götter waren verschwunden und hatten uns uns selbst überlassen.

Heute verstehe ich, wie schwer es war, die von den Portugiesen zerstörte Infrastruktur neu aufzubauen. So gut wie alle Ärzte, Techniker, Lehrer, Verwaltungsbeamte und Landwirtschaftsexperten waren von heute auf morgen verschwunden und konnten nicht einfach so ersetzt werden. Wie auch? Die portugiesischen Kolonialherren hatten dafür gesorgt, dass unser Volk ungebildet geblieben war. 80 Prozent meiner Landsleute waren Analphabeten. Menschen, die lesen und schreiben konnten wie mein Vater oder ich, waren Ausnahmen. Ein Kenner des Landes erzählte mir später, dass sich zu Beginn des Jahres 1975 gerade noch fünf Ingenieure in Mosambik aufhielten! Umso mehr ist anzuerkennen, dass es der Frelimo gelang, in diesem entlegenen Ort einen Schulbetrieb für 700 Kinder auf die Beine zu stellen. Glücklicherweise hatten die Portugiesen vor dem Abzug nicht auch diese Schulgebäude zerstört.

Für ein paar Wochen genoss ich es, ein normaler Schuljunge zu sein. Nun ja, fast normal, denn nach wie vor war ich der Haussklave meines Patrons. Doch das störte mich nicht, daran war ich gewöhnt.

Während ich mich mit meinen Mitschülern im Rechnen übte, in Grammatik und Rechtschreibung, brauten sich jenseits der Grenzen dunkle Wolken zusammen. Buren aus Südafrika, die Briten in Südrhodesien sowie Amerikaner versorgten die Renamo mit immer mehr Waffen. Da viele Sklaven von den weißen Farmen Südrhodesiens Richtung Mosambik flohen, wurden regelrechte Menschenjagden organisiert. Von alldem bekamen wir in Nyazonia nichts mit. Es war ein Ort, in dem außer Kinderlachen nichts die Ruhe unterbrechen konnte.

Der 23. November 1977 begann nicht anders als alle Tage zuvor. Ich war früh auf den Beinen, holte Wasser für den Patron und seine Familie, entzündete das Feuer, kehrte den Hof, fütterte die Tiere und machte mich anschließend auf den Weg zur Schule. Antreten, Nationalhymne singen, Platz kehren, Einrücken in die Klassenzimmer: Mittlerweile war eine Routine in mein Leben eingekehrt, nach der ich mich gesehnt hatte in all den Jahren wechselnder Unterkünfte. Wir hatten Mathematik, ein Fach, das ich mochte und in dem ich gut war. Trotzdem gab es etwas, das mich ablenkte, ein ungewohntes Geräusch, ein Brummen am Himmel, das anschwoll und wieder abklang. Immer wieder drehte ich den Kopf und schaute aus dem Fenster. Was war das für ein seltsames Dröhnen, das jetzt lauter wurde?

Dann sah ich sie: Wie Monster der Lüfte jagten drei Hubschrauber heran, kamen näher und setzten zur Landung an. Solche Maschinen hatte ich noch nie gesehen, und eine lähmende Angst stieg in mir auf. Schon peitschten Schüsse, dann brach das Chaos aus. Meine Klassenkameraden stürmten aus dem Zimmer, ich mitten unter ihnen. Wir liefen direkt in die Arme der Mörder. Große weiße Männer sprangen aus den Helikoptern, um sich wie ein Trupp Löwen auf der Jagd über uns herzumachen. Sie hatten Gewehre in der Hand, auf denen vorne Messer aufgesetzt waren. Mit denen hackten sie auf die Kinder ein. Ein Mann mit einem dichten grauen Bart stand plötzlich vor mir. Er stach mit dem Bajonett zu, ich sprang zur Seite, die Klinge fuhr knapp an meinem Kopf vorbei. Dann rannte ich und schlug Haken, wie ich es gelernt hatte, wenn Kinderfänger hinter mir her waren.

Um mich herum spielten sich grausame Szenen ab. Ich sah Kinder mit aufgeplatzten Bäuchen, aus denen die Gedärme quollen, und Köpfe, die wie Fußbälle durch die Luft flogen. Ich sah alles, aber ich hörte nichts. Die Luft muss mit entsetzlichem Lärm erfüllt gewesen sein, aber was ich vernahm, klang, als sei ich unter Wasser geraten. Vor mir tauchte der Park mit den Avocadobäumen auf. An einem Stamm hing ein Mädchen, von der Klinge eines Bajonetts durchbohrt und angenagelt. Ich rannte weiter, erreichte den kleinen Wasserturm, und da war das Loch. Im nächsten Augenblick wurde es dunkel um mich. Ich war hineingesprungen, und jemand zog eine Abdeckung darüber.

»Silêncio!«, zischte eine Stimme. »Ruhe!«

Obwohl es stockdunkel war, presste ich die Fäuste gegen meine Augen, denn in meinem Kopf waren Bilder, die mich aufzufressen drohten. Mein Freund Diogo, der neben mir gesessen hatte. Er war vor mir hergelaufen, und plötzlich war sein Kopf weggeflogen und sein Körper vor mir auf die Erde gefallen. Mir wurde schlecht, ich begann zu würgen, aber jemand stieß mir hart in die Rippen. »Still! Sonst finden sie uns!«

Ich wusste nicht, wie viele Menschen in der Grube kauerten. Minuten vergingen, dann Stunden, wir wagten nicht, uns zu bewegen. Irgendwann kippte ich gegen meinen Nachbarn, und als ich wieder zu mir kam, lag ich zusammengekrümmt auf nackter Erde. Entsetzlicher Durst plagte mich, es stank nach Blut, Urin und Kot. Immer wieder dämmerte ich weg, immer wieder kam ich zu mir, doch die Phasen der Ohnmacht wurden immer länger. Die Bilder vor meinem geistigen Auge verwischten sich. Nun hing das Mädchen verkehrt herum am Baum, und Diogos Kopf flog durch die Luft wie ein Vogel, ohne auf die Erde zu fallen. Meine Arme, meine Beine waren tonnenschwer, es gelang mir nicht, mich aufzurichten. Ich sah Opa und Oma, ich sah Papa, dann sah ich meine Mama, aber sie waren weit weg, waren durchsichtig.

»Ich will zu dir«, wollte ich Mama sagen, aber mein Mund war verklebt wie meine Augen, die ich kaum mehr öffnen konnte. Nur einen Schlitz weit. Durch diesen Schlitz fiel plötzlich helles Licht. Tageslicht. Über mir öffnete sich das Loch. Ein Gesicht tauchte auf.

»Ihr könnt raus«, sagte das Gesicht. »Es ist schon lange keiner mehr da.«

Ich weiß nicht, wer uns aus der Grube half. Ich weiß auch nicht, wer mit in der Grube war, und das wiegt schwer. Gerne würde ich mich mit einem der anderen Überlebenden austauschen. Ich kann mich nur noch an den Gestank erinnern, der über dem Schulgelände hing, und an den Hügel abgeschlagener Kinderköpfe, den die Mörder aufgehäuft hatten. Später erfuhr ich, dass wir zwei Tage in der Grube ausgeharrt hatten, und keiner hatte sich getraut, uns rauszuholen oder die Leichen zu begraben. Überall lagen tote und verstümmelte Kinder. Nur acht Menschen, heißt es, haben das Massaker überlebt. Einer davon bin ich.

Wie ich den Weg zum Haus des Patrons schaffte, kann ich nicht mehr sagen. Ich weiß aber noch, was er sagte, als ich plötzlich auftauchte.

»O que é que aconteceu? – Was ist passiert?« Als ob er keine Ahnung hätte, was keine zwei Kilometer von seinem Haus entfernt geschehen war.

Sehr viel später erfuhr ich, dass die Mörder Buren aus Südrhodesien gewesen waren, auf der Jagd nach entflohenen Sklaven. Da sie keinen Erfolg hatten, nahmen sie sich die Schule von Nyazonia vor. Keiner ist jemals für diese Tat verantwortlich gemacht worden. Später war sie eine Randnotiz in einem Bürgerkrieg, der 16 Jahre dauern sollte und der mein Land zerstörte.

Meinen Patron schien das Massaker nicht zu erschüttern. Er reichte mir einen Keks. »Nimm«, sagte er. »Dann sieh nach den Ratten. Der ganze Stall ist voll damit.«

Ich war wieder da, also konnte ich auch arbeiten. Ich nahm den Keks und machte mich an die Arbeit.

Heute

Am nächsten Tag beginnt mein Programm »Vergangenheits-
bewältigung«. Irgendwo im Moloch der Stadt befinden sich zwei
Lager, in denen ich als 18-Jähriger auf die Ausreise in ein frem-
des Land gewartet habe: die DDR. In diesen Lagern wurden wir
hart rangenommen, weil es hieß, die Ostdeutschen wollen nur
die Besten. Von meiner Familie weiß keiner, wo sich die Lager befinden, und auch ich habe nur noch vage Erinnerungen.

Auf einmal steht Pidra Mjambo neben mir. Er ist das Faktotum
in Didos Haus, das »Mädchen für alles«, eine Rolle, die ich selbst
jahrelang ausgefüllt habe. Pidra ist ein Guter, das fiel mir gleich auf:
Er ist morgens der Erste, der kommt, und der Letzte, der geht; er ist
immer zur Stelle, wenn man ihn braucht. Er isst am selben Tisch
wie die Familie, was in Mosambik bedeutet: Du gehörst zu uns.

»Ich kenne Machava«, sagt er. »Und ich kenne Pouzada.«

Das waren die Namen der Lager. Ich bin hocherfreut, als Pidra
verspricht, mich zu begleiten. Auf dem Weg nach Machava wird
klar, dass nichts, aber auch gar nichts mehr so ist wie damals. Damals war 1981, da gab es noch portugiesische Herrenhäuser und
gepflasterte Alleen mit vielen Bäumen. Jetzt wuchert ein Slum
über die Gegend, der von mächtigen Überlandstromleitungen gesäumt wird.

»Wenn du denen folgst, kommst du nach Südafrika«, sagt
Pidra. »Da geht unsere Elektrizität hin. Wir haben nichts von den
Staudämmen.«

Wir kommen an Tausenden, nein, Zehntausenden Hütten vorbei. Sie sind aus Brettern gebaut, aus Wellblech, aus Stroh, aus Pappe, manchmal aus Stein. Die Steinhäuser sind rot angepinselt, in der Farbe einer Telefongesellschaft, deren Logo in riesigen Lettern auf allen Wänden prangt. Eine billigere Werbung kann es gar nicht geben. Da es sich keiner leisten kann, ein Haus anzumalen, greifen die Leute gerne auf dieses Angebot zurück: Die Telefongesellschaft stellt Farbe zur Verfügung, dafür kriegt sie kostenlose Reklame. Ich werde in den nächsten Wochen noch Abertausende dieser roten Häuser sehen.

Überhaupt haben die Telefongesellschaften das Land im Griff. Vor der Zeit der Handys hatte in Mosambik kaum einer ein Telefon. Nun ist der Kontinent Europa weit voraus: Über 350 Millionen Handy-Nutzer telefonieren in Afrika ohne Roaminggebühren. In Kenia werden Gehälter aufs Handy überwiesen, Miete, Strom und Wasserkosten von dort abgebucht. Viele Afrikaner geben über die Hälfte ihres Einkommens fürs Telefon aus.

Wir kommen an einer riesigen Zementfabrik vorbei, sie gehört ausländischen Investoren. Mosambikanische Betriebe arbeiten unter freiem Himmel: Da wird geschweißt, gehobelt und gestrichen, während Jungs Hundewelpen ins Auto stecken, die 100 Metical kosten sollen, also 25 Cent. Das ist mehr Geld, als Prostituierte verlangen: Die sind ab 10 Cent zu haben, wird mir in Chimoio Schwägerin Albertina mitteilen. Dann wird sie mich warnen, zwar mit einem Augenzwinkern, aber dem nötigen Ernst: HIV ist das Riesenproblem im Land. Man vermutet, dass bereits jeder fünfte Erwachsene mit dem Virus infiziert ist.

Das Lager Machava existiert nicht mehr. Nur ein Haus ist stehen geblieben, darin residiert ein Bürgerbüro. Dort trage ich meine Geschichte vor und bitte darum, mich umsehen zu dürfen. Die Angestellten sind misstrauisch und rufen den Chef. Der lässt mich gewähren. Er hat davon gehört, dass man früher ein paar Mosambikaner ins Ausland geschickt hat.

»Nicht ein paar«, sage ich. »Allein in die DDR über zwanzigtausend.«

Das wiederum will er nicht glauben. Er ist Staatsangestellter, er hat Schulbildung, vielleicht sogar studiert – aber von diesem Teil der Geschichte weiß er nichts. Das ist auch kein Wunder, denn sie wird totgeschwiegen.

Wir fahren weiter. Über die Avenida do Trabalho – die Straße der Arbeit – erreichen wir das Stadtzentrum. Die herrschende Frelimo-Regierung hat sich nach dem Fall der Mauer vom Marxismus losgesagt, die Straßen aber nicht umbenannt. Jetzt geht es auf der Avenida Karl Marx und der Avenida Ho Chi Minh so chaotisch zu wie in allen afrikanischen Großstädten. Wir kommen nur im Schritttempo voran.

Auf einmal erhebt sich vor uns lautes Geschrei. Ein schmächtiger junger Mann hat in ein Auto gegriffen und dem Fahrer das Handy vom Ohr gerissen. Nun rennt er mit seiner Beute davon, während ein paar Polizisten lachend zusehen. Wir werden diese Stelle in den nächsten Tagen mehrmals passieren und sind jedes Mal Zeuge eines weiteren Diebstahls. Offenbar macht der Straßenräuber gemeinsame Sache mit den Ordnungshütern. Das ist nicht ungewöhnlich und Selbstschutz immer noch die beste Verteidigung. Wir kurbeln die Fensterscheiben hoch.

Nach zwei Stunden Stop-and-go kommt mir die Gegend bekannt vor.

»Da vorne ist das Lager Pouzada«, sagt Pidra, und ich werde nervös. Es hat sich wenig verändert. Wir fahren eine Schlaglochpiste entlang. Zur linken Seite befinden sich die Anlagen der Staatlichen Eisenbahngesellschaft Caminhos de Ferro de Moçambique. Zwischen ihnen und den Gleisen liegt ein breiter Streifen Brachland, der damals wie heute als Müllhalde genutzt wird. Ich komme mir vor wie auf einer Zeitreise, bei der sich außer der Zeit nichts ändert.

Wir stehen vor den Toren von Pouzada, und auch hier ist alles beim Alten geblieben. Ich blicke auf das Kasernengebäude, in dem meine Unterkunft lag. Unbedingt will ich da rein, doch der Schlagbaum gebietet Halt. Wir sollen uns dort drüben anmelden, befiehlt der Wärter. Dort drüben, das ist ein spezielles Haus in meiner Erinnerung. Darin haben uns eigens eingeflogene DDR-Ärzte untersucht. Wie im Märchen vom Aschenputtel sortierten sie uns aus: »die Guten ins Töpfchen, die Schlechten ins Kröpfchen«. Gut genug für die Deutsche Demokratische Republik waren die wenigsten von uns – zumindest in der Anfangszeit des »Abkommens über die zeitweilige Beschäftigung mosambikanischer Werktätiger in sozialistischen Betrieben der DDR«, das Erich Honecker mit Staatspräsident Samora Machel abgeschlossen hatte. Ganz im Geist der damaligen Zeit hatte Honecker auf dem Flughafen von Maputo verlauten lassen: »Die Wärme, die uns entgegenschlägt, ist vor allen Dingen eine revolutionäre Wärme.« Diese revolutionäre Wärme – was immer darunter zu verstehen ist – brachte mich ins Lager Pouzada, wo ein DDR-Arzt befand, dass ich als »guter Schwarzer« ins Töpfchen gehörte.

Daran muss ich denken, als ein Mann aus dem Gebäude tritt. Er stellt sich als Alfonso Raúl vor und sagt, dass er die Ausbildung der Eisenbahner leite. Dafür dient die ehemalige Kaserne wieder: Wie in den Zeiten vor der Revolution werden hier Lokomotivführer ausgebildet. Ich erzähle Senhor Raúl meine Geschichte. Sein Gesicht bleibt skeptisch, aber er erlaubt mir, mich umzusehen. Das tue ich. Und bin dabei so aufgewühlt wie selten zuvor.

»Da oben«, wende ich mich an Pidra, »im Zimmer Nr. 31, da wohnte ich. Und nebenan in 33 war mein bester Freund Manuel untergebracht. Er war der Erste von uns, der von Neonazis in Deutschland getötet wurde.«

Pidra sieht mich mit großen Augen an. Für ihn komme ich aus dem Land der Götter, wo Milch und Honig fließen. Er weiß nichts davon, dass schwarze Menschen in diesem Land in Lebensgefahr schweben.

Ich wechsle rasch das Thema. »In jedem dieser Häuser waren 350 junge Leute untergebracht. Wegen des Bürgerkriegs steckten wir drei Monate fest. Alle hatten Angst, am Ende doch noch zum Militär abkommandiert zu werden.«

Vor dem alten Kasernengebäude steht eine einsame Bank. Sie

stand schon damals dort, und auf ihr saß ich mit meinem Freund Manuel und träumte von der Zukunft. Wir träumten vom Land der Götter, in dem wir ein Studium absolvieren sollten, um irgendwann einmal unser eigenes Land neu aufzubauen. Niemand sprach davon, dass die DDR nur an Arbeitssklaven interessiert war. Niemand ahnte, dass Rechtsradikale uns eines Tages totschlagen wollten.

Ich setze mich auf die Bank. Keiner unserer Träume ging in Erfüllung. Wir waren bloß ein Spielball der kommunistischen Weltanschauung gewesen, in der die individuelle Hoffnung des Einzelnen nichts zählt.

Chimoio, Maputo

1978 – 1981

»Ich will leben wie die Götter!« Das war mein Antrieb, meine Motivation, mein Ziel, und jetzt war alles weg. In meinen Träumen schlachteten weiße Götter schwarze Kinder, und wenn ich mit einem lauten Schrei aufwachte, fragte ich mich: Warum? Warum tun sie das?

Als Dschungeljunge hatte ich die Götter dafür bewundert, dass sie langsam gingen, während wir rennen mussten. Dass sie gutes Essen hatten, ein ruhiges Leben führten, nicht herumschrien. Jetzt hatte ich erlebt, dass sie nicht mal beim Abschlachten schrien. Auch das machten sie ruhig und effektiv, sie nahmen sich sogar die Zeit, abgeschlagene Kinderköpfe auf Haufen zu schichten. Ich wollte nicht mehr so leben wie sie.

Nach dem Massaker tauchten Kämpfer der Frelimo auf. Sie verteilten Milchpulver, nahmen die Toten mit. Wie ein Zombie lief ich durch die Gegend. Ich war nicht mehr in der Lage zu arbeiten, und ich wollte nicht länger bei meinem Patron bleiben. Eines Morgens machte ich mich einfach auf den Weg. Ich marschierte, so weit mich meine Füße trugen. Dann hielt ein Lastwagen an, und ich durfte auf der Ladefläche mitfahren. So erreichte ich Chimoio. Ich trieb durch die Stadt wie ein abgestorbenes Blatt im Herbstwind, ernährte mich von dem, was andere wegwarfen, und schlug irgendwann den Weg Richtung Dschungel ein.

Als Erstes steuerte ich die Hütte meines Opas an. Ihm konnte ich erzählen, was mir widerfahren war. Er redete lange mit mir, allerdings kann ich mich nicht mehr an seine Worte erinnern. Später berichtete ich meinem Vater von den Ereignissen in Nyazonia, aber er reagierte nicht darauf. Vielleicht dachte er an das Geheimnis, das ihn umhüllte und das der Grund dafür war, dass mir dieses Schicksal widerfuhr. Drei Monate lang blieb ich im Dschungel wie ein Tier, das sich zurückzieht, um Wunden zu lecken. Eines Morgens wachte ich auf und dachte: »Du musst zur Schule gehen!« Da war er wieder, mein Antreiber; diese Energie, die mich am Leben hält.

»Geh zur Schule«, sagte eine Stimme in meinem Kopf. »Und werde Lehrer.«

Der nächste Gedanke war ernüchternd: Wo willst du leben? Du bist schon überall rausgeschmissen worden. Ich zermarterte mir den Kopf, und auf einmal hatte ich die Idee. Onkel Daniel! Der Schneider. Der Mann, der so plötzlich zu Ansehen und Reichtum gekommen war.

Heute, nachdem ich das Geheimnis herausgefunden habe, welches Vater und Onkel Daniel verband, ist mir klar, weshalb sein Name nie auf der Liste der Leute auftauchte, bei denen ich unterschlüpfen konnte. Dafür hatten die Geister gesorgt. Doch das Massaker von Nyazonia hatte auch ihre Kräfte gestört, alles musste neu geordnet werden. So erschien Onkel Daniel auf der Tagesordnung.

»Geh zu ihm«, befahl eine innere Stimme. »Er wird dich aufnehmen.«

Als ich das letzte Mal bei ihm gewesen war, lag Papa mit einer tödlichen Kopfverletzung im Hospital. Ich hatte über Onkel Daniels Haus gestaunt, mit seinen Wänden aus Steinen und dem Wellblechdach. Nun hatte er ein noch größeres Haus, ein eigenes Schneideratelier und Angestellte. Es waren nicht länger die weißen Götter der portugiesischen Kolonialregierung, die Uniformen bei ihm bestellten, sondern die neuen Machthaber der Frelimo. Ob er mich freiwillig aufnahm und welche Rolle die Geister dabei spielten, ist schwer zu sagen. Später erfuhr ich, dass Papa ihm jeden Monat 20 Kilogramm Maiskörner schickte, auch keine schlechte Bezahlung.

Tatsache war, dass ich bei Onkel Daniel keine Hausknechts-arbeiten verrichten musste. Zwar holte ich Wasser vom Brunnen, damit er sich waschen konnte, aber ich weigerte mich beharrlich, im Schneideratelier auszuhelfen, was sein Wunsch war. Stattdessen ging ich zur Schule und suchte mir eine neue Fußballmannschaft. Ein Denkmal für den Erfinder dieses Spiels! Es bringt nicht nur Menschen zusammen, sondern kann die verstörenden Bilder im Kopf eines 14-jährigen Jungen im Zaum halten!

Meine neue Mannschaft hieß Soalpa de Comandita. Das war der Name einer Kaufhalle, in der Mitarbeiter von Textáfrica bargeldlos einkauften. Die Einkäufe wurden ihnen vom Gehalt abgezogen. Natürlich lief der Laden bestens und konnte uns mit einem Spielerdress und sogar etwas Geld versorgen. Wieder spielte ich Torhüter, dazu kümmerte ich mich um die Trikots.

Der Sport rückte immer mehr in den Mittelpunkt meines Lebens. Auch im Basketball und Volleyball brachte ich gute Leistungen, bei schulischen Wettbewerben war ich stets vorne mit dabei. Ich beschloss, die Trainer- und eine Schiedsrichterlizenz zu erwerben. Im Nachhinein grenzt es an ein Wunder, dass all das möglich war, während bereits der Bürgerkrieg tobte.

Immer mehr Söldner der Renamo kamen ins Land, bis zum Friedensschluss von Rom im Jahr 1992 sollten es über 20000 werden. Eine Million Menschen wurden Opfer dieses sinnlosen Krieges, davon ein Großteil Kinder; über fünf Millionen Menschen waren auf der Flucht. Sowohl die Milizen der Renamo als auch der Frelimo setzten Kindersoldaten ein.

Meinem Bruder Mussa widerfuhr dieses schreckliche Schicksal. Als er 13 Jahre alt war, durchkämmten Soldaten der Renamo die Gegend. Weil sie plünderten und vergewaltigten, flüchteten meine Angehörigen tiefer in den Dschungel. Auf einmal war Mussa verschwunden. Meinem Vater und den anderen war sofort klar, was passiert war. Es gelang ihnen nicht, ihn aus den Händen seiner Entführer zu befreien. Wahrscheinlich hatten sie sogar Glück, weil Kinder von Milizionären oft dazu gezwungen wurden, ihre Eltern und Verwandten zu töten. Mit diesem bar-

barischen Brauch machten sie die Kindersoldaten von sich abhängig.

Für meine Mutter brach eine besonders schwere Zeit an. Zwei meiner Schwestern waren gestorben, meine Schwester Juleca war von Quinho, Antonio Ferreiras Sohn, vergewaltigt worden, ich war in Chimoio, und jetzt war auch Mussa weg. Sie hatte keine Hoffnung mehr, dass sie ihn jemals wiedersehen würde. Doch das Wunder geschah. Nach acht Jahren Gefangenschaft gelang ihm die Flucht, und Mussa kehrte nach Hause zurück. Er spricht nicht über seine Zeit als Kindersoldat, aber er hat es geschafft, Wurzeln zu schlagen. Nur wenige dieser missbrauchten Kinder sind nach ihrem Martyrium noch dazu in der Lage.

Auch ich erlebte ein Wunder. 1978, ich war gerade 15 geworden, tauchte Antonio Ferreira in Chimoio auf. Er hatte seine Sklaven freilassen müssen, der Wind blies ihm kalt ins Gesicht. Doch war er gut bei beiden Konfliktparteien vernetzt, und er war schlau. Eines Tages passte er mich ab, als ich aus der Schule kam.

»Ibraimo«, sagte er. »Habe ich richtig gezählt, und du bist in der 8. Klasse?«

Ich nickte stumm. Mein Respekt vor dem »Muari«, unserem weißen Gott, war noch immer riesengroß.

»Das wird schwer für dich«, fuhr er fort. »Die 8. Klasse wird richtig hart. Warum kommst du nicht zu mir? Da kannst du in Ruhe deine Hausaufgaben erledigen. Wenn du mal Geld brauchst, nehme ich dich ein paar Tage mit auf die Farm, du arbeitest ein bisschen was, ich bezahle dich dafür. Was hältst du davon?«

Ich traute meinen Ohren nicht. Hatte der »Muari« gesagt, ich könnte bei ihm wohnen? Dieser Mann, den ich jahrelang beobachtet hatte, der in mir den Wunsch erweckt hatte, so zu leben wie die Götter? Das konnte nicht sein! Wir zwei befanden uns auf unterschiedlichen Planeten. Für mich war er der Herr über Leben und Tod, der alle Männer umbrachte, die ihm in die Quere kamen, und alle Frauen nahm, die ihm gefielen. Doch jetzt, im Bürgerkrieg, war der kleine Ibraimo auf einmal wichtig für ihn.

Natürlich war ich nicht clever genug, um seine Gründe durchschauen zu können. Antonio Ferreira war ein sehr geschickter Wendehals, wie man solche Leute später in dem Land nennen sollte, das meine neue Heimat wurde. Er war einer von denen, die ganz genau wussten, was jetzt das Beste für sie war. Wenn er einem ehemaligen Sklavenjungen half, die Schule abzuschließen, brachte ihm das Punkte bei den Machthabern ein.

Damals sah ich einfach nur die handfesten Vorteile seines Angebots. Von Ferreiras Haus bis zur Schule waren es 200 Meter. Ich fackelte nicht lange und sagte Ja.

Nach dem Massaker von Nyazonia hatte ich den Wunsch aufgegeben, leben zu wollen wie die Götter. Nun aber griff das Schicksal ein und lenkte meinen Weg zurück zu ihnen. Bis zum Zeitpunkt, als ich Mosambik verließ, wohnte ich im Haus des »Muari« und kam meinem vermeintlichen Ideal näher als jemals zuvor.

Damals spielte ich zum ersten Mal mit dem Gedanken, ins Ausland zu gehen. Immer wieder tauchten an der Schule Listen auf. Darauf war zu lesen, dass man in Kuba Leute brauchte. Wo Kuba war, wussten wir nicht, und warum sie dort Leute brauchten, wussten wir auch nicht, trotzdem klang die Sache verlockend. Nirgendwo konnte es schlimmer sein als hier, dabei ging es uns noch vergleichsmäßig gut. Chimoio war vom Bürgerkrieg weniger betroffen als die Hafenstadt Beira oder die Provinzen Nampula, Sambesia und Sofala. Trotzdem schritt die Verwahrlosung der Gesellschaft auch hier zügig voran und zeigte sich an unserer Schule durch die vielen Gangs. Die gingen von Klasse zu Klasse und terrorisierten die Schüler, egal, ob ein Lehrer da war oder nicht.

In dieser Zeit setzte ein Wandel in mir ein, der vielleicht im Massaker von Nyazonia begründet lag: Ich war nicht länger in der Lage, irgendeine Art von Ungerechtigkeit und Gewalt gegen Schwächere zu tolerieren. Tauchten die Gangs auf, um meine Mitschüler zu schlagen, stellte ich mich dazwischen. Es war mir egal, wenn ich die Prügel bezog. Hauptsache war, ich sah nicht weg, sondern mischte mich ein. Allzu häufig passierte aber gar nichts. Zum einen hatten der Sport und die harte Hausknechtsarbeit einen kräftigen Burschen aus mir gemacht. Zum anderen lernte ich eine Regel, die stets und überall gilt: Stellt man sich Aggressoren in den Weg, geben sie oft klein bei, leisten sich höchstens noch ein verbales Rückzugsgefecht.

»Was willst du Idiot?«, brüllte mich der Chef einer Gang an, als ich mich zwischen ihn und zwei Drittklässler zwängte, die er mit Fausthieben traktiert hatte.

»Ich will gar nichts«, antwortete ich. »Außer, dass du die beiden in Ruhe lässt.«

»Ich schlag dich kaputt«, schrie er, aber bei der Drohung blieb es. Mein unerschrockenes Eingreifen bereitete ihm Unbehagen.

»Sie haben dir nichts getan«, gab ich zurück. »Wenn du dich prügeln willst, warum nicht mit mir?«

Er wollte sich aber gar nicht prügeln, er wollte nur seine Wut an Schwächeren auslassen. Wie die meisten Schläger steckte er selbst voller Angst. Eine Weile beschimpfte er mich noch, dann trat er den Rückzug an.

Damals lernte ich, in dieser heiklen Phase einer Auseinandersetzung nicht zu triumphieren. Der Gegner darf niemals das Gesicht verlieren, sonst lässt er sich doch noch zu etwas hinreißen, was nicht in seiner Absicht liegt.

Während der Boss der Gang schimpfend das Klassenzimmer verließ und seine Anhänger folgten, stand ich still da und sah ihnen nach.

Ein paar Tage später nahm mich mein Freund Fernando Antonio Macanjo beiseite. »Weißt du, wie sie dich überall nennen?«, fragte er. »O defensor. Der Verteidiger.«

»Komm, verarsch mich nicht.«

Fernando war mein bester Freund, aber er war anders als die anderen. Ich hatte ihn beim Fußballspielen kennengelernt, er war unser treuester Zuschauer. Selbst kicken wollte er nicht, schon damit unterschied er sich von den anderen. Meistens ging er alleine spazieren, was sonst keiner tat. Hatten wir ein paar Münzen in der Tasche, gaben wir sie voller Herzenslust aus, doch damit konnte Fernando nichts anfangen. Sein Spitzname lautete »Forreta«, was geizig bedeutet. Trotz seiner Andersartigkeit – oder vielleicht gerade deshalb – war er mir ans Herz gewachsen.

Im Laufe der kommenden Schuljahre wurde ich zum Verteidiger der Schwachen und Außenseiter unserer Schule. Nach und nach veränderte sich meine Rolle. Meine Freunde begannen, mich nach meiner Meinung zu fragen.

»Sag mal«, begann Manuel Joao Antonio eines Tages. Er und sein Bruder Diego gehörten wie Fernando zu meinen Kumpels. »Was willst du nach der Schule machen?«

Wir waren in der 11. Klasse, bald schon würde die Schulzeit beendet sein. Ohne dass er es ahnte, berührte Manuel mit seiner Frage einen wunden Punkt. Für den kleinen Jungen Ibraimo, der von einer Sklavenfarm aus dem Dschungel kam, hatte es nur einen Herzenswunsch gegeben: auf die Schule gehen zu können, um zu leben wie die Götter. Nun war Teil eins der Mission schon bald erfüllt, aber ich war mir nicht mehr sicher, ob ich Teil zwei überhaupt noch wollte. Ich zuckte mit den Schultern. »Weißt du was?«, gab ich die Frage zurück.

»Vielleicht Mechaniker«, antwortete Manuel mit wenig Überzeugung in der Stimme. »Da fährt man jeden Tag ein anderes Auto.«

»Genau«, pflichtete sein Bruder Diego bei. »Schlosser ist auch nicht schlecht.«

Für mich klang das nicht attraktiv. Lehrer wollte ich allerdings auch nicht mehr werden. Dann noch eher Trainer. »Ich habe ein paar Lizenzen«, dachte ich laut. »Ich könnte was mit Fußball machen. Oder ich gehe nach Kuba und werde Kampfflieger. Dann komme ich zurück und bombe die Buren weg, als Rache für Nyazonia.«

Meine Freunde starrten mich mit großen Augen an. Solche Worte waren sie von mir nicht gewohnt.

»Wo liegt denn Kuba?«, fragte Diego nach einer Weile.

»Irgendwo im Meer. Kuba ist eine Insel. Da kriegt man eine

Ausbildung und kommt als Spezialist wieder nach Hause. Das ist, was ich werden will. Ein Spezialist.«

An diesem Tag verständigten wir uns darauf, dass wir alle Spezialisten werden wollten.

»Wenn die nächste Liste für Kuba aushängt, tragen wir uns ein«, schlug Diego vor.

Ein paar Tage später hing eine Liste aus. Darauf stand aber nicht länger »Kuba«, sondern »Deutsche Demokratische Republik«. Von dieser DDR wussten wir noch weniger als von der Insel im Meer. Wir hatten von der Sowjetunion gehört und dass es dort ganz gehörig kalt sein sollte.

»Die DDR gehört zur Sowjetunion.« Das war mein Wissen auf diesem Gebiet.

»Dann ist es dort auch furchtbar kalt.« Manuel deutete auf die Liste, auf der kein Name stand.

Wir beratschlagten ein paar Minuten, dabei waren die Würfel schon gefallen. Die Kälte würde uns nicht schrecken, denn wir wussten gar nicht, was Kälte ist. Klar war, dass Manuel im Grund seines Herzens kein Mechaniker werden wollte und Diego kein Schlosser. Fernando hatte nicht vor, für immer ein einsamer Spaziergänger zu bleiben, und ich konnte mir nicht vorstellen, Lehrer zu werden. Wir wollten raus, wollten weg vom Bürgerkrieg. Und dann war da noch etwas: In der DDR lebten die Weißen. Die Götter. Ich zog einen Stift aus der Tasche und schrieb oben auf die Liste: Ibraimo Alberto. Meine Freunde kritzelten ihre Namen darunter. Manuel Joao Antonio. Diego Joao Antonio. Fernando Antonio Macanjo, genannt »Forreta«, der Geizhals.

Wir waren bereit, ins Land der Götter zu reisen.

Als sich herumsprach, dass ich meinen Namen auf die Liste gesetzt hatte, sah ich mich von einer Gruppe Schüler umringt. Es waren die, denen ich beisprang, wenn sie bedroht wurden.

»Wer verteidigt uns, wenn du gehst?«, fragte ein Mädchen.

»Nach der Abschlussklasse bin ich ohnehin nicht mehr hier. Dann spielt auch keine Rolle, ob ich Mosambik verlasse.«

Das Mädchen schüttelte traurig den Kopf. »Dann kann ich nicht länger kommen.« Die anderen pflichteten ihr bei. Keiner wollte zur Schule, wenn »o defensor« weg war.

Vielleicht hat mich dieser Vorfall geprägt. Später, während meiner vielen Auseinandersetzungen mit Neonazis in Ostdeutschland, hätte ich das Handtuch werfen müssen, bevor die Situation eskalierte. Dann dachte ich an die Werte, die ich verteidigte, an die Schwachen und die im Grundgesetz verankerte Menschenwürde. Wahrscheinlich dachte ich auch an ein trauriges Mädchen, das nicht länger zur Schule gehen konnte, wenn keiner für sie eintrat.

»Es ist klar, dass Mosambik an der Schwelle des Zusammenbruchs steht«, urteilte der südafrikanische Verteidigungsminister Magnus Malan. Soeben hatte die weiße Minderheitsregierung im Apartheidstaat 60 000 mosambikanische Minenarbeiter abgeschoben und frohlockte über den überraschenden Tod unseres Staatspräsidenten Samora Machel und seines gesamten Führungsstabs beim mysteriösen Absturz eines sowjetischen Kurzstreckenjets vom Typ Tupolew 134 B. Das alles passierte im Oktober 1986, und wir fühlten uns, wie es in der weit entfernten Bundesrepublik Deutschland die Reporter des Nachrichtenmagazins *Spiegel* auf den Punkt brachten: »Mosambik am Abgrund«, schrieben sie. Es war nur noch eine Frage der Zeit, bis die von Pretoria unterstützte Renamo die Macht im Land übernehmen würde.

Unser Held Samora Machel war tot. Er war wie ich im Dschungel aufgewachsen und hatte sich den Zugang zu einer schulischen Ausbildung erkämpft. Das war genau 30 Jahre vor meiner Geburt geschehen. 1962 schloss er sich der Frelimo an und stieg 1970 zu ihrem Chef auf. Nach der Unabhängigkeit wurde er unser erster Präsident nach einem halben Jahrtausend Fremdherrschaft. Kein Wunder bei seinem Lebenslauf, dass der Aufbau eines Bildungswesens zu seinen dringlichsten Aufgaben zählte. Ihm verdankte ich es, dass es selbst in einem weit entfernten Ort wie Nyazonia eine funktionierende Schule gab.

Seine erste Frau hatte im Dschungelkampf ihr Leben verloren, und auch die zweite Ehefrau Graça kannte den bewaffneten Widerstand. Sie führte nach seinem Tod als Kultusministerin die allgemeine Schulpflicht ein. Später wurde sie vom damaligen UN-Generalsekretär Boutros Boutros-Ghali zur Sonderberichterstatterin ernannt und reiste nach Bosnien, Kambodscha, Kolumbien, Ruanda, in den Libanon und nach Sierra Leone, um in diesen Kriegsländern leidenden Kindern zu helfen. 1998 heiratete sie Nelson Mandela und wurde so zur ersten und einzigen Frau, die in gleich zwei Ländern First Lady war.

Frauen und Männer gleichzustellen gehörte zu den sozialistischen Ideen, welche Samora Machel mit Vehemenz vorangetrieben hatte. Uns wurde eingebläut, dass Mädchen wie Jungs die gleiche Chance bekamen, wenn sie ihren Namen auf die DDR-Liste eintrugen. Mittlerweile kursierten Gerüchte, dass wir in diesem fremden, fernen Land eine Ausbildung erhalten sollten oder sogar an der Universität studieren konnten. Das sollte uns nach der Rückkehr befähigen, eine Führungsposition in Verwaltung oder Wirtschaft einzunehmen.

Viele Jahre später erfuhr ich, dass die Frelimo neben diesem Programm auch noch ein Geheimprojekt gestartet hatte. Dafür wurden in Schulen im ganzen Land Schüler herausgepickt, die besonders begabt waren. Ohne das Einverständnis ihrer Eltern wurden sie kurzerhand in die DDR verfrachtet und lebten dort abgeschottet in einem Internat. Sie bekamen eine solide deutsche Schulbildung und erlernten den Sozialismus von der Pike auf. Nach Gorbatschows Glasnost und Perestroika, nach dem Zusammenbruch der Sowjetunion und dem Fall der Mauer, war der Traum dieser kommenden Führungselite ausgeträumt. Für viele der zwangsrekrutierten Kinder bedeutete das Ende des Kommunismus auch das Ende ihrer Lebensperspektive. Einige begingen Selbstmord, andere kehrten nach Mosambik zurück, wo sie wie Parias lebten. Ein paar wenige blieben in Deutschland und erzählten mir später von ihrem ungewöhnlichen Schicksal.

1981 herrschte große Aufbruchsstimmung. Unsere Schulzeit

war zu Ende, das Zittern vorbei: Bis zum Schluss hatten unsere Lehrer noch mal kräftig ausgesiebt, weil auf einmal die Liste zu voll gewesen war. Plötzlich wollten alle in die DDR, aber die Lehrer sagten: »Nur echte Helden kommen dahin. Ihr werdet euch ganz schön umgucken.«

Was sie damit meinten, wussten meine Freunde und ich nicht, und es war uns auch egal. Unsere Namen standen noch immer auf der Liste, und nun wuchs die Spannung, was als Nächstes passieren würde.

»In der DDR wollen sie nur die Besten«, sagten die Lehrer. »Ihr werdet hart trainieren müssen.«

Das war, gelinde gesagt, eine Untertreibung. Wir mussten nicht hart trainieren, wir wurden gedrillt. Mir leuchtete zwar nicht ein, weshalb es nötig war, jeden Tag einen 40-Kilometer-Lauf zu absolvieren, damit wir in der DDR studieren konnten, aber es kümmerte mich nicht. Ich stand im vollen Saft und spulte das Programm mit einer Leichtigkeit ab, die das Privileg der Jugend ist. Man hatte uns in eine Art Militärcamp gesteckt, beide Geschlechter zusammen, und morgens um vier Uhr rief die Trillerpfeife zum Antreten. Dann rannten wir los Richtung Gondola, weil es auf diesem Weg ein paar ordentliche Hügel zu überwinden gab. Dazu mussten wir singen, wie es unsere Ausbilder von ihren Vorbildern, den amerikanischen Spezialeinheiten Delta Force und Navy Seals, abgeschaut hatten. Die gehörten zwar zum Klassenfeind, aber vom Feind lernen heißt, fürs Leben lernen.

Drei Monate lang gehörte dieser Drill zur täglichen Routine, dann begannen ein paar von uns zu meutern. »Wofür soll das eigentlich gut sein?«, fragten sie.

Unsere Ausbilder ließen uns strammstehen. »Wisst ihr das nicht? In Deutschland stehen die Menschen ganz früh auf. Dann arbeiten sie bis spät in die Nacht. Ihr müsst topfit sein, sonst seid ihr nach drei Tagen schon am Ende.«

Das meinte der Mann im Ernst, und wir glaubten ihm. Die fremde DDR blähte sich zu einem Mythos auf. Dort lebten Leute, die von morgens bis abends schufteten, sich dabei ganz in den

Dienst des Kommunismus stellten. Ihre Frauen mussten unglaublich stark sein, während unsere bei diesem brutalen Konditionstraining schlappmachten. Doch auch immer mehr meiner männlichen Mitstreiter desertierten. Zwar gab es eine Mauer rund ums Lager, mit Stacheldraht und Glasscherben auf der Krone, doch manche schnitten sich lieber Arme und Beine auf, als den nächsten Gewaltmarsch absolvieren zu müssen.

»Wenn wir zurückkommen, müssen wir bestimmt für die Renamo kämpfen, weil es die Frelimo dann gar nicht mehr gibt«, sagte Manuel eines Tages unter vorgehaltener Hand. Es war ungesund, solche Sprüche vom Stapel zu lassen, doch er bereute es, nicht doch die Mechanikerlaufbahn eingeschlagen zu haben. Bei Nacht und Nebel über die Mauer zu türmen traute er sich aber nicht.

Meine Freunde und ich hockten zusammen, nachdem wir unsere viel zu kleine Ration Maisbrei ergattert hatten. »Und wisst ihr, was es in der DDR gibt? Schnee!«

Dieses Wort hatte ich noch nie gehört. »Was soll das sein, Schnee?«

Darauf wusste Manuel auch keine Antwort. »Ich habe nur gehört, es soll jede Menge davon geben.«

Seine Stimme klang ängstlich, und ich lachte ihn aus. »Vielleicht ist Schnee ja was Gutes. Dann freuen wir uns noch, dass es so viel davon gibt.«

Heute kann ich nur den Kopf darüber schütteln, wie schlecht uns die Frelimo auf das Abenteuer unseres Lebens vorbereitet hat. Niemand erzählte uns davon, in was für ein Land wir reisten, keiner verlor ein Wort darüber, welche Normen und Werte dort galten. Wir sahen keine Filme, wir lasen keine Bücher, wir wussten nichts. Auch vom deutschen Winter, der für Menschen, die Temperaturen um die 30 Grad gewohnt sind, ein echtes Problem darstellt, hörten wir nichts außer vage Gerüchte über ein Phänomen namens Schnee.

An einem Montag im April 1981 traten wir zum Morgenappell an. Unser Chefausbilder war mit dem Anblick dieser Gruppe muskelbepackter junger Männer zufrieden. Nur eine Handvoll Frauen war noch mit dabei.

»Morgen bringt euch ein Bus nach Beira. Dort finden ärztliche Untersuchungen statt. Nehmt nur die nötigsten Sachen mit.« Der letzte Satz war überflüssig. Ich besaß genau zwei T-Shirts und eine kurze und eine lange Hose. Die hatten mir meine Eltern beim letzten Besuch geschenkt. Dort hatte ich zum ersten Mal von meinen Plänen erzählt.

Mama hatte wie üblich nichts erwidert, aber Papa hatte zu ihr gesagt: »Unser Kind hat jetzt gelernt, bis es nicht mehr weiter geht. Nun muss er den nächsten Schritt machen.« Gleichzeitig traute er der Sache nicht. Er erinnerte mich daran, wie ihn die Portugiesen an die Buren in Rhodesien verkauft hatten. »Überleg es dir gut. Nirgendwo gibt es was umsonst, auch nicht in der DDR.«

Er sollte recht behalten. Doch er hielt mich nicht von meinen Plänen ab. Wahrscheinlich wusste er, dass sein Geheimnis diesen Weg von mir erforderte. Viele Jahre sollten ins Land gehen, bis ich ihn und Mama wiedersah.

»Die Köpfe bleiben unten!« Der Befehl war unmissverständlich. Wir saßen in einem altersschwachen Omnibus, der wie die Militärlastwagen vor und hinter uns irgendwann seinen Weg aus der DDR nach Mosambik gefunden hatte. Die letzten Tage waren wir in Beira von Ärzten der Frelimo durch die Mangel gedreht worden, jetzt befanden wir uns auf der 1200 Kilometer langen Fahrt Richtung Maputo. Die Strecke war gefährlich. Mittlerweile kontrollierte die Renamo große Teile des Landes. Wenn die Rebellen uns stoppten, würden sie nicht viel Federlesens machen. Schließlich gehörten wir zur sozialistischen Strategie der Frelimo, und die galt es, mit allen Mitteln zu bekämpfen. Deshalb waren die Fenster des Busses mit Zeitungspapier verklebt, mussten wir die Köpfe auf die Knie beugen. Und das drei Tage lang, auf einer Holperstrecke, welche die Bezeichnung Straße nicht verdiente.

»Verdammt noch mal, ich hab' Hunger.« Neben mir kauerte sich Fernando auf seinem Sitz zusammen. In Beira hatten wir nichts zu essen gekriegt, wahrscheinlich, weil es nichts gab. Die ehemalige Sommerfrische der Portugiesen am Indischen Ozean, wo der Architekt Francisco de Castro im Jahr 1955 den »Stolz Afrikas« errichtet hatte, das Grande Hotel Beira mit 122 Luxussuiten im Art-déco-Stil, lag in Trümmern. Der Beira-Korridor, die Bahnlinie vom Seehafen Richtung Südrhodesien, war hart umkämpft, und die Mörsergranaten hatten die Stadt zerstört. Doch die Bilder rauchender Ruinen gehörten der Vergangenheit an. In der Gegenwart knurrte uns der Magen. Ich konnte mich nicht erinnern, dass es in meinem Leben jemals anders gewesen war, schließlich war bei mir Schmalhans schon jeher Küchenmeister, doch Fernando war das nicht gewohnt.

»Wenn wir halten, hole ich uns Kokosnüsse«, versprach ich meinem Freund.

Wir kamen nur langsam voran. Ich wartete auf eine Gelegenheit, aus dem Bus zu stürmen, um auf die nächste Kokospalme zu klettern, doch die kam erst am zweiten Abend. Der Fahrer war am Steuer eingeschlafen, und weil es keinen Ersatz gab, entschieden die Militärbegleiter, eine Pause einzulegen. Keiner von uns wusste, wo wir waren, weil keiner von uns sein Land kannte. Im Geografieunterricht hatten wir Städte und Provinzen besprochen, den Verlauf der großen Flüsse und das Gebirge im Westen, doch war das alles Theorie geblieben. Die Praxis blieb unbekannt, weil keiner von uns die Gelegenheit zum Reisen hatte. Nun fand diese Fahrt mit verklebten Fensterscheiben statt. Ich war enttäuscht.

Als ich mich jetzt umsah, stellte ich fest, dass es weit und breit keine Kokospalmen gab. Doch ich hatte schon damals den festen Willen, ein gegebenes Versprechen zu halten. Und ich hatte Fernando nun mal den Mund mit den Gedanken an Kokosnüsse wässrig gemacht. Langsam entfernte ich mich vom Konvoi und tauchte in die Dunkelheit der Savanne ein. Ich wusste, die Sache war gefährlich, denn niemand konnte sagen, wo sich die Rebellen verbargen. Endlich entdeckte ich eine einzelne Palme. Im Nu war ich oben, pflückte einige Früchte, kletterte wieder herab.

Frische Kokosnüsse haben keine harte Schale, auch ihr Fruchtfleisch ist weich. In Mosambik begnügen sich die meisten Menschen damit, die Flüssigkeit aus dem Inneren zu trinken. Heute begegnet man auf allen Märkten Kokosnussverkäufern in ihrem Berg von Früchten. Mit nur einem Machetenschlag öffnen sie die Nuss und offerieren das Kokoswasser für den erfrischenden Schluck zwischendurch.

Damals lagen die Dinge anders. Wir hatten Kohldampf, und so futterten Manuel, Fernando und ich nach meiner Rückkehr Nuss um Nuss. Ich aß so viele, dass mir speiübel wurde.

In diesem Augenblick hieß es: »Aufsitzen! Es geht weiter!« Den Soldaten war unsere Rast zu gefährlich geworden, sie hatten den Busfahrer geweckt.

An den Rest der Fahrt erinnere ich mich nur ungern. Ständig rebellierte mein Magen, und ich hatte Angst, dass man mich als untauglich einstufen würde. In Maputo sollte es eine erneute ärztliche Untersuchung geben, dieses Mal von extra eingeflogenen Experten der DDR. Davor fürchteten wir uns, und ich ganz besonders, lahmgelegt durch den übermäßigen Verzehr von Kokosnüssen.

Unser Ziel in Maputo hieß Pouzada. Das Militärlager befand sich gleich neben den Rangierbahnhöfen der Eisenbahngesellschaft. Tatsächlich hatte das Lager der Eisenbahn gehört, war aber von der Frelimo annektiert worden. In der Hauptstadt war die Bedrohung durch Rebellen geringer als im Norden. Wir mussten andere Dinge befürchten: Immer wieder gingen Gerüchte um, dass wir niemals in die DDR kämen, weil man uns am Ende doch zu den Streitkräften stecken würde. Schließlich waren wir topfit und gut ausgebildet, und der Frelimo gingen die Soldaten aus. Weil der militärische und der politische Flügel der Bewegung sich über diese Frage nicht einig waren, war es verboten, das Lager zu verlassen.

Zu gerne hätte ich die Hauptstadt gesehen, vor allem, als es meinem Magen wieder besser ging. Doch alles, was ich in diesen Wochen zu Gesicht bekam, waren hohe Mauern und düstere Kasernengebäude. Und den Raum für medizinische Untersuchungen. Den hatte man kurzerhand im Casino eingerichtet. Ein halbes Dutzend Ärzte aus der DDR, vier Männer und zwei Frauen, erwarteten uns, um ihr Urteil zu sprechen: tauglich für uns – oder nicht? Dafür mussten wir uns nackt ausziehen, dann wurden wir wie auf dem Sklavenmarkt von allen Seiten begutachtet. Die Ärzte prüften Muskeln, Sehnen und Knochenbau und waren durchaus zufrieden. Doch dann entdeckten sie es: unsere Bauchnabel! Die entsprachen keinesfalls der DDR-Norm.

Bei uns im Land waren Geburten in der Regel Hausgeburten. Besser gesagt, Hüttengeburten. Als Hebamme diente eine Schwester, eine Tante, die Großmutter oder die älteste Tochter. Zum Abtrennen der Nabelschnur benutzte man eine Glasscherbe oder eine alte Rasierklinge. Um den Bauch des Neugeborenen nicht zu verletzen, wie es bei meiner Schwester Amina geschehen war, ließen die Geburtshelferinnen einen ordentlichen Stummel Nabelschnur stehen. Den Ärzten aus der DDR gefiel das gar nicht.

»Dieser Mann ist krank«, sagten sie zum anwesenden Offizier der Frelimo. »Sehen Sie sich seinen Bauchnabel an. Der steht raus! Bei dem hier auch. Meine Güte, die sind ja alle so!«

Der Frelimo-Mann wagte nicht zu widersprechen, weil er wahrscheinlich einen ebenso deformierten Bauchnabel vorzuweisen hatte. Tatsächlich besaßen nur wenige von uns einen Nabel nach deutscher Väter Sitte. Ich war einer der Glücklichen, wie auch meine Freunde Manuel und Fernando. In diesen Tagen sortierten die deutschen Ärzte viele Kameraden aus. Nach Monaten des harten Trainings und des bangen Wartens wurde ihnen ein knubbliger Bauchnabel zum Verhängnis. Als die DDR in späteren Jahren immer mehr Fremdarbeiter benötigte, war der mosambikanische Nabel plötzlich kein Hindernis mehr.

Als ich begriff, dass ich zu den Auserwählten gehörte, nahm ich meinen Mut zusammen. Einer der Ärzte sprach Portugiesisch. »Senhor«, fragte ich ihn. »Dieses Land, wo Sie herkommen, diese DDR – welche Sprache spricht man da?«

Der Arzt warf erst mir, dann dem Offizier der Frelimo einen Blick zu. Warum weiß der Kerl das nicht, konnte ich darin lesen. Was habt ihr denen beigebracht?

»Na República Democrática Alemã é falado alemão«, antwortete er förmlich. »In der Deutschen Demokratischen Republik spricht man Deutsch.«

»Ich kann kein Deutsch. Meine Freunde auch nicht.«

»Ihr bekommt Dolmetscher. Außerdem lernt ihr die Sprache. Schließlich geht ihr auf die Universität.«

Nun kannte meine Freude keine Grenzen mehr. In Windeseile verbreitete ich die frohe Botschaft unter allen, die den Bauchnabeltest bestanden hatten. »Es ist wahr! Wir werden studieren! Wir gehen an die Universität!«

Wenige Tage vor dem Abflug erreichte mich ein Brief meines Vaters. Das allein war eine dicke Überraschung. Darin drückte er noch einmal seine Sorge aus: »Die verkaufen euch«, schrieb er. »Was immer sie versprechen, es wird nicht eintreffen.«

Ich achtete nicht darauf, was der Mann, der mit den Ahnen sprechen konnte, zu sagen hatte. In mir steckte die Begeisterung der Jugend. Hatten wir nicht soeben erfahren, dass wir studieren durften?

»Mein Traum geht in Erfüllung«, jubelte ich. »Ich gehe zu den Göttern!«

Jetzt waren die Götter wieder Götter. Wir waren unvollkommen, sie waren perfekt. Selbst ihre Bauchnabel waren perfekt.

»Weißt du, was ich gehört habe?«, fragte Manuel. »In der DDR gibt es Häuser, die sind voller Geld. Die Leute gehen einfach rein und holen es sich.«

Ich konnte nur noch staunen. »Diese Götter! Wow! Bald gehören wir zu ihnen.«

Wir hockten vor dem Kasernengebäude, schmiedeten Pläne

und träumten von der Zukunft. Keiner von uns ahnte, dass wir beide in die Geschichtsbücher der Götter eingehen sollten: ich als erster schwarzer Boxer der DDR und erster schwarzer Ausländerbeauftragter der Bundesrepublik. Und Manuel als erstes Mordopfer rechtsradikaler Skinheads.

Heute

An diesem Tag steht mir eine unangenehme Begegnung bevor. Ich muss zum Ministerio do Trabalho, dem Arbeitsministerium. Es geht um Geld, um genau zu sein, um mein Geld. In der Zeit, in der wir für die DDR-Kombinate schufteten, wurden uns gleich mal 40 Prozent des Lohnes abgezogen. Das Geld wurde nach Mosambik transferiert, damit wir es nach der Rückkehr dort abholen konnten. Vermutlich landete es auf Nummernkonten der herrschenden Politikerklasse – passend zu meinem Besuch findet in Maputo eine Demonstration der um ihren Lohn geprellten Arbeiter statt.

Mein Treffen im Arbeitsministerium verläuft ernüchternd. Ich werde in ein Büro geschickt, in dem ein Beamter vor seinem Computer sitzt. In den starrt er hinein, während er in herablassendem Ton zu mir spricht.

»Ihr Geld«, sagt er, »tja, da haben Sie Pech. Sie sind zu spät dran. Ich verstehe nicht, warum Sie sich nicht früher darum gekümmert haben.«

Ich erkläre dem Mann, dass ich mich sehr wohl darum gekümmert habe. Außerdem kann es ein »zu spät« nicht geben, schließlich hat Geld kein Verfallsdatum. Es sei denn, es liegt längst auf dem Konto eines Ministers. Den letzten Satz spare ich mir. Dem Mann ist auch so anzusehen, dass er weiß, was ich denke.

»Ich mache Ihnen einen Vorschlag«, sagt er. »Schreiben Sie dem Minister einen Brief. Darin müssen Sie aber lügen, verstehen Sie? Sie müssen einen Grund erfinden, warum Sie erst jetzt kommen. Vielleicht eine Krankheit, wäre das nicht eine Idee? Was halten Sie von einer Krankheit?«

Davon halte ich gar nichts. Mit Sicherheit schreibe ich dem Minister keinen Brief, in dem ich lüge. Stattdessen stehe ich auf, reiche dem Mitarbeiter des Ministerio do Trabalho die Hand und gehe.

Am nächsten Tag bitte ich um einen Termin bei der Deutschen Botschaft. Seit Jahren bin ich Deutscher, deshalb ist das die richtige Anlaufstelle. Hier rät man mir ab, einen Lügenbrief aufzusetzen, ansonsten zuckt man mit den Schultern. Ich erfahre, dass man über die schwierige Situation Bescheid wisse, die Sache aber überaus kompliziert sei. Ich habe einen Ordner dabei, mit dem ich jede Zahlung nachweisen kann. Den lasse ich hier. Die Mühlen der Verwaltung mahlen langsam, in Mosambik auch gerne im Zeitlupentempo.

Um mich auf andere Gedanken zu bringen, fahre ich mit der Fähre über den Meeresarm Baía de Maputo zur Insel Inhaca. Drüben mache ich Fotos von der Stadt und komme mir vor wie ein Tourist. Und bin ich nicht einer? »Moçambique é o meu país«, habe ich mit meinem Neffen gesungen, aber stimmt das noch? Vorhin auf der Botschaft habe ich mich als Deutscher vorgestellt und wurde als Deutscher behandelt. Jetzt bin ich im Land meiner Ahnen, aber ein Gefühl von Einsamkeit steigt in mir auf. Ich versuche, es abzuschütteln. Wenn man einen Mann wie Big Ben treffen möchte, sollte man seine fünf Sinne beisammenhaben.

Natürlich ist Big Ben nicht sein richtiger Name, doch die Leute nennen ihn so, und er passt auch gut zu diesem Koloss, der dem ehemaligen Schwergewichts-Weltmeister George Forman wie aus dem Gesicht geschnitten ist. Big Ben ist Präsident des Boxverbandes von Mosambik, und in dieser Funktion will er mich sprechen. Wir treffen uns im Restaurant Escorpião in der Avenida 25 de Setembro. Hier im »Skorpion« treffen sich Politiker, Verbandsfunktionäre und portugiesische Geschäftsleute, neue wie alte. Edu stößt zu uns, und er sagt: »Onkel, zweimal in der

Woche landet eine Maschine aus Lissabon. Auf dem Weg nach Maputo sind sie voll, zurück sind sie leer.«

Seit der Wirtschaftskrise in ihrem Land erinnern sich die Portugiesen wieder an die ehemalige Kolonie im Südosten Afrikas. Hier spricht man ihre Sprache, und, was noch wichtiger ist, hier sind sie willkommen. Die Ex-Kämpfer der Frelimo finden nichts Anrüchiges daran, Geschäfte mit ihren einstigen Feinden zu machen. Als Arbeitskräfte sind Portugiesen begehrt.

»Sie kriegen das Dreifache von dem, was ein Mosambikaner verdient«, fährt Edu fort. »Brasilianer erhalten das Doppelte. Wir sind die Parias im eigenen Land.«

Zu den Parias zählt Big Ben nicht. Er ist in Begleitung eines Reporters des hiesigen Sportfernsehens hier und heißt mich mit dröhnendem Bass willkommen. In Mosambik ist Fußball König, Boxen spielt nur eine Nebenrolle. Doch Big Ben kann auf einige begabte Sportler zurückgreifen, die auf internationaler Ebene allerdings wenig zu bestellen haben. Es fehlt an einem erfahrenen Trainer, und das bringt mich ins Spiel.

Afrika ist nicht Deutschland, wo man sofort auf den Punkt kommt, wenn es um Geschäfte geht. Deshalb reden wir erst über unsere Familien, das Wetter, wie sich Maputo so macht dieser Tage, und dann ein wenig übers Boxen. Ich erkläre Big Ben, dass die Verteidigung den guten Boxer ausmacht. Sich nicht treffen lassen ist die Devise.

»Schnelle Beine«, sage ich. »Wie Muhammad Ali, float like a butterfly, sting like a bee.« Schwebe wie ein Schmetterling, stich wie eine Biene.

Big Ben lacht. Das gefällt ihm. Er schlägt einen mehrtägigen Workshop vor und will wissen, wann ich anfangen könnte. Im Prinzip sofort. Ich habe meine Boxhandschuhe immer dabei, sie sind mein Talisman. Obwohl ich seit dem Jahr 2000 nicht mehr im Ring stehe, reise ich ohne sie nirgendwohin.

Doch die Zeit drängt, der Workshop für die Nationalmannschaft muss erst mal warten. Seit meiner Ankunft verschlechtert sich das politische Klima dramatisch. Die Nationalstraße 1 ist die wichtigste Nord-Süd-Verbindung des Landes. 850 Kilometer von Maputo entfernt überquert man auf ihr den Fluss Save. Auf der Strecke von dort bis ins 250 Kilometer entfernte Inchope kam es in den letzten Tagen zu Schießereien zwischen den Streitkräften und dem bewaffneten Arm der Oppositionspartei Renamo. Das Auswärtige Amt in Berlin rät davon ab, das Gebiet zu bereisen. Außerdem warnt es vor erhöhtem Minenrisiko in der Nähe von Brücken und Bahnübergängen.

Am nächsten Morgen brechen wir um fünf Uhr auf. Google Maps gibt für die 1100 Kilometer lange Strecke bis Inchope eine Fahrzeit von 14 Stunden an. Amadeu meint, dass ich mit 30 Stunden rechnen sollte. Ich habe ihn als Fahrer engagiert, weil er die Strecke kennt und den Linksverkehr gewohnt ist. Nach zwei Stunden haben wir die Stadt und ihre Ausläufer verlassen. Rechts und links der Straße zeugen ausgebrannte Autowracks und auf dem Kopf liegende Omnibusse davon, dass Mosambiks Straßen auch ohne Schießereien gefährlich sind.

»Die Busse kommen von weit her«, erklärt Amadeu. »Tansania, Malawi, Simbabwe. Die Fahrer sitzen 48 Stunden am Steuer. Da kann man schon mal einschlafen.«

Deutschland hat allein 13 000 Kilometer Autobahnen aufzuweisen, das doppelt so große Mosambik nur 5700 Kilometer geteerte Straßen, die Hälfte davon entfällt auf die Nationalstraße 1. Zwischen Maputo und Pambarra ist sie in gutem Zustand, wir kommen schnell voran. Trotzdem bremst Amadeu immer wieder abrupt ab.

»Blitzer«, beantwortet er die Frage nach dem Grund. Alle zehn Kilometer versteckt sich ein Mann mit Radargerät im Gebüsch. Ich atme auf. Mit dieser Art Hinterhalt kann ich leben.

»Vor über 30 Jahren fuhr ich die Strecke in entgegengesetzter Richtung«, erzähle ich. »In einem Omnibus mit Militäreskorte. Die Fenster waren zugeklebt, wir mussten die Köpfe unten lassen. Es wurde scharf geschossen.«

»Das kann uns ebenfalls blühen. Und eine Eskorte kriegst du noch. Wenn wir erst an der Save sind …«

Das klingt nicht optimistisch. Danach ergießt sich eine Flut von Klagen über mich. Amadeu weiß nichts Positives über sein Land zu berichten. Da es außerhalb des Staatsapparates kaum Jobs gibt, ist er wie meine Neffen darauf angewiesen, sich als »Businessman« durchzuschlagen. Wo immer es was zu verdienen gibt, ist Amadeu zur Stelle. In den letzten Wochen waren es vor allem Fahrten auf dieser Strecke. Seit die Zeiten wieder unsicher sind, kann man mit Transporten durchs Krisengebiet Geld verdienen. Er deutet auf die Villen, die sich immer wieder wie Fata Morganas aus der Trockensavanne erheben, und nennt den Namen des Politikers, dem der Palast gehört. Ansonsten gibt es Strohhütten, Abertausende davon, dicht an die Straße gebaut. Früher war das anders. Die Menschen wohnten im Landesinneren, erst der Bürgerkrieg trieb sie an die Straße. Heute ist sie Arbeitsplatz von Erwachsenen und Kindern.

Als Amadeu auf freier Strecke hält, kommt ein gutes Dutzend Kinder angerannt. Jedes von ihnen hat etwas zu verkaufen: Bananen, Holz, Holzkohle, Diesel. Ich steige aus und kaufe Nüsse. Dann begleite ich die Kids zu einer Ansammlung Hütten. Die Erwachsenen beäugen mich misstrauisch, als ich grüße. Es ist nicht klar, ob sie mich verstehen, denn nur die Hälfte der Einwohner des Landes spricht Portugiesisch. Daneben gibt es 40 weitere Sprachen. Zu den wichtigsten zählen Makua im Norden und Changana im Südwesten. Chiuté heißt die Sprache meines Volksstammes der Mateúe, sie wird nur von wenigen Menschen gesprochen. Die Kinder hier sprechen Portugiesisch, und in dieser Sprache wende ich mich an sie.

»Geht ihr zur Schule?«

Alle nicken eifrig.

»Das ist gut.« Ich erzähle ihnen, wie mir die Schule geholfen hat, und sie hören mit offenem Mund zu.

Dann hebt der Jüngste die Hand. »Onkel«, sagt er, »von solchen Dingen erzählt der Chief nicht.«

In Afrika nennen Kinder männliche Erwachsene gerne Onkel, auch ohne verwandtschaftliches Verhältnis. Der Chief ist der

Schullehrer. Ich streiche dem Kleinen über den Kopf und kaufe ihm mehr Nüsse ab. Insgeheim hoffe ich, dass die Kinder tatsächlich Zeit in der Schule verbringen. Noch immer können über die Hälfte aller Mosambikaner weder lesen noch schreiben.

Es ist eine trockene Gegend, durch die wir kommen. Grundwasser ist rar, Oberflächenwasser ebenfalls. Nur wenige Flüsse wie die Save führen ganzjährig Wasser. Sie entspringt im Ostmaschonaland in Simbabwe und mündet bei Mambone südlich der Hafenstadt Beira in den Indischen Ozean. Trotz des trockenen Klimas wachsen überall unzählige Mango- und Papayabäume, dazwischen wuchern die krautigen Stängel der Erdnüsse. Dass in der Trockensavanne etwas wächst, verdankt man der Regenzeit zwischen November und April, in der 80 Prozent des Jahresniederschlags fallen. Dann kommt es auch immer wieder zu verheerenden Überschwemmungen wie zuletzt 2008. Um durchs Land zu reisen, ist die Trockenzeit die beste Wahl.

Amadeu hatte recht: Wir kommen nur langsam voran. Das liegt an den abenteuerlich beladenen Lkws und den vielen altersschwachen Bussen. Außerdem sind unzählige Chapas unterwegs. Das sind Kleinbusse, die kreuz und quer durchs Land fahren. Wer mitwill, steht winkend am Straßenrand, auch das Aussteigen wird individuell geregelt. Die Preise sind niedrig, und wenn es einen nicht stört, dass in einem Zehnsitzer 20 Personen Platz finden, ist Chapafahren eine gute Sache. Nur sollte man zwischen das eigene Fahrzeug und einer Chapa einen Sicherheitsabstand einkalkulieren, denn die Kapitäne der Kleinbusse halten sich alle für Rennfahrer.

Wir übernachten in Pambarra, 700 Kilometer nördlich von Maputo. Kleinere Städte oder Dörfer wie in Deutschland findet man in Mosambik selten. In der Regel haben die Portugiesen an Stellen, wo eine Nebenstraße die Nationalstraße 1 kreuzt, ein paar Häuser errichtet.

In Pambarra zweigt die Straße nach Vilanculos ab. »Vilanculos ist ein ruhiges Fischerdorf mit afrikanischen Hütten, wo es scheint, als stünde die Zeit still«, las ich vor meiner Abreise in einem Online-Reiseportal. Tatsächlich ist Vilanculos eines der wenigen touristischen Ziele in Mosambik, mit Hotels und Beach-Resorts. Taucher und Schnorchler können am Two Mile Reef Mantas, Walhaie und Schildkröten finden. Bisher kommen jährlich rund 500 000 Touristen ins Land, die Hälfte der Besucherzahl meiner Heimatstadt Karlsruhe. Die Regierung plant, das Touristenaufkommen in den kommenden Jahren zu verzehnfachen, doch daraus wird nichts werden, wenn weiterhin geschossen wird.

In Pambarra gibt es eine Übernachtungsmöglichkeit, gleich an der örtlichen Tankstelle. Dort halten wir Kriegsrat. Amadeu meint, dass wir ohne militärischen Begleitschutz den »Rebellen-Korridor« nicht durchqueren dürfen. Die Soldaten der Frelimo stoppen alle Fahrzeuge an der Save-Brücke und fassen sie zum Konvoi zusammen. Der geht zweimal täglich über die Brücke: Morgens um 7 Uhr und nachmittags um 14 Uhr.

»Wenn wir heute Nacht um 3 Uhr losfahren, schaffen wir den frühen Konvoi«, sagt Amadeu.

Nächtliches Fahren auf afrikanischen Straßen birgt seine ganz eigenen Reize. Immer sind Fußgänger und Fahrradfahrer unterwegs, und mitten auf der Straße ohne Licht geparkte Lkws erweisen sich als gefährliche Hindernisse. Wir beschließen, den zweiten Konvoi zu nehmen.

Als wir kurz nach Mittag die Save-Brücke erreichen, sieht die Sache überschaubar aus. Gut 30 Lkws und ein paar Dutzend Autos stehen vor uns. Amadeu schert aus und setzt sich an die Spitze der Kolonne. Ich warte auf Protest aus der Reihe der Wartenden, aber keiner schert sich darum. Amadeu macht den Motor aus, ich steige aus. Ein paar Hundert Kilometer vor ihrer Mündung ist die Save trotz der Trockenzeit ein majestätischer Fluss. Die anderen Wasserläufe haben wir auf Wellblechbrücken überquert, hier spannt sich eine mächtige Bogenbrücke zur gegenüberliegenden Seite.

Obwohl wir uns mitten im Land befinden, entdecke ich eine Zollstation, deren Sinn unklar bleibt. Davor hat es sich eine

Gruppe von Zöllnern und Soldaten gemütlich gemacht. Sie sitzen lachend und schwatzend vor dem Schlagbaum, der die Brücke absperrt. Zwei Uniformierte schleppen eine Gulaschkanone heran, jetzt wird erst mal Mittag gemacht. Ich verspüre ebenfalls Appetit und schaue mich nach einem lokalen Markt um. In Mosambik findet man solche Märkte an jeder Ecke, und sollte wirklich mal einer fehlen, sorgen fliegende Händler dafür, dass kein Reisender hungern oder Durst leiden muss. Hier gibt es weder das eine noch das andere. Ob es mit der Kaserne zusammenhängt? Diese umschließt das ganze Areal östlich der Brücke.

Auf der gegenüberliegenden Seite ducken sich niedrige Häuser in einer Senke. Ich mache mich auf den Weg dorthin und finde einen kleinen Laden, in dem Cola, Kekse und Nüsse angeboten werden. Ich decke mich mit Nüssen ein und frage den Mann hinter der Theke, ob ich mein Handy aufladen darf.

»Não há eletricidade«, antwortet er. »Es gibt keinen Strom.«

Womit er seine beiden Tiefkühltruhen betreibt, die prominent neben dem Tresen stehen? In denen es vielleicht ganz andere Dinge gibt als trockene Kekse? Vor dem Laden haben sich Weiße um einen Billardtisch versammelt. Es sind die ersten Muzungus – so nennt man den weißen Mann fast überall in Afrika –, die ich seit meiner Ankunft in Mosambik zu Gesicht bekommen habe, sieht man mal von den Portugiesen ab. Sie unterhalten sich in britischem Englisch, und ich spreche sie an.

»Wir waren in Südafrika im Urlaub«, erklärt ein junger Mann, während er geschickt eine Kugel über zwei Banden spielt, »jetzt kehren wir nach Simbabwe zurück.«

Simbabwe? Dort hat Diktator Robert Mugabe mit dem *Acquisition Act* die weißen Farmer enteignet. Ich hätte den jungen Mann gerne gefragt, wie es sich als Weißer dort lebt. In der Sprache meines Volkes bedeutet das Wort Simbabwe »Steinhäuser«, weil es dort einst die größten vorkolonialen Steinbauten im südlichen Afrika gab. Leider interessiert mein Gegenüber das Billardspiel mehr als meine Fragen, und ich kehre zum Wagen zurück.

Inzwischen hat sich die Anzahl Fahrzeuge vor der Brücke verdoppelt, und immer mehr kommen dazu. Es ist bald 14 Uhr, doch nichts deutet darauf hin, dass ein Konvoi zusammengestellt werden soll. Ein paar Zöllner strolchen durch die Reihen der Fahrzeuge. Als ich das Auto erreiche, ist Amadeu in eine hitzige Diskussion verstrickt. Ein Zöllner hat die Autopapiere in der Hand.

»Seu papéis estão errados«, sagt er, die Papiere sind falsch.

Amadeu will aus der Haut fahren, und ich beruhige ihn. Offener Streit an diesem Ort erscheint mir nicht als die richtige Strategie.

»Ich habe immer dieselben Papiere«, schimpft Amadeu, »warum sind sie plötzlich falsch?«

Der Grund liegt auf der Hand. Der Zöllner will Geld sehen. Nichts eignet sich besser zur Abzocke als eine Brücke, die man sperren kann. Das wird auch der Grund sein, weshalb der Zoll mitten im Land eine Station betreibt. Ich sehe mich um. Die Soldaten beobachten uns mit ausdruckslosen Mienen. Das Spielchen kennen sie, sie spielen es jeden Tag. Der Zöllner steckt die Autopapiere ein und geht wortlos davon. Es steht nicht gut um unsere Weiterfahrt. Die Soldaten beordern die ersten Lkws nach vorn. Mir fällt ein Pick-up mit einer österreichischen Autonummer ins Auge. Darin sitzt ein junges Paar. Ich erfahre, dass sie bereits seit 18 Monaten in Afrika unterwegs sind. Davor waren sie in Afghanistan und Indien. Die beiden haben jede Menge Erfahrung, doch diese Situation ist ihnen auch nicht geheuer.

»Wir haben was Ähnliches im Kongo erlebt«, erzählen sie. »Aber wir haben ein Prinzip: Wir bezahlen niemals Bestechungsgeld.«

Das scheint im Konvoi die Ausnahme zu sein. Auf dem Weg zurück sehe ich viele Scheine, die aus den Händen der Fahrer in die Hände der Zollbeamten wechseln. Ich bin auch bereit, den Geldbeutel zu zücken, als auf einmal alles zugleich passiert. Ein Pick-up mit jungen Soldaten auf der Ladefläche, die ihre automatischen Gewehre lässig wie Freischärler in Händen halten, braust heran und setzt sich an die Spitze der Lkw-Kolonne.

Gleichzeitig öffnet sich unsere hintere Wagentür, und ein Mann klettert ins Auto. Er trägt eine Uniform mit vielen Abzeichen und macht den Eindruck, als sei er hier der Boss. »Começar a rodar!«, herrscht er Amadeu an. »Losfahren!«

»Was ist mit meinen Autopapieren?«, gibt Amadeu unerschrocken zurück.

Der Mann in Uniform kurbelt das Fenster herunter und hält im nächsten Augenblick die Papiere in der Hand. Amadeu reagiert und gibt Gas. Gerade noch habe ich mir den Kopf zerbrochen, was aus der Reise wird, falls wir umkehren müssen. Nun geht es über die Brücke, danach gibt es kein Zurück mehr. Der Mann in Uniform stellt sich als Chef der Polizeitruppe vor und gibt Anweisungen: Wir sollen uns vor die Lkws an die Spitze des Konvois setzen. Die nächsten 200 Kilometer werden wir mit hoher Geschwindigkeit durch den Korridor rasen. Anhalten ist verboten. Langsamer werden ist verboten. Sollte es eine Schießerei geben, steigt er aus und kämpft mit seinen Soldaten, während wir uns alleine durchschlagen müssen.

»Klingt gefährlich«, sage ich auf Deutsch. Bisher haben wir uns auf Portugiesisch unterhalten, das rutscht mir einfach so raus.

Plötzlich geht ein Leuchten über das Gesicht des Polizeichefs. »Du sprichst Deutsch?«, fragt er. »Ist ja toll!«

Jetzt bin ich derjenige, der staunt. Die Auflösung kommt sofort.

»Ich war in der DDR«, sagt der Polizeichef. »Zwischen 81 und 86.« Er reicht mir die Hand. »Endlich wieder Deutsch reden«, strahlt er. »Du warst auch Werktätiger?«

Ich nicke. »Volkseigene Betriebe Fleischkombinat Berlin und Glaswerk Stralau.«

»Aber du lebst nicht hier, oder? Kommst direkt aus Deutschland?«

Ich gebe ihm einen kurzen Abriss meiner Geschichte. »Ich hätte auch bleiben sollen«, meint er. »Nach Mosambik zurückzukehren war mein größter Fehler.«

Ein Soldat klopft ans Fenster und gibt das Zeichen, dass sich der Konvoi formiert hat.

»Du kannst losfahren«, sagt der Polizeichef zu Amadeu. Das klingt schon anders als vorhin. Seine schlechte Laune scheint wie weggeblasen. Und es soll noch besser kommen.

»Wir haben einen Schießbefehl«, fährt er fort. »Meine Vorgesetzten wollen, dass wir kämpfen, sobald sich Rebellen blicken lassen. Und sie zeigen sich immer, ihr werdet es sehen. Aber heute ist ein Festtag. Wir haben uns getroffen. Heute wird nicht geschossen.«

Der Polizeichef schwelgt in Erinnerungen an die guten alten Zeiten in der DDR. Während der Konvoi aus gut 50 Lkws und unzähligen Autos durch den Rebellenkorridor rast, schwärmt er von deutscher Ordnung und deutschem Bier.

»Als ich nach Mosambik zurückkam«, erzählt er, »gab es keine Arbeit. Wir haben in der DDR alle einen Beruf erlernt, aber diese Berufe gibt es in Mosambik nicht. Du bist Fleischer, wirst aber keine Fleischereien finden. Ich habe landwirtschaftliche Maschinen repariert, doch Traktoren sind hier Mangelware. Also ging ich zur Polizei. Den Menschen helfen, für Sicherheit sorgen, ein bisschen deutsche Ordnung ins Land bringen, so habe ich mir das vorgestellt. Und was macht die Regierung? Als die Renamo aktiv wird, ordnet sie uns dem Militär unter. Plötzlich stehe ich an vorderster Front. Und wofür? Für 5000 Metical im Monat. Die reichen hinten und vorne nicht.«

Das Gespräch nimmt eine überraschende Wende. 5000 Metical sind umgerechnet 120 Euro, selbst in Mosambik ein kärglicher Lohn. Kein Wunder, dass alle was nebenher verdienen müssen, und sei es durch Bestechungsgelder.

Wie zum Beweis meldet sich das Handy des Polizeichefs. Er blickt aufs Display und flucht. Dann reicht er mir das Telefon. »Lies«, sagt er.

Es ist eine SMS seiner Frau. »Wann bringst du Geld?«, schreibt sie. »Die Kinder haben Hunger. Ich habe keine Milch mehr.«

Peinlich berührt reiche ich das Handy zurück. Der Polizeichef steckt es ein.

»Sag mal«, meint er, »hast du nicht was übrig?«

Eine bizarre Situation. Mit fast 100 Stundenkilometern donnert ein kilometerlanger Konvoi durch die Trockensavanne. Die Straße, ansonsten Lebensraum und Arbeitsplatz Tausender Menschen, ist wie ausgestorben. Ich glaube nicht, dass der Konvoi unserem Schutz dient. Vielmehr handelt es sich um eine Provokation der herrschenden Partei. Die Menschen hier sind darauf angewiesen, dass Lkws, Omnibusse, Chapas und Personenfahrzeuge auch mal anhalten. Der Konvoi unterbindet jede Geschäftstätigkeit und entzieht ihnen die Lebensgrundlage. Und warum? Offenbar rechnet man die Überfälle der Renamo zu. Kommt es zu Schusswechseln, verkündet die Frelimo: Wir beschützen das Volk, aber nur, wenn ihr uns auch wählt. Was für ein Zufall, dass in einigen Wochen wichtige Regionalwahlen anstehen. Und jetzt will der Polizeichef auch noch Geld sehen.

Während ich mir den Kopf zerbreche, wie ich die Situation löse, sagt er: »Da sind Rebellen!«

Wir erreichen den kleinen Fluss Ripembe, über den eine Wellblechbrücke führt. Hier muss der Konvoi abbremsen, deshalb haben die Rebellen ihre Zeltstadt direkt neben der Brücke errichtet. Überall stehen bewaffnete Männer. Ich weiß nicht, was sie vorhaben. Sie können ja nicht ahnen, dass der Polizeichef alter Zeiten wegen keine Lust aufs Schießen hat. Mit 10 Stundenkilometern holpern wir über die Brücke.

Ein paar Rebellen erkennen den Mitfahrer in unserem Auto. Der Polizeichef hebt grüßend die Hand. Dann wendet er sich an mich. »Heute bleibt alles ruhig. Gestern war das anders. Es gab drei Tote auf unserer Seite und vier auf ihrer. Angefangen hat es damit.« Seine Kopfbewegung deutet nach draußen. Hinter der Brücke steht das ausgebrannte Wrack eines Lkws. Etwas Weißes blitzt im Fahrerhaus auf, und als ich genauer hinsehe, erkenne ich ein Skelett hinterm Steuer.

»Die lassen nicht zu, dass wir den Lkw abtransportieren«, sagt der Polizeichef. »Er soll als Warnung dienen.«

Hinter der Brücke nehmen wir Fahrt auf. Wie verschreckte Tiere rücken die Fahrzeuge noch enger zusammen. Im Abstand von einem halben Meter rasen wir in halsbrecherischem Tempo in einen traumhaften afrikanischen Sonnenuntergang hinein.

Meine Gedanken driften weg. Was läuft falsch in diesem Land? »Moçambique é o meu país«, heißt es im Lied, aber wenn selbst ein Polizeichef die Jahre in der DDR als die besten seines Lebens bezeichnet, ist einiges in Unordnung geraten.

Wir überqueren die Brücke über den Gorongosa, und ich sehe wieder Menschen an der Straße. Wir haben die Region Zove erreicht und werden bald in Moxúngue eintreffen. Dort befinden wir uns auf Frelimo-Gebiet, und der Konvoi wird sich auflösen.

Mittlerweile ist es dunkel geworden. Wie überall zwischen Äquator und dem Wendekreis des Steinbocks geht das schnell, ohne Dämmerung. Als wir Moxúngue erreichen, ist der Himmel pechschwarz, und Millionen Sterne glitzern. Wir halten an, der Polizeichef steigt aus. Er deutet auf eine verfallene Hütte am Straßenrand. »Hier komme ich unter, bis ein Konvoi zurückfährt«, sagt er. Mehr sagt er nicht. Vielleicht will er erneut um Geld bitten, doch bevor ich meine Börse zücken kann, reicht er mir die Hand. »Ich hätte in Deutschland bleiben sollen«, sagt er noch einmal. Dann verschwindet er in die Nacht.

Beklommen steige ich in den Wagen. Die Fahrzeuge des Konvois rasen an uns vorbei wie eine Meute wilder Hunde, die man von der Leine gelassen hat. Jeder will die verlorene Zeit aufholen. Oder geht es nur darum, dem Schrecken der letzten Stunden zu entfliehen? Auch Amadeu gibt Gas. Mit 180 Sachen rasen wir durch die afrikanische Nacht. Ich verdränge jeden Gedanken an unbeleuchtete Lkws auf der Straße und an Fußgänger, die sie überqueren. Unser nächstes Ziel heißt Inchope, ein beliebter Stopp für Lastwagenfahrer auf dem Weg von oder nach Simbabwe, Malawi, Botswana oder Tansania.

Ostberlin
1981

Den 16. Juni 1981 werde ich nie vergessen: An diesem Tag bekamen wir graue Arbeitsanzüge verpasst, damit wir standesgemäß in die DDR einreisen konnten. Meiner war zwei Nummern zu klein, und der von Manuel um einiges zu groß, doch das kümmerte uns nicht. Wir wurden zum Flughafen gefahren, und ich betrat zum ersten Mal in meinem Leben ein Flugzeug. Zum ersten Mal in meinem Leben spürte ich die gewaltigen Kräfte, die beim Start der Maschine am Werk sind. Zum ersten Mal in meinem Leben sah ich unser Land aus der Vogelperspektive. Auf der endlosen Busfahrt von Beira nach Maputo war es mir riesengroß vorgekommen, jetzt schrumpfte es zusammen. Die Hauptstadt verschwand unter dünnen Schleierwolken, dann legte sich das Flugzeug in eine Kurve, denn es war zu gefährlich, dem Kurs über Südafrika und Simbabwe zu folgen. Bis Tansania flogen wir die Küste entlang, dann ging es in nordöstlicher Richtung über den Kongo nach Nigeria.

In Lagos, am Golf von Guinea, legte die Maschine einen Zwischenstopp ein. Bevor aufgetankt wurde, mussten wir aussteigen. Eingeschüchtert gingen wir durch die Flughafenhalle. Die war um einige Nummern größer als die Halle von Maputo. Auf einmal standen wir vor einem Ding, das keiner von uns schon einmal gesehen hatte. Es war eine Treppe, die nicht stillstand, wie wir es von Treppen gewohnt waren, sich vielmehr lautlos nach oben bewegte. Gegenüber kamen Leute eine ähnliche Treppe herabgeschwebt. Wow, staunten wir. Wir waren noch nicht im Land der Götter angekommen und wurden schon mit Wundern überhäuft.

Ich war der Mutigste und betrat die rollende Treppe. Fernando folgte mir auf dem Fuß. Wir waren auf halber Strecke angekommen, als er mich am Arm packte. »Schau nur, ein Schwarzer!«, rief er.

Auf der Gegenseite fuhr ein pechschwarzer Mann hinab. Schamlos starrten wir ihn an. Noch nie hatten wir eine derart dunkle Hautfarbe gesehen. Wir benahmen uns wie Weiße, die ihren ersten Afrikaner zu Gesicht bekommen. Der Mann lachte und hielt uns wahrscheinlich für die Provinzeier, die wir waren.

Uns zitterten schon die Knie, wenn wir nur daran dachten, dass wir in wenigen Stunden Deutsche kennenlernen würden! Was für eine Freude! Sicher würden diese Deutschen sehr neugierig sein, wo wir herkamen, und sicher würden sie alles über uns erfahren wollen! Über die Bäume des Dschungels und die vielen Tiere, die darin lebten. Sie würden wissen wollen, was wir aßen und wie geschickt wir darin waren, eine Spur durch den Wald zu verfolgen, selbst wenn sie mehrere Tage alt war! Ich konnte es kaum abwarten, den Deutschen von all diesen Dingen zu erzählen.

Vor lauter Aufregung machte ich kein Auge zu, nachdem das Flugzeug zum zweiten Teil der Reise abgehoben hatte. Ich zog den Pass aus der Tasche, den uns ein Offizier der Frelimo am Flughafen von Maputo mit feierlichem Gesicht in die Hand gedrückt hatte. Mein erster Pass! Darin war mein strahlendes Gesicht zu sehen – damals durfte man auf einem Passfoto noch lachen –, und auch jetzt strahlte ich voller Vorfreude. Ich steckte den Pass weg und blickte aus dem Fenster. Mittlerweile war es Nacht geworden, und nur selten blitzten noch Lichter zu mir herauf. Wir flogen aus dem afrikanischen Licht der Subtropen in die Dunkelheit des anbrechenden europäischen Winters.

Um 5 Uhr 11 berührten die Räder des Flugzeugs deutschen Boden. »Willkommen in Berlin, Hauptstadt der DDR«, sagte der Flugkapitän auf Deutsch, dann auf Portugiesisch. Wir stiegen aus, alles ging zack, zack! Kaum hatten wir das Flughafengebäude betreten, nahmen uns uniformierte Götter die Pässe weg. Fernando und ich sahen uns an. Man hatte uns eingeschärft, das Dokument wie einen Augapfel zu hüten, aber vielleicht war das Sitte hier? Das war es tatsächlich, wie ich später erfuhr. Uns die Pässe wegzunehmen war Teil eines ausgeklügelten Planes. Ich sollte das Dokument nie wiedersehen.

Wir wurden in einen großen Raum getrieben und mussten antreten. Fünf weiße Götter marschierten herein, alle mit Anzug und Krawatte. Sie hatten einen schwarzen Dolmetscher dabei. Er trat mit hochnäsigem Gesicht auf uns zu: »Mein Name ist José, ich bin seit ein paar Jahren hier. Hört zu und macht keinen Unsinn. Diese Herren vertreten die Volkseigenen Betriebe Kombinat Chemische Werke Walter Ulbricht, das Kombinat Plaste und Chemie Wolkenstein, das Petrolchemische Kombinat Schwedt/Oder, das Kombinat Industrielle Mast Karl-Marx-Stadt und das Fleischkombinat Berlin. Wenn sie eure Namen aufrufen, geht ihr zu ihnen und verhaltet euch ruhig.«

Wir waren schon vor unserer Ankunft verteilt worden, ähnlich wie sich die europäischen Staaten auf der Berliner Afrikakonferenz im Jahr 1885 unseren Kontinent aufgeteilt hatten. »Wir zogen Linien auf Landkarten von Gebieten, die nie ein weißer Mann betreten hatte. Wir schoben uns gegenseitig Gebirge, Flüsse und Seen zu«, beschrieb der britische Premier Lord Salisbury später das Afrika-Monopoly.

Das hier lief ähnlich ab. Die Vertreter der Kombinate schoben sich gegenseitig Arbeitssklaven zu, denn etwas anderes sollten wir nie sein. Keinesfalls war es darum gegangen, uns studieren zu lassen, und schon gar nicht, mit neuem Wissen nach Mosambik zurückzukehren. Wir waren nur aus einem Grund hier: um der kränkelnden Industrie der DDR durch unsere billige Arbeitskraft auf die Sprünge zu helfen. Wir waren kleine Zahnräder im großen Plan der Herren Honecker, Mittag und Schalck-Golodkowski.

Als mein Name aufgerufen wurde, trottete ich hinüber zum Fleischkombinat Berlin. Als Nächstes kam Fernando an die Reihe und stellte sich neben mich. Manuel wurde einem anderen Kombinat zugeordnet. Plötzlich war unser Kleeblatt auseinandergerissen. Hinter unseren neuen Herren marschierten wir aus dem Flughafen. Ein paar Soldaten reihten sich vorne und hinten ein und passten auf, dass keiner ausbüxte. Mir fielen die Worte meines Vaters ein. »Die verkaufen euch. Was immer sie versprechen, es wird nicht eintreffen.«

Meine Freude, im Land der Götter zu sein, war wie weggeblasen. Die Soldaten trieben uns in einen Bus des Kombinats Nutzkraftwagen Ludwigsfelde. Das erklärte mir José mit wichtiger Miene, als ob die Information lebensnotwendig sei. Meine Gedanken waren woanders. »Die verkaufen euch. Die verkaufen euch. Die verkaufen euch.« Auf einmal hatte ich einen Geistesblitz: Wenn ich überleben wollte und um meine Kameraden zu schützen, musste ich boxen lernen. Die Idee setzte sich sofort in meinem Kopf fest: Ich würde sie alle verteidigen, wie ich einst die Mitschüler der Schule verteidigt habe. »O defensor« würde in der DDR die Arbeit nicht ausgehen.

Ich wandte mich an José. »Wo kann ich hier boxen lernen?«

Er starrte mich an wie einen Außerirdischen. »Was willst du? Bist du bescheuert?« Er schubste mich nach vorne. »Steig endlich in den Bus.«

Auf einmal spürte ich eine Hand auf meinem Arm. Es war eine junge Frau, die ich schon im Flughafen gesehen hatte. Sie lächelte und sagte im besten Portugiesisch: »Sie sind Herr Alberto, stimmt's? Wenn Sie boxen lernen wollen, kann ich was arrangieren. Ich bin Mandy, Ihre Betreuerin. Jetzt zeige ich Ihnen erst mal Ihre Unterkunft. Falls Sie was brauchen, können Sie sich jederzeit an mich wenden.«

Das waren die ersten freundlichen Worte, die ich in der DDR zu hören bekam, und ich bin Mandy heute noch dankbar dafür.

Ich kletterte in den Bus und suchte mir einen Sitz ganz hinten, damit ich die Sache im Auge behalten konnte. Nach einer halben Stunde Fahrt hielt der Bus vor einem zehnstöckigen Gebäude. Keiner von uns hatte jemals so ein hohes Haus gesehen.

»Hört zu, Leute, die Sache ist die«, sagt José. »Unten wohnen Polen, ihr seid oben. Ihr fahrt mit dem Aufzug in den 9. Stock. Der hält nur dort und im fünften. Alles klar?«

Nichts war klar, wir wussten gar nicht, wovon José sprach. Einen Aufzug kannten wir so wenig wie eine Rolltreppe, und warum wir nicht in jedem Stockwerk aussteigen durften, kapierten wir erst später. Aber wir folgten brav allen Anweisungen, fuhren nach oben, betrachteten scheu die Wohnung, in der zwanzig von uns unterkommen sollten. Es gab fünf Zimmer, in jedem standen vier Betten. Eines davon wurde großspurig Wohnzimmer genannt, weil darin ein Fernseher stand. Die meisten von uns hatten noch nie so ein Gerät gesehen. Außerdem kam in einem Zimmer Wasser aus der Wand, wie ich es von den reichen Portugiesen in Chimoio kannte. Dort war auch ein seltsames Gestell installiert, vor dem wir ratlos standen.

»José nennt es Dusche«, meinte Fernando, aber das half uns nicht weiter. Wir würden abwarten müssen, bis sich einer von uns daruntertraute, und es ihm dann nachmachen.

Als Nächstes begutachteten wir die Betten. Auf jedem Bett lag eine Steppdecke. Ich hatte noch nie in einem Bett geschlafen, immer nur auf Kartoffelsäcken oder uralten Matratzen. Weil wir in ein paar Stunden in die Kantine gehen sollten – was ist eine Kantine? –, meinte José, es wäre ratsam, sich aufs Ohr zu legen. Obwohl ich hundemüde war, konnte ich nicht schlafen. Ich hatte nicht das Gefühl, dass jemand in dieser DDR daran interessiert sein könnte, etwas über die Bäume des Dschungels und die Tiere darin zu erfahren. Bis José zum Kantinengang rief, war ich schon wieder auf den Beinen.

»Was ist eine Kantine?«, fragte ich.

»Dort werdet ihr essen. Sie gehört zum Volkseigenen Betrieb Fleischkombinat Berlin. So heißt die Fabrik, in der ihr arbeitet.«

Was immer José sagte, es klang nicht gut.

Wir stellten uns in einer Reihe auf und marschierten unter seiner Aufsicht los.

»Dieses Ding heißt ›Langer Jammer‹«, sagte José, als wir eine

Fußgängerbrücke überqueren. »Dort drüben sind die Schlacht-höfe.«

Aus lang gezogenen Backsteingebäuden drang übler Geruch herauf. Ich hatte noch keinen Sinn für die Ironie des Namens der Fußgängerbrücke, welche das Schlachthofgelände überspannte. Langer Jammer. Den hatte sich jemand gut ausgedacht.

Kurz darauf betraten wir die Kantine. Sie war riesig, schließ-lich waren im Fleischkombinat 3000 Arbeiter beschäftigt. Die Köpfe fuhren herum, als wir durch die Halle marschierten. Ei-nige kleinere Gruppen Mosambikaner waren schon vor uns in die DDR verfrachtet worden, trotzdem erweckte der Anblick so vieler schwarzer Männer eine Menge Aufsehen.

Wir standen ratlos vor der Essensausgabe. Weiße Götter schwangen Schöpfkellen und verteilten Speisen auf Teller. Das verwirrte mich: Arbeiteten die hier? Ich hatte noch nie einen wei-ßen Gott arbeiten sehen. Als sie uns die Teller reichten, kam ich aus dem Staunen nicht mehr heraus: Die Götter bedienten uns? Völlig aus der Fassung geriet ich, als ich das Essen unter die Lupe nahm. Ich hatte so etwas noch nie vor mir gehabt, und den ande-ren ging es ebenso.

José, der wie ein Oberaufseher durch die Reihen marschierte, konnte groß auftrumpfen. »Leute, haut rein, so was isst man hier«, tönte er. »Das ist eine Blutwurst, das ist eine Leberwurst, das Zeug hier nennt man Sauerkraut.«

Wir sahen uns an. Blutwurst? Leberwurst? Sauerkraut? Wir kannten Maisgries, Maniok, vielleicht mal ein Stück Huhn. Vor-sichtig kostete ich, aber es ekelte mich, als sich das geronnene Blut der Wurst über den Teller verteilte.

Mit den Augen suchte ich nach Mandy, nahm meinen Mut zu-sammen und sprach sie an. »Was ist dadrin?«

»Das ist Schweinekopfblutwurst«, antwortete sie mit freund-lichem Lächeln. »Die ist nach technischer Norm 29213/02 als Kochwurst standardisiert.«

Spätestens jetzt hätte mir klar werden müssen, dass ich mich im Herzen der Grundversorgung der Deutschen Demokratischen Republik befand, wo sich alles um Fleisch und Wurst drehte. Doch der Kulturschock saß zu tief. Angewidert schüttelte ich den Kopf.

»Ich kann das nicht essen«, sagte ich, und griff nach der Kanne auf dem Tisch. Zumindest wollte ich meinen Durst stillen. Ich schenkte mir ein und kostete. Das Wasser schmeckte seltsam.

»Ist das kein Wasser?«

»Es ist Tee.«

Mandy lächelte verlegen, und ich kam mir vor wie ein Außerirdischer auf einem fremden Planeten. Jeder Satz der Einheimischen warf neue Rätsel auf, während diese sich keinen Reim darauf machen konnten, weshalb Blutwürste, Sauerkraut oder Tee ein Problem sein sollten.

Ich stand auf, um mich auf den Rückweg zu machen, als José mich zurückpfiff. »Du kannst nicht alleine losstiefeln«, sagte er. »Den Weg findest du nie.«

Langsam regte sich Ärger in mir. »Ich finde jeden Weg durch den Dschungel«, sagte ich. »Also finde ich ihn auch hier.«

Ich achtete nicht auf seine Proteste. Tief in Gedanken ging ich zum Wohnheim. »Wir sind verkauft worden. Wir müssen Blut essen. Das Wasser ist kein Wasser. Ich will hier nicht bleiben.«

Nie zuvor in meinem Leben hatte ich mich so einsam gefühlt. Hatte ich nicht davon geträumt, zu leben wie die Götter? Hatte ich nicht meine ganze Energie auf dieses Ziel ausgerichtet? Hatte ich nicht Berge versetzt, um es zu erreichen? Jahrelang hatte ich die Dschungelschule besucht, einen täglichen Schulweg von 36 Kilometern in Kauf genommen, mich in der Stadt als Haussklave verdingt, das Massaker von Nyazonia überlebt, einfach immer weitergemacht. Jetzt war mein Kindheitstraum in Erfüllung gegangen, ich lebte unter Göttern, doch die Freude war weg.

Am nächsten Tag schleppten Mandy und José uns zum Betriebsarzt, der an keinem von uns etwas auszusetzen hatte und uns alle flugs »arbeitstauglich« schrieb. Dann kündigte Mandy die Besichtigung des Alexanderplatzes an. Wir hatten noch nie so einen großen Platz gesehen und wir hatten noch nie derart gefroren, denn ein eiskalter Wind pfiff über die riesigen Beton-flächen.

»Die Urania-Weltzeituhr«, sagte Mandy, und Stolz schwang in ihrer Stimme. »Sie ist 16 Tonnen schwer. Seit 12 Jahren kann man hier die Zeit von 148 Städten auf der ganzen Welt ablesen!«

Ich ging um die Uhr herum und suchte vergeblich nach Chimoio. Auch Maputo war nirgends zu finden. Auf der Urania-Weltzeituhr fand Mosambik nicht statt.

»Warum ist das so?«, fragte ich.

José funkelte mich an. Allmählich gingen ihm meine Fragen auf die Nerven. »Such nach Südafrika, dann weißt du deine Zeit.«

In Südafrika leben Buren. Die kommen nach Mosambik, um Kinder zu töten. Warum findet man sie auf der Weltzeituhr der DDR, aber nicht uns? Ich schluckte die Worte hinunter, während Mandy verkündete, dass wir den Fernsehturm besichtigen würden. Da die meisten von uns keinen Fernseher kannten, war uns Sinn und Zweck des Turms nicht klar. Dafür gab's oben eine schöne Aussicht, zum Beispiel auf eine Mauer, die sich in weiten Bögen durch die Stadt schlängelte.

»Was ist das?«, fragte ich die Betreuerin.

Bisher war Mandy freundlich gewesen, jetzt wurde ihre Stimme kalt. »Hinter der Mauer liegt ein anderes Berlin. Das gehört zur Bundesrepublik. Die ist weit weg. Jetzt müssen wir gehen.«

Wieder warfen die Antworten nur mehr Fragen auf. Was war die Bundesrepublik? Warum war sie weit weg? Was hatte es mit diesem anderen Berlin auf sich, warum gab es eine Mauer? Viel Zeit blieb nicht, um sich darüber den Kopf zu zerbrechen.

Wieder ging es Richtung Kantine. Dieses Mal gab es etwas, das »Sülze« genannt wurde. Ich bekam keinen Bissen hinunter.

José lachte mich aus. »Du solltest dich daran gewöhnen. In der DDR ist in jedem Essen Schwein drin. Sogar im Brot.«

In unserem Volksstamm ist Schweinefleisch verpönt. Das war nie ein Problem gewesen, weil keiner Schweine besaß. Ich hockte am Tisch und starrte vor mich hin.

Mein Magen knurrte, als Mandy und José uns zu den Schlachthöfen führten. Auf einmal waren wir von Schweineteilen umzingelt, die an Haken hingen und aus denen Blut troff. Weiße Götter in verschmierten Kitteln zerlegten die Tiere und warfen große Fleischbrocken auf ein Förderband. Andere Götter zerteilten es mit Hackebeilen und Messern. Ich traute meinen Augen nicht. Die Szene ähnelte einem Albtraum, doch Lärm und Gestank waren real. So real wie Josés Ansage: »Ab morgen arbeitet ihr hier. Man wird euch zeigen, was ihr tun müsst, und euch in den Schichtbetrieb einteilen. Fragen? Keine? Gut so. Gehen wir.«

Selbst ich stellte keine Fragen mehr. Was Papa vorhergesagt hatte, war eingetreten. Ich wollte zurück nach Hause, aber das ist nicht leicht, wenn man kein Zuhause hat. Ich hatte meines verloren, als ich den Dschungel verließ, um in der Stadt zur Schule zu gehen. Außerdem war im Plan der DDR-Bosse nicht vorgesehen, dass Arbeitssklaven sich einfach so aus dem Staub machten.

»Wer abhaut, wird bestraft«, verkündete José. »Wer nach Mosambik zurückkehrt, wandert in den Knast. Zehn Jahre, mindestens. Ihr wisst, was das bedeutet.«

Den sicheren Tod. In Mosambik überlebt man keine zehn Jahre Knast. Dazu käme die Schande für die Familie: Du hattest die Chance, bei den Göttern zu leben, und hast es vermasselt? Wir erwarten Geschenke und Unterstützung! Wir wollen nichts davon hören, dass es dir bei den Göttern nicht gefällt. Jeder will dort leben, also hör auf zu jammern!

Sehe ich heute afrikanische Flüchtlingsströme Richtung Italien, Spanien und Griechenland, weiß ich, wie sehr diese Menschen unter Druck stehen. Auch wenn die Festung Europa sie nicht willkommen heißt: Umkehren ist ausgeschlossen, denn zu Hause würde man sie wie Parias behandeln. Dort herrscht das Pseudowissen aus dem Fernsehen: Europa ist das Sinnbild für Freiheit und Reichtum.

In den nächsten Tagen verschärfte sich die Situation. Anders als meinen Kameraden gelang es mir nicht, mich an die Gegebenheiten anzupassen. Sie kosteten Sülze, Blutwurst und Sauerkraut und befanden es für gut. Sie entdeckten die Freuden des Fernsehens, und die von Bier und Schnaps. Im Mosambik unserer Zeit trank keiner Alkohol, außer einen Selbstgebrannten zu einem traditionellen Fest. Hier konnte man problemlos Bier und Schnaps kaufen, und viele meiner Kameraden hatten enormen Nachholbedarf. In kurzer Zeit verwandelten sie sich: malochten von morgens bis abends, tranken ihr Feierabendbier vor der Glotze, sahen sich nach einer deutschen Freundin um.

Bei mir liefen die Dinge anders. Ich verweigerte das Essen, wollte nicht im Fleischkombinat arbeiten und pochte auf die Versprechungen, die man uns im fernen Mosambik gemacht hatte.

Die Konsequenzen ließen nicht auf sich warten. Ich war ohnehin ein dünnes Bürschchen, und nach ein paar Tagen ohne Nahrung klappte ich zusammen. Ein Krankenwagen transportierte mich ins Hospital. Dort schrieb ich ein Telegramm an meinen Halbbruder Pedro und schilderte die Situation. Pedro unternahm das Unmögliche: Er machte sich auf in den Dschungel, ohne dass sein Vater davon erfuhr, und erzählte Papa, was geschehen war. Vier Tage später erhielt ich eine Antwort: »Du kannst nicht zurückkommen. Iss Schweinefleisch.«

In der Zwischenzeit gaben sich Ärzte und Krankenschwestern alle Mühe, mir das deutsche Essen schmackhaft zu machen. Eine Schwester brachte Salzkartoffeln mit Heringen.

»Da ist Schwein drin, oder?«, fragte ich. »Schwein ist doch überall drin, sogar in Brot?«

Mandy übersetzte, und die Schwester lachte schallend. »Wer hat Ihnen diesen Unsinn erzählt?«

Ich kostete den Hering. »Ist das roher Fisch?«

»Das will ich aber meinen! Gut, nicht?«

Selbst der Mann im Nachbarbett sparte nicht mit Ansporn. Natürlich war es ein Weißer, was mich am Anfang verunsichert hatte – ich war es nicht gewohnt, mit Göttern das Zimmer zu teilen.

Fernando kam zu Besuch, und zwei neue Freunde aus dem Wohnheim, Mugabe und Aurélio.

»Wenn dein Vater sagt, iss das Schweinefleisch, dann iss das verdammte Schweinefleisch«, meinte Fernando.

Ich blieb drei Wochen im Krankenhaus und hatte viel Zeit zum Nachdenken. Meine Erwartungen waren hoch gewesen, mein Wissen gering.

»Damit kommst du nicht weit«, sagte ich zu mir selbst. Ich beschloss, das Pferd von der anderen Seite aufzuzäumen und die Verweigerungstaktik zu beenden. Als die Schwester meinem Bettnachbarn sein Essen brachte, machte ich ihr mit viel Gestik und ein paar Brocken Deutsch klar, dass ich das Gleiche wollte. Sie war erfreut.

»Ab jetzt geht's aufwärts, Herr Alberto«, meinte sie.

Sie sollte recht behalten.

Die Herren Honecker, Mittag und Schalck-Golodkowski haben uns Mosambikaner zwar nach Strich und Faden betrogen, aber das haben sie nicht nur mit uns getan. Sie haben ein ganzes Land und ihr eigenes Volk betrogen. Auch unser damals sehr verehrter Präsident Samora Machel und seine Frelimo-Mitstreiter trugen ihr Scherflein dazu bei, als sie mit dem Kopf voller sozialistischer Ideen den Vertrag über die »zeitweilige Beschäftigung mosambikanischer Werktätiger in sozialistischen Betrieben der DDR« unterschrieben. Sie lieferten den weißen Göttern aus der DDR billige Arbeitssklaven, denen man gleich mal 40 Prozent des Lohnes abzwackte. Das Geld verschwand auf Nimmerwiedersehen.

Alles in allem genug Gründe, den Kopf in den Sand zu stecken, und vielleicht war es das, was ich in den ersten drei Wochen getan hatte. Danach änderte ich meine Einstellung, und damit änderten sich auch die Zeiten. Ich war noch immer ausgehungert und dünn wie ein Strich in der Landschaft, aber ich war ein zäher Kämpfer.

Kaum war ich ins Wohnheim zurückgekehrt, sprach mich Mandy an. »Ich habe was organisiert für Sie. Es gibt einen Boxverein in Weißensee, die Tiefbau Berlin. Rainer Kühn, der Trainer, würde Sie gerne kennenlernen.«

Dass die DDR zu meiner neuen Heimat wurde, ist eng mit der

famosen Kameradschaft verbunden, die ich in diesem Verein erfahren durfte. Bei der BSG Tiefbau fanden sich Sportler vieler Sparten: Fußball- und Tennisspieler, Boxer, Gewichtheber, Handballer, Tischtennis- und Billardspieler. Es gab sogar eine Hockeyabteilung, was in der DDR eine Randsportart war.

Am ersten Abend legte mir Rainer Kühn einen Arm um die Schulter und stellte mich den versammelten Sportlern vor. »Ibraimo kommt aus Mosambik und will bei uns boxen lernen.«

Die Boxer applaudierten. Ich war fassungslos. Noch nie hatte ich von Weißen Applaus bekommen. Bisher hatte ich mit Boxern auch nichts am Hut gehabt und konnte deshalb nicht wissen, wie stark der Zusammenhalt in dieser Sportart ist. In den nächsten paar Stunden stellten sich entscheidende Weichen in meinem Leben: Ich lernte eine Sportart lieben, die meinen Werdegang prägen sollte. Mit Rainer Kühn gewann ich einen Trainer, der mich sportlich und menschlich unterstützte und mir half, nach und nach deutsche Kultur und deutsche Mentalität zu verstehen.

»Das ist Wolfgang«, stellte er mich einem athletischen Boxer vor. »Er zeigt dir die ersten Schritte.«

Wie unerfahren ich war! Gleich am ersten Trainingsabend bekam ich eine Privatstunde von Wolfgang Behrendt, ohne ihn zu erkennen. Dabei war Wolfgang ein Star. 1956 hatte er in Melbourne die erste olympische Goldmedaille der DDR gewonnen. Auch er prägte meine Zukunft. Erst zeigte er mir die Tricks des professionellen Boxers, später griff er zur Kamera, um meine Erfolge zu dokumentieren. Nach dem Ende seiner Boxerkarriere war er erfolgreicher Sportfotograf geworden. Er berichtete von acht Olympischen Spielen und gewann zwei Goldmedaillen auf Weltausstellungen der Sportfotografie. Dieser Mann zeigte mir die ersten Jabs, Cross, Seitwärts- und Aufwärtshaken.

»Sag mal, wie stehst du eigentlich da?«, fragte er mich nach ein paar Trainingsabenden.

Ich verstand noch immer nur Bruchteile von dem, was man mir sagte. Doch auch das besserte sich, denn seit Kurzem erhielten wir Deutschunterricht.

»Was meinst du?«

»Du stehst irgendwie falsch. Warte mal. Bist du etwa Linksausleger?«

Das Wort »Linksausleger« war im Unterricht nicht drangekommen.

Wolfgang brauchte nicht lange, um mir zu zeigen, was er meinte. »Sieh mal. Es gibt Rechtsausleger, die haben den linken Fuß vorne und die linke Führhand. Die rechte Schlaghand ist hinten. Linksausleger machen das andersrum, nämlich so.« Er zeigte es mir und runzelte die Stirn. »Von denen gibt's nicht viele, und das ist auch gut so.«

Ich erfuhr, dass ich in meinem neuen Lieblingssport ein Außenseiter war, fast ein Geächteter. Ich probierte einen Witz. »Das passt gut zu mir.«

Wolfgang lachte nicht. »Linksausleger lassen andere Boxer schlecht aussehen. Deshalb bekommen sie weniger Kämpfe. Weltmeister Jack LaMotta hat sich die Linksauslage sogar wegtrainiert.«

Das klappte bei mir nicht. Dafür fing ich mit diesem Sport viel zu spät an. Dank des Drills in Mosambik brachte ich eine gute Kondition mit, vom Fußball hatte ich eine prima Beinarbeit, die Arbeit als Haussklave hatte mich sehnig und zäh gemacht. Alles in allem gute Voraussetzungen, um erfolgreich zu boxen. Was mir fehlte, war Erfahrung. Beim Boxen geht es nicht darum, den Gegner unangespitzt in den Boden zu hauen, sondern darum, nicht getroffen zu werden, um im richtigen Augenblick zuzustoßen. Da hatte ich noch viel zu lernen – doch schon nach der ersten Trainingsstunde wusste ich, dass ich nichts lieber tat. Rainer und Wolfgang nahmen mich unter ihre Fittiche, und schnell war klar, dass ich zwar viel Unerfahrenheit, aber auch viel Talent mitbrachte.

So rasch, wie sich mein linker Haken entwickelte, kam ich auch beim Deutschunterricht voran. Unsere Lehrerin hieß Frau Schüler. Es dauerte eine Weile, bis uns klar war, wie lustig dieser Name war. Was kein Anlass war, Frau Schüler auf der Nase herumzutanzen. Sie hatte uns im Griff und musste dafür nicht den Rohrstock schwingen, wie ich es von den Schulen in Mosambik kannte. Frau Schüler war eine natürliche Respektsperson. Natürlich staunte ich darüber, dass eine weiße Frau sich herabließ, uns Schwarzen Unterricht zu erteilen. Nur langsam wurde mir klar, dass meine Vorstellungen vom Land der weißen Götter grundfalsch gewesen waren.

»Weiße Menschen arbeiten nicht«, hatte Oma mir eingebläut. »Wir Schwarzen sind dazu da, ihnen zu dienen.«

Die portugiesischen Kolonialherren haben diese Denkweise genährt und 500 Jahre lang ausgenutzt. In der DDR schufteten Weiße aber genauso hart wie wir. In den ersten Monaten schüttelte ich immer wieder fassungslos den Kopf. Im Fleischkombinat arbeiteten wir Hand in Hand, keiner meiner weißen Kollegen war sich für irgendeine Arbeit zu schade.

»Das sollte Oma mal sehen«, sagte ich zu Aurélio.

»Tja«, antwortete er. »Die alte Dame würde aus den Latschen kippen.«

So schnell, wie ich beim Boxen Fortschritte machte, lernte Aurélio Deutsch. Bald sprach er waschechten Berliner Akzent. Am Band standen wir nebeneinander und feuerten uns gegenseitig an.

»Ich wette, ich hab' die halbe Sau vor dir zerlegt«, sagte ich.

»Die Wette gilt!«, antwortete er, und schon hieben wir mit den Hackmessern auf das Tier ein.

»Jetzt mal langsam mit der Braut!«, hörten wir den Vorarbeiter durch die Halle rufen. Ihn hatten wir »Komm-mit« getauft, da ihm dieser Befehl ein paar Dutzend Mal am Tag über die Lippen kam. »Ihr schneidet euch die Finger ab. Und die brauchst du zum Boxen, habe ich recht, Ibraimo?«

»Komm-mit« lachte und hieb mir auf die Schulter. Er war ein Bär von einem Mann und in der Lage, alleine eine halbe Sau aufs Förderband zu hieven. Es gefiel ihm, wie Aurélio und ich einander anspornten.

Am Abend drückte er jedem von uns ein Stück Rindfleisch in die Hand. »Weiter so, Jungs«, sagte er. »Lasst euch das mal schmecken.«

Wir hatten keine Ahnung, welch rare Delikatesse wir nach Hause trugen. Im Fleischkombinat verarbeiteten wir Schweine- und Rindfleisch. Während Schnitzel und Würste in den Verkauf gingen, wurden die Rindfleischprodukte in den Westen expor- tiert, um die verzweifelte Gier der DDR-Bosse nach Devisen zu befriedigen. In Ostberlin und anderen großen Städten war es mit viel Glück möglich, ein Stück Rindfleisch zu ergattern. Anderswo konnte man davon nur träumen.

Auch ohne dieses Wissen war ich glücklich über das Geschenk. Zwar hatte ich mich mit Schweinefleisch arrangiert, aber ich wurde nie ein Freund davon. An diesem Abend hauten Aurélio und ich uns Rindersteaks in die Pfanne. Im Wohnzimmer lief der Fernseher in Rekordlautstärke, ein Dutzend Kameraden saßen mit Bierflaschen in der Hand davor. Mir gefiel das nicht, aber in der Regel bekam ich nichts davon mit. Meistens ging ich nach der Arbeit zum Training, und wenn ich zurückkehrte, lagen alle schnarchend in den Betten.

»Ist das jeden Abend so?«, fragte ich Aurélio.

Er lächelte. »Nicht für mich. Ich habe jetzt eine Freundin.«

Ich vergaß das Steak in der Pfanne. »Du hast was?«

»Schon richtig gehört, Alter.« Den Jargon hatte Aurélio auf der Straße aufgeschnappt und seinem wachsenden Wortschatz ein- verleibt. »Eine Freundin. Eine Weiße. Für dich Urwaldbengel eine Göttin.«

Meine Kumpels zogen mich häufig damit auf, dass ich als Ein- ziger im Dschungel aufgewachsen war. Ich konnte es nicht glau- ben. Aurélio hatte eine Göttin als Freundin! Natürlich hatte es auch in Mosambik gemischte Paare gegeben, aber stets un- ter denselben Vorzeichen: weißer Mann, schwarze Frau, und das Ganze oft gegen den Willen der Frau. Dass sich eine Göttin mit einem von uns einließ, wollte mir nicht in den Kopf. Ich löcherte Aurélio mit Fragen.

»Du hast ja wirklich von nichts eine Ahnung«, foppte er mich. »Weiße Frauen finden uns toll. Die finden uns exotisch.«

Das Wort hatte ich noch nie gehört.

»Exotisch«, wiederholte Aurélio. »Heißt so viel wie …«, er suchte nach einem geeigneten Ersatz, »… wie zauberhaft.«

»Was an uns soll zauberhaft sein?«

Aurélios Lächeln wurde zu einem unverschämten Grinsen. »Dein Schwanz zum Beispiel. Den finden sie sogar richtig zauberhaft.«

Aus der Pfanne roch es angebrannt, und in aller Eile drehte ich mein Steak um. Es war mir peinlich, Aurélio so reden zu hören. Dabei war er nicht der Einzige, der sich bereits intensiv der Damenwelt widmete.

»Wo hast du sie kennengelernt?«

»Wo wohl? In einer Disco natürlich.«

»In einer was?« Ich war wirklich ein Urwaldbengel, an dem völlig vorbeiging, dass einige meiner Mitbewohner bereits mit Haut und Haaren in der DDR angekommen waren.

»Wenn du nicht nur Boxen im Kopf hättest«, lachte Aurélio, »würde ich dich mitnehmen.«

Er hatte recht. Ich hatte tatsächlich nur Boxen im Kopf. Außerdem trug ich mich mit dem Gedanken, in einen Fußballverein einzutreten. Wie sollte ich da Zeit für Discos haben? Allerdings war der Gedanke verlockend. In Chimoio hatte ich bei einer Tanzgruppe mitgemacht und verspürte durchaus Lust, das Tanzbein zu schwingen. Und wenn ich dabei eine Frau kennenlernen konnte …

Ich schob den Gedanken von mir. Das wäre nur möglich, falls sich diese Freundschaft mit einer Sportkarriere vereinbaren ließ. Die hatte oberste Priorität, denn ich wollte es als Boxer ganz nach oben schaffen.

Aurélio riss mich aus meinen Gedanken, als er mich auf mein Steak aufmerksam machte, das völlig verkohlt war. »Tja, wer zu lange von weißen Frauen träumt«, grinste er. »Von mir kriegst du nichts ab.«

Dabei träumte ich gar nicht von weißen Frauen. Ich träumte davon, Boxchampion von Berlin zu werden. Und ich war bereit, den Weg zu gehen.

Nach drei Monaten harten Trainings fragte Rainer Kühn: »Wie wäre es mit einem ersten Kampf? Fühlst du dich fit?«

Ich dachte keine Sekunde nach: »Na klar!«

Als ich am Tag des Kampfes zum Wiegen antrat, hatte ich zwei Kilo weniger zu bieten als mein Gegner. Im Amateurboxen kann das ein gravierender Nachteil sein.

Rainer Kühn nahm mich beiseite. »Hör mal, Ibraimo«, meinte er. »Du bringst zu wenig Gewicht mit, und dein Gegner hat schon sieben gewonnene Kämpfe.«

Rainer war ein fürsorglicher Trainer. Für ihn war es eine große Sache, einen internationalen Kämpfer in den Ring zu schicken, doch meine Gesundheit lag ihm mehr am Herzen.

Ich schob alle Bedenken beiseite. »Nein, Trainer! Ich will heute boxen!«

Die Halle war gerammelt voll. Zum ersten Mal in der Geschichte von Tiefbau Berlin kämpfte ein schwarzer Boxer für den Verein. Die Glocke schlug zur Runde eins, und keine zwanzig Sekunden später lief ich in einen Kontertreffer. Auf einmal sah ich alles verschwommen. Mein Gegner griff wieder an, und ich hatte alle Mühe, ihn auf Distanz zu halten. Auch in der zweiten Runde machte er mir das Leben schwer. In Runde drei blies ich selbst zur Attacke. Ich hatte noch genügend Luft und deckte ihn mit Schlägen ein. Schon damals zeigte sich, dass mir Rainer und Wolfgang einen blitzsauberen Stil beigebracht hatten. Meine Rechts-Links-Kombination durchschlug seine Deckung, und mein Kontrahent ging zu Boden.

»Eins, zwei, drei …«, zählte der Ringrichter, während ich in der neutralen Ecke erst mal tief durchatmete. Zwar kam mein Gegner noch mal auf die Beine, doch der Referee brach den Kampf ab. Erster Kampf, erster Sieg, und gleich durch technischen K. o.! Rainer machte einen Luftsprung, nahm mich in die Arme. Die Halle tobte, und wieder konnte ich es nicht fassen: Die weißen Götter jubelten mir zu! Jetzt war auch ich in der DDR angekommen.

Heute

Ich habe die Angewohnheit, sehr wenig zu essen. Das steckt in mir drin, seit ich mich als Kind von karger Sklavenkost ernährte und mich später als besitzloser Knecht meiner weißen Herren durchschlug. Es macht mir nichts aus. Mit einer Handvoll Nüsse komme ich gut über den Tag.

Bei Amadeu ist das anders. Als wir Inchope erreichen, meldet er Hunger an. Wir sind seit 14 Stunden unterwegs und haben außer der Warterei vor der Save-Brücke keine Pause eingelegt.

Tagsüber besteht Inchope aus ein paar Dutzend Schuppen und Hütten, nachts verändert sich das Bild. Dann tobt hier das Leben. Mitten im Ort kreuzen sich die Nationalstraßen 1 und 6. Jeder, der auf Nord-Süd-Richtung oder Ost-West-Richtung durchs Land unterwegs ist, fährt hier durch. Auf der N 6 sind das vor allem schwer beladene Lkws, die aus Zentralafrika kommend Richtung Beira fahren, Mosambiks größtem Hafen. Sie transportieren Holz, riesige Baumstämme von enormem Umfang. In die Gegenrichtung sind Diesellaster unterwegs. Alle machen einen Zwischenstopp in Inchope, denn alle wollen essen, trinken – und Frauen. Nach einer Studie der UN sind es die Lastwagenfahrer, welche für die rasante Verbreitung des HIV-Virus in Afrika verantwortlich sind. Auch in Inchope bewegt sich eine große Anzahl junger Frauen in auffallend kurzen Kleidern durch die Menge. Die Stimmung gleicht der eines Jahrmarktes.

Wir stellen das Auto in dritter Reihe ab und bahnen uns einen

Weg zu einem überfüllten Lokal. Es ist das afrikanische Äquivalent einer Pommes-Bude, allerdings stammen die Besitzer aus Indien. Das ist kein Zufall. Fast alle Geschäfte in Mosambik werden von Asiaten geführt, egal, ob es sich um Kleidung, Schuhe oder Nahrungsmittel handelt. Inder, Chinesen, Koreaner haben den Geschäftssinn, der meinen Landsleuten fehlt. Schon vor 2000 Jahren betrieben indische Geschäftsleute einen regen Handel an Mosambiks Küste. Als der portugiesische Entdecker Vasco da Gama 1499 die Insel Ilha de Moçambique im Norden des Landes erreichte, traf er als Erstes auf Inder. Vielleicht sind es ihre direkten Nachkommen, bei denen Amadeu Pãozinho bestellt, ein halbsüßes Brötchen mit deftiger Fleischfüllung. Er peppt es mit Piri-Piri auf, einem scharfen Chili. Europäische Gaumen sollten da vorsichtig sein, Amadeu muss man nicht warnen. Er haut eine ordentliche Portion dieses orangen Zeugs auf sein Pãozinho und beißt herzhaft hinein. Ich begnüge mich mit einer Handvoll Nüsse.

Langsam steigt die Spannung. Von Inchope bis nach Chimoio sind es 70 Kilometer. In zwei Stunden werde ich die Stadt betreten, in der sich mein Leben entscheidend veränderte. Von dort möchte ich in den Dschungel vorstoßen, nach Zembe-Charonga-Nhamassacara, dem Sitz meiner Familie.

»Jetzt bin ich richtig nervös«, sage ich. Das sage ich auf Deutsch, zu mir selbst, nicht zu Amadeu. Wir haben Gondola erreicht, einen Ort 25 Kilometer von Chimoio entfernt. Dann wechsle ich in die portugiesische Sprache. »Als klar war, dass wir in die DDR sollen, haben unsere Ausbilder mit militärischem Drill begonnen. Jeden Morgen rannten wir von Chimoio nach Gondola und wieder zurück. 40 Kilometer im Laufschritt, und singen mussten wir auch noch.«

Amadeu ist das egal. Auf unserer gemeinsamen Fahrt hat er einiges über meine Vergangenheit erfahren, doch seine Generation hat andere Sorgen. Wie meine Neffen denkt er den lieben langen Tag darüber nach, welches Geschäft er als Nächstes tätigen kann.

»Möchtest du nicht nach Beira?«, fragt er. »Ich könnte dich hinfahren. Anruf genügt.«

»Du musst doch zurück nach Maputo?«

»Ich komme einfach wieder.«

Amadeu würde ein paar Tausend Kilometer runterreißen, inklusive Fahrt durch den Rebellenkorridor, nur um mich nach Beira zu kutschieren, eine Strecke von knapp drei Stunden.

»Ich denk drüber nach. Wahrscheinlich nehme ich eine Chapa.«

Ich bin kurz angebunden, weil ich mir selbst über einige Dinge den Kopf zerbreche. Wie werden meine Verwandten mich aufnehmen? Bei uns taucht man nicht mir nichts dir nichts nach Jahren der Abwesenheit auf, um an alte Zeiten anzuknüpfen. Ich werde einen Medizinmann aufsuchen und ein Ritual durchlaufen müssen, das mich auf den Besuch vorbereitet. Wie soll ich den Mann finden? Wird das alles nicht ewig viel Zeit kosten?

Wir erreichen die Vororte von Chimoio. Auf einmal bin ich wieder der Junge, der durch diese Straßen gelaufen ist. Die Ruine dort drüben, war das nicht die Villa des Portugiesen mit der Orangenplantage? Überhaupt war damals das Land mit Orangen- und Zitronenbäumen bedeckt, heute sind kaum mehr welche zu sehen. Wir kommen an den kilometerlangen Fabrikhallen von Textáfrica vorbei. Die gibt es also noch, aber werden weiterhin Textilien hergestellt? Vor den Werktoren hat sich ein lokaler Markt angesiedelt, der auch jetzt, mitten in der Nacht, von Tausenden bevölkert ist. Offenes Feuer flackert am Straßenrand. Trotz der späten Stunde sind unzählige Menschen unterwegs. Wer immer New York den Slogan »The city that never sleeps« verpasst hat, war nie in einer afrikanischen Großstadt. Die schlafen wirklich nicht.

Ich habe mich mit Schwägerin Albertina vor einem Supermarkt verabredet. Ich weiß nicht, wo sie wohnt, und afrikanische Straßen tragen selten Namen. Sich durchzufragen ist also schwierig. Nun beschert mir das Schild »Spar« ein seltsames Déjà-vu. Vor meiner Abfahrt habe ich in einem Geschäft dieser Supermarktkette in Karlsruhe eingekauft, jetzt schließt sich der Kreis. Albertina wird mir später berichten, dass hier nur die Oberschicht der Stadt ihre Besorgungen erledigt. Alle anderen kaufen auf lokalen Märkten ein.

Endlich kurvt ihr Auto auf den Parkplatz, und meine Schwägerin steigt aus. Albertina ist eine in jeder Beziehung ungewöhnliche Frau. Sie war mit meinem Halbbruder Pedro verheiratet, der wie die meisten Mosambikaner zahlreiche andere Frauen hatte. In der Regel wird das einfach so hingenommen. Albertina reagierte zur Überraschung aller anders. Als sie eines schönen Tages von der Arbeit nach Hause kam, überraschte sie Pedro mit einer Nebenbuhlerin im Schlafzimmer. Sie machte nicht gute Miene zum bösen Spiel, wie das sonst üblich ist, sondern packte ihren Koffer und zog aus. Dann setzte sie noch eins drauf. Albertina ging vor Gericht und erwirkte das Sorgerecht für ihre Kinder. Das Ganze passierte im Jahr 1982. Vermutlich war sie die erste Frau im Land, die Ehebruch vor den Richter brachte. Danach war sie allerdings ganz auf sich allein gestellt und musste zeigen, was in ihr steckt. Das tat sie. Sie arbeitete sich in der Stadtverwaltung von Chimoio nach oben und betätigt sich nebenher als erfolgreiche Geschäftsfrau. Wie erfolgreich, sollte ich bald erfahren.

Jetzt fallen wir uns in die Arme, und ich richte Grüße von ihren Söhnen Edu und Dito aus. Dass wir uns nach all den Jahren so gut verstehen, ist keine Selbstverständlichkeit. Nach der Scheidung wäre es üblich gewesen, wenn Albertina mit meiner Familie gebrochen hätte. Doch sie hielt den Kontakt, und ich tat dasselbe; wahrscheinlich, weil wir beide Außenseiter sind, die mit überkommenen Regeln und Traditionen nichts am Hut haben.

Die Straße zu Albertinas Haus ist eine üble Schlaglochpiste, doch das ist ja nichts Neues. Dafür zeigt ihr Anwesen, dass sie es tatsächlich geschafft hat: In einem abgezäunten Hof stehen zwei Gebäude in L-Form. Es gibt eine Außenküche, eine Innenküche, mehrere Schlafzimmer, ein Wohnzimmer mit Fernseher, einen kleinen Garten, und, natürlich, den Wachmann. Außerdem kümmert sich eine junge Hausangestellte um die täglich anfallenden

Arbeiten. Das ist anders zu bewerten als in Deutschland – hier haben selbst ärmere Leute jemanden, der noch ärmer ist als sie und Besorgungen erledigt. Als wir aussteigen, kommen ein paar Kinder angerannt. Sie gehören Albertinas drittem Sohn Salvatore. Er wird in den kommenden Tagen mein Fahrer sein.

An diesem Abend reden wir noch lange miteinander. Es gibt viel zu erzählen. Albertina meint, ich würde Chimoio nicht wiedererkennen, aber vor allem – und das klingt wie eine Warnung – hätte sich im Dschungel eine Menge verändert. Dann möchte sie wissen, wie das Leben in Deutschland ist. Auch sie interessiert sich für Preise von Flachbildfernsehern, Autos und Computern. Sie verblüfft mich mit einer Frage: »Woraus wird euer Zucker hergestellt?«

Darüber habe ich mir noch nie den Kopf zerbrochen. Wie über kaum etwas, das man in Deutschland für ein paar Cent im Supermarkt bekommt, während es in Mosambik Luxus ist.

»Aus Zuckerrüben, nehme ich an«, antworte ich. »Oder man importiert Rohzucker.«

Die Frage lässt mich schmunzeln. Als Kinder haben wir immer Zuckerrohr genascht. Dabei musste man höllisch aufpassen, um sich nicht an den scharfen Pflanzen zu schneiden. Während ich zurückdenke, öffnet sich ein Staudamm, und die Erinnerungen übergießen mich wie eine Flut.

»Alles in Ordnung?«, fragt Albertina.

»Der Tag war lang«, weiche ich aus. »Ich glaube, ich gehe schlafen.«

Dabei weiß ich, dass ich kein Auge zumachen werde.

Auch nach einer schlaflosen Nacht halte ich mein tägliches Trainingspensum ein. 400 Liegestütze, ein paar Sit-ups, dann folgt die afrikanische Dusche. Darunter versteht man, sich zu waschen, ohne die in Deutschland üblichen 70 Liter pro Duschvorgang zu verschwenden. Auch in Chimoio steht fließendes Wasser nur zwei Stunden am Tag zur Verfügung, und warmes schon gar nicht. Daher wird ein Fass gefüllt, das im Bad aufgestellt wird.

Dazu ein Eimer mit auf dem Feuer erwärmten Wasser. Damit kann man sich prima waschen, ohne allzu viele Ressourcen zu verschwenden.

Beim Frühstück überrascht mich Albertina mit einer guten Nachricht. Sie hat ihre Verbindungen spielen lassen, und nennt mir den Namen eines Medizinmannes, der für das Ritual infrage kommt. Ich will wissen, wo ich ihn finden kann, und ihre Antwort lautet: »Er praktiziert nicht weit von Gondola entfernt.«

In Mosambik ist der Ausdruck »nicht weit« ein dehnbarer Begriff. Ich tappe bei Freunden und Kollegen noch heute in die »Nicht-weit«-Falle. Nach deutscher Vorstellung ist damit eine Entfernung von vielleicht bis zu einem Kilometer gemeint. In Mosambik können es gut und gerne 100 Kilometer sein.

Ich wappne mich mit zwei Päckchen Nüssen, als Salvatore eine Stunde später mit dem Auto vorfährt. Meine Ahnung trügt mich nicht. Als wir Gondola erreichen, biegt mein Neffe auf einen Feldweg ein. Wir kommen an einer Schule vorbei, wo ein paar Hundert uniformierter Kinder alles stehen und liegen lassen, um dem Wagen hinterherzulaufen. Dann folgt eine Siedlung mit Strohhütten, dann kommt nichts mehr. Wir befinden uns in den endlosen Weiten der Trockensavanne, die sich bis zum Nationalpark Gorongosa zieht.

»Renamo-Gebiet«, sagt Salvatore plötzlich.

Stimmt, das habe ich vergessen. Die sogenannten Rebellen haben alle Ausländer aufgefordert, das Gebiet um Gorongosa zu meiden. Wenn man die Sache im richtigen Licht betrachtet, bin ich Ausländer. So benehme ich mich auch. »Ist es noch weit?«, frage ich wie ein typischer Deutscher.

Statt einer Antwort biegt Salvatore auf einen Weg ein, der diese Bezeichnung nicht verdient. Wir quälen den Wagen durch meterhohes Gestrüpp und über das ausladende Wurzelgeflecht riesiger Baobab-Bäume.

»Niemand weiß, wo der Medizinmann lebt«, sagt Salvatore, »das ist auch gut so. Gibt es eine Schießerei, und die Regierung will die Sache wieder den Rebellen anhängen – dann sucht man diesen Mann auf, um herauszufinden, was tatsächlich geschehen ist. Und glaube mir, Onkel, er findet es raus.«

»Wie kommen die Leute zu ihm, wenn keiner weiß, wo er wohnt?«

Ich rede wie ein Mudzungu, der keine Ahnung hat von der Macht afrikanischer Medizinmänner. Dabei gehörte mein eigener Vater zu den Besten seiner Zunft. Aber ich bin eben schon lange weg.

»Sie machen es wie wir, Onkel«, lacht mein Neffe. »Sie folgen seiner Anziehungskraft.«

Den Rest der Fahrt legen wir schweigend zurück. Der Weg führt über Stock und Stein, durch tiefe Bachbetten und dichte Mangowälder.

Auf einmal stoppt Salvatore den Wagen. »Siehst du?«, fragt er mich.

Ich spähe durchs dichte Grün. Die Umrisse einer Hütte sind erkennbar.

»Aussteigen, Onkel«, sagt Salvatore. »Wir sind da.«

Für jemanden, der mit dem deutschen Gesundheitssystem aufgewachsen ist, mag die Vorstellung seltsam sein, für irgendwelche Gebrechen oder Probleme im Leben einen Medizinmann im Dschungel aufzusuchen. Tatsächlich ist diese archaische Praxis in vielen Ländern Afrikas noch weit verbreitet. Was man in Deutschland den ganzheitlichen Ansatz nennt, wird auf dem schwarzen Kontinent weiter gefasst. Ganzheitlich bedeutet hier, dass die Ahnen einen wesentlichen Einfluss auf das Leben nehmen. Zwar lässt sich menschliches Leiden mit Kräutern und Heilpflanzen lindern – und viele Medizinmänner sind hervorragende Pflanzenkundler –, doch ohne die Zustimmung der Ahnen läuft gar nichts. Man mag das für Hokuspokus halten. Doch nicht weit von meiner Heimatstadt Karlsruhe entfernt, im Schwarzwald, gab es vor wenigen Generationen noch sogenannte Sympathiedoktoren. Das waren Bergbauern, die mithilfe von Kristallspiegeln, Beschwörungen und Handauflegen erstaunliche Heilerfolge erzielten. Bei uns machte die Schulmedizin Anfang des 19. Jahrhunderts damit Schluss. In Afrika ist das noch anders, vor allem auf dem Land. Hier gibt es die weiße Magie und die schwarze Magie, und einige auserwählte Medizinmänner wie mein Vater beherrschen beide Disziplinen.

Weil dieser Medizinmann den Mächtigen im Land ein Dorn im Auge ist, soll sein Name ungenannt bleiben. Von Montag bis Freitag behandelt er Kranke, die häufig einen sehr weiten Weg zurückgelegt haben, und, wenn es sein muss, auch mal einige Wochen unter seinem Dach wohnen. Am Wochenende nimmt er Ahnenbesprechungen vor. Heute ist weder Samstag noch Sonntag, aber für mich macht er eine Ausnahme. Ich bin gespannt. Zwar erinnere ich mich an die Zeremonien meines Vaters, aber ich weiß, dass jeder Medizinmann seine eigene Methode entwickelt hat.

Erst einmal soll ich vor der Hütte Platz nehmen, weil er noch eine junge Frau behandelt, die mit ihrer Mutter aus dem 300 Kilometer entfernten Beira angereist ist. Sie bekommt keine Kinder, was in vielen afrikanischen Ländern als Schuld der Frau gesehen wird. Später erzählt mir ihre Mutter aufgeregt, dass bei der Untersuchung Überraschendes zutage trat: Die Ursache der Kinderlosigkeit läge am Ehemann. Sie hat ein Bündel intensiv duftender Kräuter bekommen, welche die Unfruchtbarkeit beseitigen sollen.

Nun bin ich an der Reihe. Ein Helfer des Medizinmanns winkt mich in die Hütte. Es dauert einige Zeit, bis sich meine Augen an die Dunkelheit gewöhnt haben. Währenddessen zündet der Helfer ein Räucherstäbchen und vier Zigaretten an, die er kreisförmig zusammenlegt. Ein rot schimmerndes Getränk wird in Gläser eingeschenkt und dem Kreis hinzugefügt. Dann wendet sich der Medizinmann an mich. Er trägt ein blau-weiß gestreiftes Hemd, eine Anzughose mit akkuraten Bügelfalten, schwarze Slipper und eine Brille, die jedem Facharzt in Deutschland zu Gesicht stehen würde.

»Fangen wir an«, sagt er.

Anders als in Ländern wie Indien kommt man in Mosambik bei rituellen Handlungen schnell zur Sache. Es werden keine Glöckchen geschlagen oder Lieder gesungen. Vor dem Medizinmann steht ein Packen Kopierpapier und ein Eimer Wasser. Der Medizinmann reißt den Packen auf und entnimmt ein Blatt. Er legt es ins Wasser. Mit einer ungeduldigen Geste weist er seinen Helfer an. Der nimmt das Papier mit einer Zange heraus. Der Medizinmann nimmt ein zweites Papier, die Prozedur wiederholt sich. Dann passiert es. Auf einmal erscheint Schrift auf dem Papier. Ich kann vier Worte erkennen.

»Quem está me chamando?«, liest der Medizinmann. »Wer ruft mich?«

Er sieht mich auffordernd an. Zuerst bin ich zu verblüfft, um eine Antwort zu geben. Dann sage ich: »Ibraimo Alberto.«

Der Medizinmann legt das nächste Blatt ins Wasser. Im Bruchteil einer Sekunde stehen Worte darauf: »Kommst du aus Deutschland?«

Der Medizinmann sieht mich fragend an. Ich nicke. Ja, ich komme aus Deutschland. Er gibt seinem Gehilfen ein Zeichen. Der schreibt die Antwort auf ein Papier und heftet es an die Innenwand des Eimers, während bereits ein neues Blatt auf der Oberfläche schwimmt. Dieses Mal dauert es eine Weile, bis sich Worte bilden: »Was willst du von mir?«

Wer ist »ich«? Mit wem spreche ich? Ist das alles nur ein fauler Zauber?

Da gibt es doch den Trick mit der Zaubertinte. Botschaften auf Papier, mit Essig oder Milch geschrieben, werden über einer Kerzenflamme wieder sichtbar. Sehr wahrscheinlich bietet die moderne Chemie noch bessere Möglichkeiten für den Möchtegernmagier. Man muss bloß ein paar Hundert Blatt Papier präparieren, die Umverpackung wieder gut schließen, fertig ist die Laube. Ist das hier der Fall? Werde ich gerade mächtig verarscht?

Meine Antwort lautet: nein. Das mag daran liegen, dass ich in diesem Kulturkreis groß geworden bin. Und dass mein Vater in der Lage war, Dinge zu tun, die einem in Deutschland keiner glauben würde. Für einen Hokuspokus wäre auch der Aufwand reichlich groß. Außerdem erscheinen Sätze, die einen hervorragenden Kenntnisstand meiner Vergangenheit zeigen. Die kann der Medizinmann nicht haben, selbst wenn er Deutsch könnte und im Internet stundenlang nach »Ibraimo Alberto« recherchiert hätte. Selbst spontane Fragen werden rasch beantwortet. Nein, es ist ein Wunder, zumindest aus westlicher Sicht. Hier in Mosambik ist es Alltag.

In der nächsten halben Stunde spreche ich über den Medizinmann mit dem Geist, den ich für meinen verstorbenen Vater halte. Eine Menge Papier wird vollgeschrieben. Manche Antworten benötigen zwei oder mehr Blätter. Immer wieder erklärt der Medizinmann einen Satz, von dem er glaubt, dass ich ihn nicht gut genug verstehe. Dabei spricht er laut und dröhnend. Er ist nicht mehr er selbst – er spricht mit der Stimme des Geistes. Die Atmosphäre in der Hütte wird hitzig. Offenbar gibt es ein Geheimnis, das die Ursache für das ganze Auf und Ab in meinem Leben ist. Doch wir kommen der Sache nicht auf die Schliche.

»Dafür«, sagt der Medizinmann, »ist die Zeit noch nicht gekommen.«

Der Kontakt in die andere Welt bricht ab. Die letzten Blätter bleiben unbeschrieben, der Medizinmann erhebt sich. Sein Gehilfe begleitet mich nach draußen. Die Sonne blendet mich, ich nehme benommen vor der Hütte Platz.

»Wir führen ein Ritual durch«, sagt der Gehilfe. Er fragt nicht, ob ich dazu bereit bin. Schließlich komme ich von weit her, da versteht sich das von selbst. Zum Glück bin ich durchtrainiert und erhole mich rasch. Als der Gehilfe mich mit sich winkt, geht mein Pulsschlag wieder normal. Auf schmalen Pfaden wandern wir durch den Dschungel. Dann bleiben wir stehen. Der Gehilfe bricht Bambus ab und weist mich an, wie ich diesen zwischen den Zeigefingern meiner gefalteten Hände zu halten habe. Er gibt mir die Order, zu den Ahnen zu beten.

»Sag ihnen, was du von ihnen willst. Sag ihnen, was du dir von deinem Leben erwünschst. Sag alles, lass nichts aus. Dann bitte sie um Verzeihung für alle deine Verfehlungen.«

Nicht gerade eine leichte Aufgabe. Viele Menschen haben keine Antwort, wenn man fragt, was sie in ihrem Leben erreichen wollen. Bei mir ist das anders. Schon als Dreikäsehoch wusste ich, dass ich zur Schule gehen möchte. Und leben wie die Götter. Auch jetzt kommen die Worte wie von selbst: »Ich will, dass alle Menschen gleich sind und gleich behandelt werden, egal, welche Hautfarbe sie haben.«

Martin Luther King drückte es so aus: »I have a dream.« Ich habe keinen Traum. Ich habe nur den Wunsch, dass meine Ahnen mir behilflich sind, meinen Beitrag zu leisten, damit Menschen nicht länger verfolgt werden, nur weil sie eine andere Hautfarbe haben.

Der Gehilfe winkt mich weiter. Wieder durchqueren wir den Dschungel, bis wir ein seltsames Gebilde erreichen. Es ist eine Hütte ohne Wände, mit einer Dachkonstruktion aus dichtem Bambus. Von dort baumeln Hunderte beschriebener Blätter herab. Darunter stehen Dutzende großer und kleiner Flaschen, gefüllt mit verschiedenen Flüssigkeiten.

»Zieh dich aus«, sagt der Gehilfe.

Ich folge der Aufforderung. Nun soll ich meine Fürbitten wiederholen, mit mehr Intensität. Das tue ich. Dann darf ich mich wieder anziehen, und wir gehen weiter. Unterwegs werde ich noch zwei weitere Male aufgefordert, zu den Ahnen zu beten. Auf diese Weise umrunden wir im weiten Bogen die Hütte des Medizinmannes. Ich fühle mich erschöpft und befreit zugleich. Ein seltsamer Zustand. Wenn ich Flügel hätte, schießt es mir durch den Kopf, könnte ich fliegen.

Doch geflogen wird erst mal nicht. Der Medizinmann reicht mir ein Kräuterbad auf öliger Basis, das ich heute Abend anwenden soll. Als Weiteres gibt er mir zwei Talismane. Er schärft mir ein, sie stets bei mir zu tragen. »Doch wenn du Sex hast, dürfen sie nicht in deiner Nähe sein«, sagt er.

Eine Anweisung, die in Mosambik durchaus Sinn macht. Viele

▲ Mit meiner Mutter vor ihrer Hütte in Charonga, 2013

▼ Mit meiner Mutter und meinen Schwestern Juleca und Amina sowie weiteren Verwandten vom Stamm der Mateúe in Charonga, 2013

▲ Mein Bruder Mussa wurde im Alter von 13 Jahren entführt und zum Kindersoldaten gemacht.

▼ Antonio Ferreira, unser ehemaliger Sklavenfarmer. Ich treffe ihn mit gemischten Gefühlen. Als unser Patron war er Herrscher über Leben und Tod, doch ließ er mich auch zur Schule gehen.

▲ Meine Schule in Nyazonia im Jahr 2013. In den vergangenen 36 Jahren hat sich hier nichts verändert.

▼ Hier saß ich am 23. November 1977 und sah die Helikopter der Schlächter von Nyazonia kommen.

▲ Mein Freund Manuel war eines der ersten Mordopfer Rechtsradikaler in der DDR. Die Täter kamen mit milden Strafen davon.

▲ Als 19-Jähriger lasse ich mich 1982 in einem Fotostudio in Ostberlin als Westernheld ablichten.

▲ Nach meiner Wahl zum Brigadeleiter im Fleischkombinat Berlin, 1982

▼ Mit meiner Mannschaft von Turbine Treptow im Jahr 1985

▲ 1995 boxe ich in der Bundesliga gegen eine Berliner Auswahlmannschaft.

▼ Nachdem ich begonnen hatte, Claus Krekeler zu betreuen, wurde er einer meiner engsten Freunde.

▲ Mit Trommel- und Kochkursen nehme ich ostdeutschen Schülern die Scheu vor dem Fremden. Hier in Prenzlau, 1998.

▼ Innenminister Wolfgang Schäuble und Justizministerin Brigitte Zypries zeichnen mich 2008 als Botschafter für Demokratie und Toleranz aus.

Männer behalten bei der Ausübung des Geschlechtsverkehrs mit Prostituierten aus Angst vor Diebstahl ihre Hose an. Die Botschaft lautet also: kein käuflicher Sex, grundsätzlich ein guter Rat.

Damit ist das Ritual abgeschlossen. Der Medizinmann schärft mir ein, dass er alles mitbekommt, was ich tue. Von nun an sind wir miteinander verbunden.

Dann lacht er, und alle Strenge fällt von ihm ab. »Du kommst also aus Deutschland. Interessant. Was kostet bei euch ein Motorrad?«

Er denkt über den Kauf eines Zweirades nach, um besser durch den Dschungel zu kommen. Ich rate zu einem Japanimport über Südafrika. Deutsche Motorräder sind in Mosambik unbezahlbar. Als Medizinmann hat er kein regelmäßiges Einkommen; die Leute geben, was ihnen die Behandlung wert war und was sie sich leisten können. Es ist das Solidarprinzip im wahrsten Sinn des Wortes.

Während der ganzen Zeit habe ich meinen Neffen nirgendwo zu Gesicht bekommen. Jetzt taucht er auf. Er hat auf der Ladefläche des Pick-ups ein Schläfchen gehalten und ist bereit, seinen Onkel zurückzukutschieren. Als wir uns auf den Weg machen wollen, ist der Wagen plötzlich voller Leute. Es sind Patienten, die erfreut darüber sind, nicht nach Gondola laufen zu müssen. Ein junger Mann stellt sich als Steuerbeamter aus Tete vor, einer 400 Kilometer entfernten Stadt. Auch die junge Frau und ihre Mutter sind mit an Bord. Mein Neffe ist nicht entzückt, weil die Polizei bei illegalen Personentransporten gerne abkassiert. Er fährt erst los, nachdem klargestellt ist, dass in diesem Fall alle zusammenlegen. Ich vertraue darauf, dass sich im Nirgendwo keine Patrouillen herumtreiben.

»Denk dran, Onkel, es ist Renamo-Gebiet«, warnt Salvatore. »Hier kann dir alles passieren.«

Für meinen Geschmack ist schon genug passiert. Auf der Fahrt hänge ich meinen Gedanken nach. Ich habe mit den Ahnen kommuniziert. Ich habe mit meinem Vater gesprochen. Um welches Geheimnis handelt es sich? Es muss etwas Schwerwiegendes sein, etwas, das man nicht auf die leichte Schulter nehmen darf. Etwas, das die Macht hat, mein Leben zu beeinflussen.

Als wir Gondola erreichen, klettern die Passagiere von der Ladefläche und verabschieden sich. Ich beobachte, wie die junge Frau mit ihrer Mutter die Straße überquert und in eine Chapa steigt. In ein paar Stunden, denke ich, bist du zu Hause in Beira. Dann musst du deinem Mann die Medizin unterjubeln, und das wird schwer genug. Ich selbst habe auch eine schwierige Aufgabe zu lösen. Ich muss ein Geheimnis herausfinden, das man all die Jahre vor mir bewahrt hat.

Salvatore fährt weiter, die Chapa entschwindet aus meinem Blick. Draußen geht die Sonne als glühend roter Ball unter. Gleich darauf ist es stockdunkel. Als wir Chimoio erreichen, lodern bereits die Kochfeuer derer, die ihre Hütten am Straßenrand errichtet haben. Der Geist meines Vaters war aufgebracht, denke ich. Und ich weiß nicht, warum.

Ostberlin
1982–1987

Meinen sportlichen Ehrgeiz, im Boxen etwas zu erreichen, übertrug ich auch auf die Arbeit. Ich hätte mir den Beruf des Fleischers selbst nie ausgesucht, jetzt machte ich meinen Frieden damit. Für die DDR-Bosse ging die Rechnung auf. Wir Mosambikaner waren jung und fit und packten ordentlich an. Mein Eifer sorgte dafür, dass ich besser sein wollte als die anderen. Das fiel »Komm-mit« und seinen Vorgesetzten auf. Nach einigen Monaten wurde ich für meine Arbeit ausgezeichnet, später wurde ich Brigadeleiter. Ein typischer DDR-Begriff, wo man eine Gruppe Arbeiter »Brigade« nannte.

Meine Brigade war für ein Band verantwortlich, an dem Fleisch gesägt und zerkleinert wurde, sowie für das nachfolgende Band, an dem man die gewünschten Teile herausschnitt. Jeder hatte seine Aufgabe: Einer schnitt Keulen, der andere Rippen. Schwierig wurde es, wenn tatsächlich mal Rindfleisch auf dem Band lag. Das von den Knochen zu lösen war im wahrsten Sinne des Wortes Knochenarbeit. Auch das sah ich sportlich, als Teil meines täglichen Trainings. Mittlerweile hatte ich begonnen, jeden Morgen ein paar Hundert Liegestütze zu machen, und konnte es in puncto Kraft bald mit »Komm-mit« aufnehmen.

Einmal nahm der mich beiseite, führte mich in einen Kühlraum und ließ mich gegen aufgehängte Rinderhälften boxen. Jahre später wurde mir klar, dass er eine Szene aus dem Film »Rocky« mit Sylvester Stallone nachgestellt hatte, den er sich wohl unter der Hand besorgt hatte.

Als ich zurückkam, zwinkerte mir Aurélio zu. »Na, Champion. Hast du noch Kraft für ein paar Schinkenkeulen? Wenn ich gewinne, zahlst du mein Bier, wenn du gewinnst, kaufe ich dir einen Joghurt.«

Joghurt stand bei mir hoch im Kurs. Dafür ging ich täglich zum Intershop. Der Intershop war die Einzelhandelskette der DDR, in der man nicht mit DDR-Mark zahlen konnte, sondern nur mit Devisen. Damit wollten die DDR-Bosse die begehrte Westwährung abschöpfen. Zwar bekamen wir monatlich nur kümmerliche 500 Ostmark auf die Hand, da ich aber in der Kantine aß und ansonsten kaum Geld brauchte, tauschte ich den größten Teil auf dem Schwarzmarkt in DM um. So hatte ich Geld für meinen Joghurt. Doch der war teuer, und so kam Aurélios Wettangebot wie gerufen.

Wir klotzten rein und machten innerhalb von zwei Stunden 20 Schinkenkeulen fertig. Ich schaffte eine mehr als Aurélio und konnte mir am Abend einen Joghurt auf seine Kosten schmecken lassen.

»Komm-mit« schmunzelte, als er uns im Wettstreit sah. Am Ende des Monats bekamen wir jeder eine Betriebsurkunde und eine ungarische Salami in die Hand gedrückt.

Leider passierte mir kurze Zeit später ein Malheur, als ich mir beim Ausbeinen in den Arm schnitt, knapp neben der Schlagader. Das Blut spritzte, und »Komm-mit« kam mit Kompressen und Verbänden angerannt. Im Krankenhaus wurde die Wunde genäht, und das Schlimmste war, dass ich einen Monat lang mit dem Training aussetzen musste. Zum ersten Mal hatte ich Zeit, die nähere Umgebung genauer unter die Lupe zu nehmen. Ich kam an vielen Läden vorbei und wunderte mich, dass die Götter davor Schlange standen.

Nachdem alles verheilt war, verdoppelte ich meine Trainingsanstrengungen. Außerdem trat ich in den Fußballklub Turbine Treptow ein. Wahrscheinlich war das alles ein bisschen zu viel des Guten, aber ich liebte Fußball und hatte Lust darauf, gegen das runde Leder zu treten. Auch in Treptow wurde ich gut aufgenommen, wobei es Unterschiede gab: Die ältere Generation hatte keine Schwierigkeiten mit einem Schwarzen, während die Jüngeren auf Distanz gingen. Darüber machte ich mir keine Gedanken, denn auf dem Fußballfeld kämpfte jeder für jeden. Nachdem ich dreimal Torschützenkönig der Regionalliga Berlin geworden war, konnte ich auch keine Abneigungen mehr spüren. Zu dieser Zeit beherrschte der Berliner Fußballklub Dynamo die DDR-Oberliga, und ich spielte mit dem Gedanken, mein Glück auf höchster Fußballebene zu versuchen.

Da nahm mich Rainer Kühn zur Seite. »Ibraimo«, begann er. »Du musst dich entscheiden: Boxen oder Fußball. Beides auf hohem Niveau geht nicht.«

Da hatte ich den Salat. Ich hatte weitere Boxkämpfe gewonnen, aber auch das Verlieren gelernt. Die meisten meiner Gegner hatten zwanzig, dreißig Kämpfe auf dem Buckel. Auch wenn ich sie technisch beherrschte, konnte ich ihnen in puncto Erfahrung nicht immer das Wasser reichen. Trotzdem war es mir gelungen, mich zur Berliner Meisterschaft durchzukämpfen. Jürgen Fanghänel, der für Wismut Gera in den Ring trat, und Klaus-Dieter Schmid vom ASK Vorwärts Frankfurt (Oder) dominierten die DDR-Amateurmeisterschaften im Schwergewicht. Das waren Leute, zu denen man aufschaute.

Ich trat im Bantamgewicht an, brachte also nur gut die Hälfte des Gewichts dieser Athleten auf die Waage. In dieser Klasse hatte ich meine Chance. Auch wenn ich bei meiner ersten Berliner Meisterschaft frühzeitig nach Punkten ausschied, sah die Zukunft rosig aus. Nun musste ich eine Entscheidung treffen.

Was mir dazu einfiel, sollte mein späteres Leben bestimmen: Aufs Fußballspielen wollte ich nicht verzichten. Konnte ich nicht länger im Verein spielen, würde ich selbst eine Mannschaft aufstellen. Ganz so, wie ich es als Dreikäsehoch im Dschungel gemacht hatte. Meine sportlichen Erfolge wollte ich dagegen als Boxer feiern.

Ich teilte Rainer Kühn meine Entscheidung mit, und er freute sich. »Ich krieg' noch mehr Kämpfe für dich«, versprach er. »Es gibt eine Berliner Auswahlmannschaft, und ich denke, du bist gut genug, um bei denen mitzumischen.«

Als ich am Abend nach Hause ging, blieb ich vor einem Gebäude in der Nähe des Wohnheims stehen. Es hatte immer leer gestanden, jetzt gingen Afrikaner ein und aus, deren Sprache vertraut klang.

»Wo kommt ihr her?«, fragte ich.

»Aus Mosambik«, war die Antwort.

Der nächste Schwung Billigarbeiter war eingetroffen. Es war klar, dass man mittlerweile nicht mehr so wählerisch war wie bei uns. Es gab Leute, die alles andere als fit aussahen, und ältere Männer, die in unserer Gruppe keine Chance bekommen hätten.

Den Sportlichsten unter den Neuankömmlingen sprach ich an: »Kriegst du eine Fußballmannschaft zusammen? Ich organisiere den Platz, Trikots, einen Schiedsrichter, dann tragen wir ein Freundschaftsspiel aus.«

Ich ahnte nicht, dass diese Partie die erste in einer langen Reihe von Fußballspielen werden sollte, die ich auf die Beine stellen würde, um Integrationsarbeit zu betreiben. Es ist oft so mit guten Ideen: Eigentlich wollte ich nur selbst Fußball spielen – dass mehr daraus wurde, kam von ganz allein. Wenn man tut, wozu man Lust hat, kommen Steine ins Rollen.

Aufgeregt lief ich in unser Wohnheim und trommelte drei Handvoll Leute zusammen. »Wir spielen gegen die Neuen. Ab morgen trainieren wir.«

Im Wohnzimmer lärmte der Fernseher. Nicht alle zeigten sich von meiner Idee begeistert. »Ohne mich«, sagten sie, Bierflaschen in der Hand. »Das ist zu anstrengend.«

Dieser Satz machte mich wütend. Doch ich musste akzeptieren, dass ich nicht alle hinterm Ofen hervorholen konnte.

»Wie viele sind wir?«, fragte ich, als die Biertrinker abgezogen waren. Ich kam auf zwanzig Mann. »Das reicht locker für eine Mannschaft. Okay, wer mitmachen will, zahlt eine Mark in die Kasse ein.«

Damit kaufte ich die ersten Trikots. Weil das Geld nicht reichte, legte ich den Rest aus der eigenen Tasche drauf. Ich wählte knallgelbe Shirts, weil das die Farbe der Brasilianer war. Die hatten zwar seit 1970 keine Weltmeisterschaft mehr gewonnen, doch Júnior, Socrates, Zico oder Roberto Dinamite waren Spieler, denen ich nacheiferte. Auch wenn es nicht mehr um die Berliner Meisterschaft ging, sondern nur um den Freundschaftskick zweier Arbeiterwohnheime, zeigte ich Ehrgeiz.

Dieses erste Fußballspiel zwischen zwei mosambikanischen Mannschaften auf dem Boden der DDR hatte Folgen. Bis zu diesem Zeitpunkt waren wir in der Öffentlichkeit kaum sichtbar gewesen. Tagsüber arbeiteten wir in den Kombinaten, den Abend verbrachten die meisten im Wohnheim vor dem Fernseher. Einige gingen in Discos und hatten weiße Freundinnen, aber mit denen flanierten sie nicht über die Straßen von Ostberlin. Das wollten die Freundinnen nicht, das wollten die Freunde der Freundinnen nicht, und die Eltern wollten das schon gar nicht. Es gab ein strenges Verbot, Frauen mit ins Wohnheim zu nehmen, doch wo kein Kläger, da kein Richter, das war auch in der DDR nicht anders. Wir hielten zusammen, wenn einer von uns seine Freundin für ein Schäferstündchen ins Wohnheim schmuggelte. Dann räumten alle anderen das Zimmer.

So kam es, dass im Jahr 1985 ein paar Tausend Mosambikaner quasi unter Ausschluss der Öffentlichkeit in der DDR lebten. Meine Fußballspiele änderten einiges daran. Wir konnten sie ja nicht im Kühlraum des Fleischkombinats oder im Keller des Wohnheims austragen. Ich hängte mich ans Telefon und rief ein paar Verwaltungsleute an, deren Namen ich im Kombinat erfragt hatte. Meistens gab es keine Einwände, wenn ich nach einem Sportplatz fragte, auf dem wir das nächste Match austragen konnten. Deshalb bemerkte ich gar nicht, wie sich insgeheim Widerstand aufbaute.

Nicht jedem Ostberliner Bürger schmeckte es, plötzlich so viele Schwarze in der Nachbarschaft zu sehen. In der Deutschen Demokratischen Republik, die mit Demokratie kaum etwas am

Hut hatte, weil sie eine perfekt überwachte Diktatur war, trauten sich die Leute nicht, offen gegen uns vorzugehen. Damals stand an jeder Ecke ein Volkspolizist, und so blieben wir meist unbehelligt. Hin und wieder berichteten meine Kumpels von Schlägereien in Discos, vor allem, als gegen Mitte der Achtzigerjahre die ersten glatzköpfigen Rechtsradikalen auftauchten.

Offiziell gab es keine Neonazis in der DDR. Die ostdeutschen Politiker behaupteten bei jeder Gelegenheit, anders als die BRD mit ihrer braunen Vergangenheit aufgeräumt zu haben. So stand es auch im Artikel 6 der DDR-Verfassung: »Die Deutsche Demokratische Republik hat getreu den Interessen des Volkes und den internationalen Verpflichtungen auf ihrem Gebiet den deutschen Militarismus und Nazismus ausgerottet.« Trotz dieser starken Worte waren die Glatzen Vorboten des Sturms, der über Deutschlands Osten hinwegfegen sollte.

Ich achtete nicht auf diese Dinge. Monat für Monat kamen mehr Mosambikaner ins Land, während wir Altgedienten nicht nach Hause geschickt wurden. Das war eigentlich vorgesehen gewesen: Vier Jahre sollten wir für die DDR schuften und danach sang- und klanglos wieder verschwinden. In Mosambik, so ging die Mär, würde das Geld auf uns warten, das man uns hier abgeknöpft hatte. Mit dem neuen Wissen sollten wir den Sozialismus in der Heimat voranbringen. Das war pure Augenwischerei. Unser Geld hatten sich längst Frelimo-Bonzen unter den Nagel gerissen – ihre prächtigen Villen in Maputo zeugen noch heute von ihrer Unverfrorenheit.

Und was bitte schön sollten wir mit den neuen Kenntnissen anfangen? Ich war ausgebildeter Fleischer und hatte meine Prüfung mit der besten Note abgeschlossen. In Mosambik gab es keine Schlachthäuser, und es war nicht geplant, welche zu errichten. Trotzdem kehrten einige in die Heimat zurück – mitten in ein Land, in dem ein blutiger Bürgerkrieg tobte. Das brauchte weder Fleischer, Glasbauer noch Traktorfahrer, es brauchte Soldaten. Diesen Weg schlugen viele Heimkehrer ein: Entweder kämpften sie für die Frelimo oder die Renamo, was für beide verfeindete

Parteien ein gutes Geschäft war. Schließlich erhoben getötete Heimkehrer keinen Anspruch mehr auf das Geld, das die DDR nach Maputo überwiesen hatte.

Für mich war die Sache klar: Ich wollte bleiben. Im Land der Götter gefiel es mir von Tag zu Tag besser. Im Boxverein war ich anerkannt, meine Arbeit machte ich gut. Dass mich in den fünf Jahren meines Aufenthaltes kein Weißer zu sich nach Hause eingeladen hatte, schob ich auf die Sitten. Nur bei Rainer Kühn und seiner Frau war ich immer willkommen, sie wurden meine neue Familie.

Anderswo war man nicht so gastfreundlich. Einflussreiche Ostberliner Bürger setzten die richtigen Hebel in Bewegung, und die DDR-Bosse beschlossen, alle in der Stadt lebenden Afrikaner zusammen mit Vietnamesen, Kubanern, Ungarn und Polen in ein Getto einzusperren. Neun Plattenbauten mit 1000 Wohnungen wurden in der Gehrenseestraße hochgezogen, im Niemandsland zwischen den Bezirken Hohenschönhausen und Marzahn. Drum herum gab es einen Zaun, in jedem Haus hockten Hauswarte, die einzelnen Wohnungen wurden durch Gruppenleiter überwacht, die Regeln nochmals verschärft. Wer die Nacht außerhalb des Gettos verbrachte, wurde ermahnt, wer eine Frau übernachten ließ oder Streit mit dem Nachbarn hatte, ebenso. Nach drei Ermahnungen wurde der arme Kerl zurück in die Heimat verfrachtet, wo er sehen konnte, wie er durchkam.

Bis zur Wende kamen rund 20 000 Kubaner, ebenso viele Mosambikaner, 16 000 Vietnamesen und viele Polen, Ungarn, Tunesier, Marokkaner, Algerier und Angolaner in die DDR. Wer in den Kombinaten Ostberlins arbeitete, war von nun an im Getto Gehrenseestraße untergebracht. In dieser Enge waren Streit und Ärger an der Tagesordnung. Offener Rassismus brach aus, zuerst zwischen den schwarzen und weißen Afrikanern. Die Maghrebiner hielten uns für Menschen zweiter Klasse und ließen uns das spüren.

Mehr und mehr rutschte ich in die Rolle des Streitschlichters hinein. Ich hatte vergessen, dass ich ursprünglich mit dem Boxen begonnen hatte, um meine Kameraden zu verteidigen. Jetzt schlüpfte ich wieder in die Rolle des »defensor«. Dabei war es in den meisten Fällen gar nicht nötig, handgreiflich zu werden. Es genügte, wenn ich auftauchte, denn mein Ruf als Boxer hatte sich im Getto herumgesprochen. Auch sah man meinem Körper an, dass ich in der Lage war, selbst groben Burschen Einhalt zu gebieten. Weil ich mich aber nur im Boxring schlage, nach sportlichen Regeln unter Aufsicht eines Schiedsrichters, entwickelte ich Strategien, aufkommenden Streit schon im Ansatz zu schlichten.

»Was ist hier los?«, fragte ich den jungen Algerier, der dampfend vor Wut und mit geballten Fäusten vor einem Mosambikaner stand. »Warum streitet ihr?«

Wie meist in solchen Fällen war die Antwort diffus. Es ging um des Kaisers Bart, weil keiner der Kontrahenten wirklich wusste, weshalb ihm der Kragen geplatzt war. Es waren die Enge, die vielen Leute, der ständige Krach, der Gestank und die Eintönigkeit des Lebens. Da wollten die Streithähne einfach mal ein bisschen Dampf ablassen, sich gegenseitig die Nasenbeine pulverisieren.

»Wenn du kämpfen willst«, sagte ich zu dem, der den Streit vom Zaun gebrochen hatte, »tritt gegen mich an. Aber im Ring. Nicht im Gang.«

Das Angebot war zur Abschreckung gedacht. Man kann als ausgebildeter Boxer nicht gegen einen Anfänger antreten, der die Regeln nicht kennt. Zum Glück ging nie einer darauf ein. Ich verlangte, dass sie sich die Hand reichten. Das genügte, um den Streit zu schlichten, zumindest ein paar Tage lang.

Anders war es mit Vietnamesen. Die zückten gleich das Messer und waren sehr geschickt damit. Da half es, dass ich mit vielen von ihnen auf freundschaftlichem Fuß stand. Das lag daran, dass sie hervorragend mit Nadel und Faden umgehen können. Wir Mosambikaner wiederum legen Wert auf gute Kleidung. Wir kauften uns schöne Stoffe und beauftragten die Vietnamesen, daraus ordentliche Anzüge zu schneidern. So kam es, dass wir zu den bestangezogenen Leuten in der DDR zählten, was Neid und Missgunst erweckte. Es ging das Gerücht um, wir würden in DM bezahlt und dürften in Westberlin shoppen gehen. Was für ein Unsinn!

Wir hatten schon bald nach unserer Ankunft erfahren, wie undurchlässig diese Grenze war. Damals waren Fernando, Mugabe, Aurélio und ich naiv wie Kinder durch die Stadt spaziert und hatten auf einmal die Mauer gesehen, die wir schon vom Fernsehturm aus entdeckt hatten. Soldaten standen davor, wir näherten uns.

»Stopp! Wo wollt ihr hin?«

Damals hatten wir nur geringe Deutschkenntnisse, aber irgendwie machten wir klar, dass wir nachgucken wollten, was hinter dieser Mauer lag. Was die Soldaten darauf zu sagen hatten, konnten wir nicht verstehen, aber es waren sicher keine Nettigkeiten. Später brachte uns Frau Schüler das nötige Wissen bei – natürlich streng nach SED-Richtlinie –, damit wir nicht ein weiteres Mal in eine gefährliche Situation gerieten.

Im Jahr 1984 wurde ich doch noch Student, allerdings ohne jemals eine Universität von innen zu sehen. In Genthin, einer Kleinstadt mit 15 000 Einwohnern im heutigen Sachsen-Anhalt, auf halber Strecke zwischen Berlin und Magdeburg, fanden die Internationalen Studentenmeisterschaften im Boxen statt. Rainer Kühn setzte ein Schreiben an meinen Betriebsmeister im Schlachthof auf. Der rief eine Betriebsberatung ein, mit dem Ergebnis, dass Herr Ibraimo Alberto für die Zeit der Meisterschaften Student und vom Ausbeinen von Schweinehälften befreit war. Das war ein ungeheures Privileg, denn es bedeutete für mich die Möglichkeit, an meinem ersten internationalen Wettkampf teilzunehmen.

Ich war motiviert wie nie zuvor und kämpfte mich durch die Vorrunde bis ins Finale. Dort stand ich einem erfahrenen Boxer gegenüber, der 78 gewonnene Kämpfe auf dem Buckel hatte. Ich verlor nach Punkten, doch das gute Ergebnis sorgte dafür, dass ich in die Auswahlmannschaft von Berlin aufgenommen wurde. In der DDR gab es hervorragende Boxklubs wie Wismut Gera,

Traktor Schwerin, Chemie Halle, Motor Mitte Magdeburg oder Chemie Bitterfeld. Dass ich mich von nun an mit Sportlern dieser Vereine messen durfte, erfüllte mich mit Freude. Wolfgang Behrend bereitete mich im Sparring auf kommende Fights vor. Zeitgleich mit den DDR-Meisterschaften, die vom 4. bis 9. Dezember 1984 in Berlin stattfanden, kämpfte ich um den Titel eines Berliner Meisters.

Wie üblich um diese Zeit war es bitterkalt in der Stadt, und ich hatte mich noch immer nicht an den deutschen Winter gewöhnt. Zumindest wusste ich nun, was Schnee ist – drei Jahre zuvor waren meine Kameraden und ich staunend aus dem Wohnheim gelaufen, als es draußen zum ersten Mal schneite. Zwei Stunden lang spielten wir wie Kinder im Schnee, doch jetzt war ich ja schon ein »Veteran«, wie uns die Neuankömmlinge nannten, für den Schnee längst ein alter Zopf war. Nur die verdammte Kälte, die schnitt mir noch immer den Atem ab und ließ meine Muskeln einfrieren.

Zum Glück hatte mich das Fußballtraining etwas abgehärtet, und geboxt wird schließlich in der Halle. Ich konnte mittlerweile auch gegen erfahrene Boxer bestehen, und so gewann ich meine erste Berliner Meisterschaft. Ich war außer mir vor Freude! Vor nicht allzu langer Zeit hatte ich noch im Krankenhaus gelegen und wollte vor lauter Heimweh nach Hause zurück. Jetzt trugen mich meine weißen Sportkameraden auf Schultern durch den Ring.

In der DDR waren Sportler hoch angesehen, und so brachte mir der Titel ein paar weitere Vorteile. Ich durfte meine Arbeitszeit zugunsten des Trainings reduzieren. Auch in meiner Funktion als Organisator von Fußballspielen half er mir weiter. Bald knüpfte ich Kontakte zu Kombinaten in Dresden und Erfurt, die ebenfalls Mosambikaner beschäftigten. Der Fußballverband der DDR war behilflich, Fahrgelder aufzutreiben, die Deutsche Reichsbahn spendete günstige Tickets. Ich erkannte, dass unsere Fußballspiele mehr bedeuteten als bloß Spaß an der Freude. Das Wort »Integration« nahm zwar keiner in den Mund – vermutlich hätte ich selbst auch wenig damit anfangen können –, aber diesen Charakter hatten unsere Begegnungen. Wir spielten Fußball, tauschten uns aus, lernten die Probleme der anderen kennen und suchten nach gemeinsamen Lösungen.

Zu dieser Zeit war ich rundum glücklich. Die Deutsche Demokratische Republik war mein Zuhause geworden. Es ging mir gut, beruflich wie privat. Bei Turbine Treptow hatte ich Elvira kennengelernt, meine erste weiße Freundin. Unsere Beziehung blieb bestehen, als ich mich gegen den Fußball und fürs Leistungsboxen entschied. Davor war ich zurückhaltend im Umgang mit Frauen gewesen, denn mein Tag war ohnehin vollgestopft mit Aktivitäten. Meistens stand ich früh um sechs am Band im Schlachthof. Nach fünf Stunden Arbeit war Schicht im Schacht, ich machte mich auf zum Training. Nach der ersten Einheit widmete ich mich der Organisation von Fußballspielen, dann hängte ich eine zweite Trainingsrunde an. Anschließend ging es zurück zum Getto, wo ich alle Hände voll zu tun hatte, um Streitigkeiten zu schlichten oder gar nicht erst aufkommen zu lassen.

Aurélio hatte mich rumgekriegt, ihn in die Disco zu begleiten, jetzt fand man mich drei-, viermal die Woche im Café Nord an der Schönhauser Allee. Die Disco wurde von Ruth Brandin geleitet, dem ersten Teenageridol der DDR. Dort spielte man kubanische Musik, und meine Kumpels freuten sich über die billigen Getränke: Ein halber Liter Bier kostete 50 Pfennige, Schnäpse gab es ab 1,10 Mark und Cola-Wodka für 1,60 Mark. Ich hatte den Ruf des strikten Antialkoholikers, was mich nicht daran hinderte, so ausgelassen zu tanzen wie alle anderen auch. Wir besuchten die Ostberliner Disco »Fass«, in der sich auch Westdeutsche vom »staatlich geprüften Schallplattenunterhalter«, wie der DJ zu DDR-Zeiten genannt wurde, einheizen ließen. Das Fass schloss morgens um 5 Uhr, und es konnte passieren, dass ich anschließend gleich ins Fleischkombinat ging. Schlafmangel zieht sich wie ein roter Faden durch mein Leben.

In dieses straffe Programm eine Liebesbeziehung reinzupacken, erschien mir unmöglich. Doch dann kam Elvira, und der

Knoten war geplatzt. Auch als sie mich ein Jahr später verließ, herrschte kein Frauenmangel mehr in meinem Leben. Trotzdem blieb ich achtsam.

Einige meiner Kumpels schwängerten ihre Freundinnen, und die Folgen gehören zu den schmutzigsten Geheimnissen der DDR. Wurden ausländische Frauen schwanger, wurden sie oft zur Abtreibung gezwungen; Frauen aus der DDR nahm man die Kinder weg. Erst nach der Wende erfuhr die Öffentlichkeit über diese unmenschlichen Praktiken, als Institutionen wie die Humboldt-Universität erste Befragungen durchführten. In der DDR war es politisch unerwünscht, eine zweite Ausländergeneration heranwachsen zu lassen, außerdem wollte man keine Rassenvermischung. Da trennte die DDR-Bosse nichts vom nationalsozialistischen Gedankengut. In einer der letzten Statistiken, die das Staatssekretariat für Arbeit und Löhne im April 1990 veröffentlichte, waren 15 895 Mosambikaner in DDR-Betrieben registriert, darunter 1522 Frauen. Ein guter Prozentsatz von ihnen hatte mit weißen Partnern Nachwuchs bekommen, und nur wenigen war es gelungen, ihre Kinder vor den Behörden zu schützen. Wir hörten immer wieder Gerüchte, dass weggenommene Kinder in spezielle Heime kämen, von denen keiner wusste, wo sie waren und was dort geschah.

Jeder reagierte auf seine Weise auf diese Gefahr. Ich mit dem Pragmatismus, der mich den Dschungel und die schutzlosen Jahre in Chimoio hatte überleben lassen. Die Weißen wollen nicht, dass wir Kinder mit ihren Frauen haben, also werde ich vorsichtig sein.

Auch von anderer Seite wurden wir plötzlich zur Vorsicht gemahnt: Die Botschaft von Mosambik saß in Bonn, in Ostberlin gab es nur eine Vertretung, die war aber nah am Geschehen. 1985 warnte sie das erste Mal vor Neonazis, die Jagd auf schwarze Menschen machten.

Davon bekam ich noch wenig mit. Zwar sah ich immer mehr junge Männer mit Bomberjacken und schweren Stiefeln in den Straßen Ostberlins, doch sie kümmerten mich nicht. Eben war ich zum zweiten Mal Berliner Boxmeister im Halbmittelgewicht bis 71 Kilogramm geworden. Rainer Kühn sprach davon, dass ich beim nächsten Chemiepokal in Halle teilnehmen sollte, ein international anerkanntes Turnier mit Teilnehmern aus 22 Nationen.

Davor stand eine Sensation an: der erste Urlaub meines Lebens! Natürlich wollte ich ihn in der Heimat verbringen. Ich konnte es kaum erwarten, nach fünf Jahren Eltern und Geschwister wiederzusehen. Außer ein paar Briefen hatten wir keinen Kontakt gehabt. Telefonieren war unmöglich, Telegramme teuer – ich wusste nur wenig darüber, wie es ihnen seit meiner Abreise ergangen war, und sie wussten so gut wie nichts über meinen Werdegang. Ich fürchtete mich vor der Reise, denn zu Hause tobte der Bürgerkrieg, doch der Wunsch, die Angehörigen wiederzusehen, überwog alle Angst.

Wie anders war der Flug zurück! Ich war kein Jüngling mehr, war zum Mann geworden, was allein an meiner Statur zu sehen war, ich hatte 15 Kilogramm Muskulatur zugelegt. Auch meine Freunde hatten sich verändert. Bei der Zwischenlandung in Lagos staunte keiner mehr über Rolltreppen, und als wir Maputo erreichten, stiegen wir mit der Gewissheit aus dem Flugzeug, willkommene Gäste zu sein.

In unserem Nachbarland Simbabwe gibt es ein Sprichwort: »Du weißt nicht, wie schwer die Last ist, die du nicht selbst trägst«. Wir wussten tatsächlich nicht, wie schlimm es um unsere Heimat stand, wie dreckig es den Menschen ging. Das Land war zerstört, Straßen und Brücken zerschossen, es war schlicht unmöglich, mit dem Bus nach Beira zu fahren. Für teures Geld bot man uns Flugtickets an, »dann könnt ihr über die Scheißrebellen hinwegfliegen«.

Nun trennte sich die Spreu vom Weizen: Diejenigen, die in der DDR schon ihre ganze Freizeit bei Bier und Schnaps vor dem Fernseher verbracht hatten, zogen es vor, in Maputo zu bleiben. Sie verteilten die für ihre Familien gedachten Geschenke an die Huren der Stadt und kümmerten sich nicht weiter um ihre Angehörigen. Ich machte mich mit Fernando, Mugabe, Aurélio und ein paar weiteren Männern auf den Weg zum Flughafen. Wir flogen nach Beira und fuhren von dort im bewaffneten Konvoi auf Schleichwegen nach Chimoio. Aus Furcht vor der Wut von Pedros Vater traute ich mich nicht, bei meinem Halbbruder zu übernachten, sondern suchte mir ein Hotel. Ich kam mir vor wie ein Fremder, dabei waren die Straßen von Chimoio mein Zuhause gewesen.

Obwohl ich nicht angemeldet war, hatte Papa gespürt, dass ich kommen werde, und die nötige Zeremonie vorbereitet. Die war wichtiger denn je, denn ich war ein anderer Mensch geworden. Zwar gehörte ich noch zum Volksstamm, aber schon in Chimoio war klar geworden, wie sehr ich mich von meinen Landsleuten unterschied. Ich war besser ernährt als sie und hatte mir die deutsche Angewohnheit zu eigen gemacht, Dinge gleich zu erledigen. Aber das war nicht der entscheidende Unterschied. Mein altes Leben war mir fremd geworden, ich hätte nicht länger im Urwald überleben können. Ich ging zum Maisfeld und wusste, dass ich es nicht mehr mit dem Schimpansen aufnehmen konnte, Berliner Meister im Boxen hin oder her. Ich stand am Fluss und wagte mich wegen der Krokodile nicht auf die andere Seite, während ich das als kleiner Junge zweimal täglich getan hatte. Ich brach Zuckerrohr ab und schnitt mir die Lippen auf.

Meine Mutter reichte mir ein Banga, unser traditionelles Messer. »Du hast einiges verlernt«, sagte sie.

Dafür konnte ich eine Schweinehälfte ausbeinen, dachte ich. Ich konnte zeigen, wie man Rolltreppe fährt oder Aufzug, eine Banküberweisung tätigt oder einen Gegner mit einem Leberhaken auf den Ringboden schickt. Das alles zählte nicht. Seit der Bürgerkrieg ausgebrochen war, ging es nur noch ums nackte Überleben. Von der Entführung meines Bruders Mussa durch die Renamo wollte meine Mutter nichts berichten, das überstieg ihre Kräfte. Unser Stammesvolk ist zurückhaltend, wenn es um persönliche Schicksalsschläge geht.

Alle verhielten sich so, als lebten wir in normalen Zeiten und ich wäre ein Besucher, der in regelmäßigen Abständen vorbeischaut. Man bereitete Polenta zu und schlachtete das obligatorische Huhn für den Gast. Ich packte die Geschenke aus: Für meine »Ambia«, meine geliebte Oma, hatte ich eine Capulana mitgebracht. Dieses Tuch schlingen sich Frauen um den Körper. Oma kniete in Demut vor mir nieder. Das war üblich, aber der Fremde in mir konnte es nicht länger akzeptieren.

»Bitte steh auf, Oma«, sagte ich. »Ich will das nicht.«

Für Opa hatte ich Hemd und Hose mitgebracht, für Papa ebenfalls, meine Schwestern bekamen Kleider, meine Mama zwei schöne Blusen, und »Butzus«, wie wir zu Turnschuhen sagen.

»Wann soll ich das alles anziehen?«, fragte sie. »Ich sterbe ohnehin bald.«

Mir lief es kalt den Rücken hinab. »Nein!«, rief ich. »Du wirst noch lange leben!«

Am Abend sagte Papa: »Du musst gehen. Du kannst über Nacht nicht im Dschungel bleiben.«

Ob der Grund dafür marodierende Soldaten waren, welche die Gegend unsicher machten, oder die Geister diese Meinung vertraten, ließ er offen.

»Verabschiede dich nicht«, riet er. »Dann kann dir keiner Böses wünschen.«

In den Augen meines Volkes war ich Millionär. Keiner wusste – und keiner wollte es wissen –, dass ich im Land der Götter zu den armen Schluckern zählte. Ich musste einfach reich sein. Deshalb hätte man von mir im Moment des Abschieds alles verlangt, was ich auf dem Leib trug, und wäre ich der Aufforderung nicht gefolgt, hätte mich manch einer verflucht. So ist das Leben bei uns, deshalb hatte Papa völlig recht.

Irgendwann erhob ich mich und verschwand, ohne mich zu verabschieden. Keine leichte Sache für mich, der ich deutsche Anstandsregeln schätzen gelernt hatte. Ich ging bis zur Straße und ließ mich von dort zurück nach Chimoio fahren. In der Stadt traf ich mich mit meinen Freunden.

Gerne wären wir länger geblieben, doch die Buschtrommeln

kündigten neue Offensiven der Rebellen an. Wir befürchteten, den Rückflug zu verpassen. Wieder brachte uns ein schwer bewaffneter Konvoi nach Beira. Von dort flogen wir nach Maputo, dann ging es zurück in die DDR.

Heute

Der Friedhof von Charonga ist ein verbotener Ort, Teil unseres Ahnenkultes. Zwar können wir mit Verstorbenen kommunizieren, doch hier auf Erden sollen ihre Überreste in Frieden ruhen. Nur einmal im Jahr darf man den Friedhof betreten. Wer es außerhalb dieser Zeit wagt, dem widerfährt Schlimmes. Antonio Ferreira, der Sklavenfarmer, hat alle Warnungen in den Wind geschlagen und sich über das Verbot hinweggesetzt. Dass er später auf eine Mine trat, wundert hier keinen.

Auf diesem Friedhof ist mein Vater begraben. Vermutlich hat man nach seinem Tod wichtige Traditionen missachtet, was der Grund für seine Verstimmung ist. Das kann ich regeln. Für das Geheimnis benötige ich professionelle Hilfe.

Ein paar Tage sind vergangen seit dem Besuch beim Medizinmann. Ich habe das Bad genommen, ich trage die Talismane bei mir, ich habe mich darauf vorbereitet, meine Mutter, die noch lebenden Familienangehörigen und den Rest meines Stammes der Mateúe wiederzusehen.

Damit ich nicht alleine dort auftauche, kommt mein Bruder Mussa nach Chimoio. Er ist 14 Jahre jünger als ich, sieht aber wesentlich älter aus. Als Kindersoldat wurde er mit Drogen und Schlägen gefügig gemacht. Seinen Augen sieht man an, dass er Dinge sah und Dinge tat, über die keiner sprechen will. Acht Jahre lang kämpfte er gezwungenermaßen im Bürgerkrieg, mit 21 gelang ihm die Flucht. Was ich für ihn tun konnte, tat ich: ihn offiziell anzumelden und ihn darin zu unterstützen, einen Garten in der Nähe der Hütte meiner Mutter anzulegen. Ehrlich gesagt machte ich mir nicht viel Hoffnung, dass ihm der Schritt ins zivile Leben gelingen würde. Aber Mussa zeigte Stärke und Willenskraft und erwies sich als talentierter Gärtner. Er hat den grünen Daumen, der mir fehlt.

Natürlich will er mir zeigen, was er aus den bescheidenen Anfängen gemacht hat. Vielleicht ist er deshalb heute Nacht um zwei Uhr mit dem Rad losgefahren. Acht Stunden war er auf dem alten Stollengaul unterwegs. Es berührt mich sehr, ihn wiederzusehen.

Der Pick-up ist beladen mit Geschenken. Meine Neffen in Maputo und meine Schwägerin in Chimoio brauchen keine Hemden, Hosen, keine Seife, kein Öl, getrockneten Fische oder Maismehl, Taschenlampen und kleinen Radios. Draußen im Busch sieht die Sache anders aus. Dort gibt es kaum Wasser, keine Elektrizität, Nahrungsmittel sind rar – es gibt nur den Dschungel. Zumindest war das so. Dabei hat mich Albertina gewarnt. Eine Menge habe sich verändert, hat sie gesagt.

Ein paar Hundert Meter hinter Chimoio endet die geteerte Straße. Jetzt beginnt eine dieser Wellblechpisten, die so typisch sind für afrikanische Länder, und die alles von Mensch und Maschine verlangen.

»Die Chinesen werden die Straße teeren«, kündigt Salvatore an. »Das nächste Mal geht's flott voran.«

Das machen die Chinesen nicht, weil sie ein großes Herz haben. Sie teeren die Straße, weil sie zu ihrer Holzfabrik führt. Meine Augen weiten sich vor Schreck. Ich sehe die Fabrik, aber ich sehe keine Bäume mehr. Früher wuchs der Dschungel bis an die Stadtgrenze von Chimoio, jetzt sind alle Bäume weg. Nur noch mannshohes Gebüsch wuchert in der Savanne. Ich öffne den Mund, aber kein Wort will heraus. Dort draußen hat sich eine Menge verändert? Nein. Dort draußen hat sich alles verändert.

Wir biegen von der Wellblechpiste auf einen Pfad ab.

»Das Gute daran ist«, sagt mein Neffe, »dass wir jetzt in der

Trockenzeit bis vor die Hütte fahren können.« Unter seiner lässigen Oberfläche brodelt es. Mittlerweile hat seine Generation kapiert, dass sie bei diesen Geschäften draufzahlen wird. Die ausländischen Investoren beuten den Naturreichtum von Mosambik aus. Ich bin geschockt über den Anblick der zerstörten Landschaft.

Aus dem Pfad wird eine Piste, dann hört auch diese auf. Salvatore steuert den Wagen querfeldein. Ich erkenne nichts wieder, bis ich eine eigentümliche Felsformation entdecke. Das müssen die Zembe-Felsen sein. Ich deute mit dem Finger in die Richtung. »Die sind heilig«, sage ich. »Niemand darf sie überqueren.«

Salvatore lacht, aber es ist ein resigniertes Lachen. »Es war einmal, Onkel. Es war einmal.«

Wenn das die Zembe-Felsen sind, muss auf der anderen Seite ... ich wende den Kopf. Dort hinten, halb hinterm Gebüsch, taucht ein Haus aus Stein auf. Es ist das einzige weit und breit, und ich merke, wie meine Handflächen feucht werden. Das Haus der Götter. Das Haus, wo alles begann. Es sieht kleiner aus, als ich es in Erinnerung habe. Oder macht das die Entfernung?

Wir kommen an einer Hütte vorbei. Mein Bruder Mussa auf der Ladefläche klopft ans Wagenfenster.

»Hier wohne ich«, ruft er mir zu. Seine Frau und seine Kinder laufen hinter dem Wagen her. Ein paar Hundert Meter weiter steht eine zweite Hütte. Tief gebückt fegt eine alte Frau mit einem Büschel trockener Zweige den sandigen Platz. Als sie das Motorengeräusch vernimmt, richtet sie sich auf. Ich sehe in das Gesicht meiner Mama. Da bin ich auch schon aus dem Wagen.

Bei uns wirft man sich dem anderen nicht an den Hals. Eine Begrüßung nach unserer Tradition selbst nach Jahren der Trennung mag für manchen Muzungu sehr reserviert erscheinen. Die Mateúe sind höflich und zurückhaltend. Auch wenn ich in Deutschlands Osten allzu häufig mit solchen Vorurteilen konfrontiert wurde: Nein, wir klettern weder auf Bäumen herum noch wird bei uns ständig getanzt und getrommelt. Deshalb läuft auch die Begegnung mit meiner Mutter beherrscht ab. Trotzdem ist die Freude auf beiden Seiten riesengroß. Vor zehn Jahren war meine Mutter krank gewesen, jetzt stehe ich einer rüstigen Frau gegenüber, voller Saft und Kraft. Kein Wunder, dass man munkelt, dabei müssten Zauberkräfte im Spiel sein.

Gleich darauf kommt meine Schwester Juleca. Sie lebt in einer Strohhütte nicht weit entfernt. Als sie mit 13 Jahren Wasser holen wollte, wurde sie von Quinho, Antonio Ferreiras Sohn, vergewaltigt. Natürlich sprach man damals nicht von Vergewaltigung. Im mittelalterlichen Europa behielten sich die Herrscher das »ius primae noctis« vor, das »Recht auf die erste Nacht« mit der Braut eines Untertanen. Wer Geld hatte, konnte sich davon freikaufen, das nannte man ironischerweise »Stechgroschen«. Für unsere portugiesischen Kolonialherren endete das Mittelalter erst nach der Revolution. Bis dahin nahmen sie sich alle Frauen und Mädchen, die ihnen gefielen. Bei der Vergewaltigung schwängerte Quinho meine Schwester. In den Augen meiner Mutter kann man all diese Geschichten lesen. Sie sind darin verborgen – die, die ich kenne, und die, von denen ich nichts wissen darf, wie ihre eigene mit Antonio Ferreira.

Meine Mutter hat ein Dutzend Kinder geboren, nur wenige sind noch am Leben. Meine Schwester Amina stößt an diesem Tag noch zu uns. Ihre Zwillingsschwester starb während der Geburt. Schuld daran war die Art und Weise, wie man draußen im Busch die Nabelschnur trennt. Dazu nimmt man eine Glasscherbe oder Rasierklinge. Wird diese nicht sicher geführt, ist die Gefahr groß, das Neugeborene so schwer zu verletzen, dass es verblutet. Das war bei der Geburt von Amina der Fall. Dann hat auch der Zweitgeborene kaum eine Überlebenschance. Doch Vater beerdigte das verstorbene Kind noch in derselben Nacht und nahm dann die nötigen Rituale vor, damit Amina am Leben blieb.

Immer mehr Leute strömen in Richtung der Hütte meiner Mutter. Niemand wusste, an welchem Tag ich auftauche, aber die Nachricht verbreitet sich wie ein Buschfeuer. Die Ankommenden grüßen mich herzlich, aber mit Respekt. Ich bin der, der gegangen ist, um wie die Götter zu leben, und außerdem bin ich der älteste

Sohn meines Vaters und damit Chef im Ring. Ich muss mich auf den einzigen Stuhl unter dem einzig verbliebenen Baum setzen, während es sich die anderen auf der Erde bequem machen.

Mutter und die Frauen ziehen sich zurück, um Essen zuzubereiten. Ein paar Kinder eröffnen die Jagd auf das Huhn. Gackernd flieht es ins Gestrüpp, aber gegen die vielen flinken Hände hat es keine Chance. Zu Ehren des hohen Gastes wird es sein Leben lassen müssen. Die Landschaft mag sich geändert haben, die Gewohnheiten nicht. Hier draußen essen die Menschen tagaus, tagein Hirsebrei, Wurzelgemüse wie Maniok und Madumbe, als Früchte gibt es Matombas und Marsalas. Fleisch kommt nur an hohen Feiertagen auf den Tisch. Heute ist so ein Feiertag. Der verlorene Sohn ist zurückgekehrt.

Auf einmal ertönt Gelächter. Ein hagerer Mann taucht am Horizont auf und kommt mit raschen Schritten näher. Drei Schritte hinter ihm geht eine Frau. Der Mann trägt eine schwarze Hose, ein graues Hemd und eine Mütze. Schuhe hat er keine. Die Frau hinter ihm hat sich in ihr bestes Festtagsgewand aus blau-weißem Stoff gehüllt.

Ich erhebe mich, um die beiden zu begrüßen. Der Mann hat einen legendären Ruf. Es handelt sich um Onkel Francisco Jemusse. Er ist 78 Jahre alt, und er hat mit sieben Frauen 52 Kinder gezeugt. Sein Spitzname lautet »Gugogoda«, was »Hammerschlag« bedeutet. Damit spielen die Leute auf seine ungebrochene Zeugungsfähigkeit an. In Mosambik ist Kinderreichtum an der Tagesordnung, das liegt an der noch viel zu hohen Kindersterblichkeit und der Vielweiberei. Doch Gugogoda hat den Vogel abgeschossen, was steter Anlass für Witze ist. Er erzählt mir gleich, dass sein jüngster Sohn kürzlich fünf Jahre alt wurde.

Mit seiner Ankunft steigt die Stimmung. Ich bin auch froh, dass Gugogoda da ist, weil keiner die Gegend so gut kennt wie er. Ich möchte einen Teil meines alten Schulwegs wiederfinden, und die Stelle, an der ich dem Löwen gegenüberstand.

Zuvor begleite ich meinen Bruder zum Garten. Dafür müssen wir die Felsformation überqueren. Salvatore hatte recht: Offenbar hat sie den Nimbus des Verbotenen verloren. Ich frage nach dem Grund.

»Nach dem Bürgerkrieg war alles anders«, antwortet Mussa schlicht.

Kriege heben die natürliche Ordnung der Dinge auf, und es kann Jahre dauern, bis sie wieder ins Lot kommen. Darüber wusste mein Vater als Medizinmann Bescheid. Eine seiner Aufgaben war es, das Gleichgewicht der Natur zu bewahren.

Als wir den Garten erreichen, reibe ich mir die Augen. Während durch das Abholzen der Bäume das Land rundum abgetötet wurde, hat mein Bruder hier ein kleines Paradies erschaffen. In akkuraten Reihen wachsen Maniok, Madumbe, Bohnen, Tomaten und eine Vielzahl weiterer Gemüse, während sich außerhalb der Pflanzung die Trockensavanne bis zum Horizont ausdehnt.

»Wo kriegst du Wasser her?«, frage ich.

Mussa führt mich zu einer schmalen Senke. »Erinnerst du dich? Als es noch Bäume gab, floss ein Bach durch den Wald. Der Wald ist weg, der Bach auch, das Wasserloch ist geblieben.«

Offenbar speist es sich aus Grundwasser. Mein Bruder hat von der Senke aus Gräben gezogen, die um den Garten führen. Auf diese Weise kann er ihn selbst in der Trockenzeit wässern. Mir fehlt das Talent zum Gärtner, aber ich erkenne, wie viel Arbeit er investiert hat. Nun wartet er geduldig auf das Lob des großen Bruders. Dem komme ich gerne nach. Ich bin glücklich darüber, dass ihm der Garten über sein grauenhaftes Schicksal hinweghilft. Dazu versorgt er Mutter und Schwestern. Ein Grund mehr, dass ich ihm mit all den Dingen helfe, die hier draußen bitter nötig sind. Als wir den Weg zurückgehen, weist Mussa auf Strohbündel, die zum Trocknen in der Sonne liegen. Mit ihnen wird er das Dach der neuen Hütte meiner Mutter decken.

Mittlerweile ist das Huhn zubereitet. Wie es unserer Tradition entspricht, werde ich als Ehrengast als Erster bedient. Nur wenn ich was übrig lasse, kommen die anderen zum Zug. Während mir die Männer beim Essen zusehen, finden sich die Frauen zu einer eigenen Gruppe zusammen. So war es in meiner Kindheit, so ist es noch heute. Während es bei den Frauen fröhlich zugeht, Späße gemacht und Kinder umhergereicht werden, herrscht bei uns Männern eine gewisse Anspannung.

Sobald ich gegessen habe, mache ich mich daran, die Geschenke zu verteilen. Geplagte Eltern wissen, wie es unterm Weihnachtsbaum zugeht: Da wird verglichen, der Wert des Geschenkes abgewogen und der eigene eingeordnet. Hier wird es nicht anders sein. Deshalb habe ich mir zu Hause tagelang den Kopf darüber zerbrochen, wer was bekommt. Ich habe Listen angefertigt und Pakete gepackt. Schenken ist eine ernsthafte Sache, und als ältester Sohn meines Vaters darf ich keine Fehler machen.

Endlich ist es so weit. Salvatore schleppt Koffer und Taschen herbei. Hatte ich das alles mit im Flieger? Kein Wunder, dass man mich beim Einchecken streng angesehen hat. Jetzt bin ich froh über jedes einzelne Paket. Es wird eine lange Zeremonie. Wie Nikolaus ziehe ich Geschenk um Geschenk hervor. Jedes wird begutachtet, kommentiert und für gut befunden. Für meine Mutter habe ich eine Überraschung eingepackt: ein Radio, das durch ein Solarmodul aufgeladen wird und mit einer Kurbel ausgestattet ist, falls die Sonne mal nicht scheint. Es hat eine integrierte Taschenlampe, selbst das Handy lässt sich aufladen. Ein mobiles Telefon habe ich meiner Mutter schon vor ein paar Jahren besorgt, doch für den Ladevorgang musste immer jemand in die Stadt fahren. Von nun an ist das kein Problem mehr.

Als alle Geschenke verteilt sind, lehne ich mich erschöpft auf dem Stuhl zurück. Ich sehe glückliche Gesichter. Die solide Planung hat sich gelohnt.

Nun sind die Männer um Onkel Francisco bereit, meine Wünsche zu erfüllen. Du willst deinen alten Schulweg sehen? Den Ort des Löwen? Komm mit! Wir ziehen los, marschieren durch dichtes Dornengestrüpp. Immer wieder warnt mich Onkel Francisco vor den Gefahren am Wegesrand. Offenbar traut er mir nicht mehr zu, auf sicheren Pfaden den Busch zu durchqueren: »Die Uriri dort! Streif' sie ja nicht.«

Ich passe auf, denn ich weiß noch immer Bescheid. Mehr und

mehr Erinnerungen kehren zurück. Die Uriri? Oh ja, diese un-
scheinbare Pflanze hat es in sich. Uriri bedeutet übersetzt »verrückte Bohne«. Sie steht am Wegesrand, und wenn man sie berührt, juckt es so sehr, dass manche Leute darüber verrückt
werden. Eine harte Strafe war, einen Täter am ganzen Körper mit
Uriri einzureiben. Nur kalte weiße Asche konnte da noch was
ausrichten. Also gebe ich acht und mache einen Bogen um jede
verrückte Bohne, die sich mir in den Weg stellt.

Der Weg führt abwärts, wir erreichen den Fluss. Jetzt in der
Trockenzeit ist er kaum mehr als ein Rinnsal, doch die tiefe
Schlucht des Flussbettes zeigt, was hier in der Regenzeit los ist.
Zwei dieser Flüsse musste ich auf meinem 18 Kilometer langen
Schulweg überqueren.

»Hier bin ich ins Wasser gesprungen«, sage ich zu Onkel Francisco. »Dann hat mich die Strömung dort drüben an Land ge-
spült.«

Francisco lacht. Ich weiß, was er denkt. Nur ein Verrückter kann so was tun. Nur ein Verrückter will zur Schule. Nur
ein Verrückter möchte leben wie die Götter. Nur ein Verrückter
schafft das auch.

Für eine Weile stehe ich gedankenverloren am sumpfigen
Flussbett. Dann höre ich ein Geräusch und fahre herum. Früher gab es hier Krokodile. Statt eines gefährlichen Reptils entdecke ich die Gesichter zweier Kinder. Scheu spähen sie zwischen
den Blättern eines mächtigen Busches durch. Ich rufe sie, doch
sie wenden sich ab, sind im nächsten Augenblick verschwunden.
Wer waren sie? Gehen sie zur Schule, müssen sie einen ähnlichen
Weg zurücklegen wie ich? Ich frage Onkel Francisco, doch er gibt
vor, niemanden gesehen zu haben.

»Außerdem«, fährt er fort, »gehen die meisten Kinder nur zur
Grundschule. Du bist der Einzige, der das Verrückte getan hat.«

Warum, frage ich mich. Warum habe ich diesen Weg gewählt?

Ostberlin
1988–1989

Kaum war der Flieger aus Maputo gelandet, machte ich mich auf in die Boxhalle. Rainer Kühn freute sich, mich wiederzusehen.

»Alles gut gegangen auf der Reise? Ich habe gute Neuigkeiten. Es ist amtlich, im Frühjahr boxt du beim Chemiepokal!«

Ich vergaß sofort, dass ich aus dem Dschungel kam, 56 Stunden unterwegs war, im Flugzeug kein Auge zugemacht hatte. Ich beim Chemiepokal! In den letzten beiden Jahren hatten dort überragende Boxer wie Jorge Guzman, Pablo Romero und Teófilo Stevenson aus Kuba die Sieger gestellt, Manuel Vilches aus Venezuela oder Serik Umirbekow aus der UdSSR. Nicht zu vergessen eines der größten Talente der DDR, der Mittelgewichtler Henry Maske. Unter diese Spitzenathleten sollte sich jetzt Ibraimo Alberto mischen, der diesen Sport erst seit ein paar Jahren ausübte? An diesem Abend sprang ich dreimal so viel Seil wie sonst, arbeitete noch intensiver mit dem Sandsack und hängte an die üblichen acht Runden Sparring noch ein paar dran.

Auch in Sachen Integrationssport blieb ich am Ball. Bald nach meiner Rückkehr knüpfte ich Kontakte zu den Betriebssportgemeinschaften Einheit Weißensee und Lok Schöneweide. Beide Vereine hatten gut gepflegte Fußballplätze, und die Verantwortlichen erlaubten mir, dort Spiele meiner mosambikanischen Mannschaften zu veranstalten. Das Leben in der DDR erschien mir erstrebenswerter denn je, und nichts schien sich daran zu ändern. Dann kam der Tag, als Manuel getötet wurde.

Seit unser Kleeblatt auf dem Flughafen von Schönefeld auseinandergerissen und Manuel zum VEB Gärungschemie Dessau abkommandiert worden war, sahen wir uns nicht mehr oft. An einem trüben Novembertag kam er mich besuchen. Trotz des grauen Wetters verbrachten wir vergnügliche Stunden miteinander. Gegen Nachmittag setzte er sich in einen Zug, der ihn in knapp zwei Stunden zurück nach Dessau bringen sollte. Dort kam er aber nie an. Was passiert war, drang nie ans Licht der Öffentlichkeit, da die Behörden der DDR alles taten, die Sache unter den Teppich zu kehren. Neonazis, die es offiziell nicht geben durfte, waren im Zug gewesen. Sie schlugen Manuel zusammen und banden seine Beine mit einem Strick zusammen. Dann hängten sie ihn aus dem Fenster und ließen ihn langsam ab, bis es ihn zwischen den Rädern zerriss. Später fand die Polizei auf einer Strecke von zehn Kilometern Körperteile, sein Kopf wurde erst Tage nach dem Mord entdeckt. Man konnte Manuel nur aufgrund seiner Papiere identifizieren.

Zwar wurden die Täter geschnappt und wanderten in den Knast, doch in den Medien wurde der Fall totgeschwiegen. Auch Manuels Eltern erfuhren nicht, was passiert war. Wie mir berichtet wurde, schickte die DDR einen Sarg nach Mosambik mit der dringenden Anweisung, ihn nicht zu öffnen. Vermutlich, weil er leer war.

Später, als man die Neonazis auf den Straßen der DDR nicht länger ignorieren konnte, hieß es, es seien ein paar wenige, die »Hitler nachahmen«. Ich musste nachsehen, wer Hitler gewesen ist, denn im Schulunterricht war er nicht vorgekommen.

In dieser Zeit verlor die DDR viel von ihrer verlogenen Unschuld in Sachen Rechtsradikale. Es hat lange gedauert, bis Zeitungen das erste Mal über Neonazis berichten durften. Das geschah im Oktober 1987, als Rechtsextreme eine Gruppe Konzertbesucher der Berliner Zionskirche angriffen. Im gleichen Jahr demolierten Neonazis eine Gaststätte in Velten und prügelten sich mit Volkspolizisten. Das war ein einmaliger Vorgang in der Geschichte der DDR, weil er zeigte, dass die Furcht vor der Allmacht des Staates am Schwinden war. Die Politiker um Erich Honecker konnten dem Spuk nichts entgegensetzen. Ihre einzige Strategie war, Skinheads zum Übersiedeln in die Bundesrepublik zu zwingen. Sollte sich der Klassenfeind um diese Leute kümmern, die »Hitler nachahmen«. Wir sind sie los, und nach uns die Sintflut.

Doch die Rechnung der DDR-Bosse ging nicht auf, wie so viele ihrer Rechnungen. Deshalb erklärte man von offizieller Seite immer wieder, diese Übergriffe würden von Skinheads aus Westberlin in die DDR getragen – obwohl die Angreifer der Zionskirche nachweislich aus dem Ostberliner Umland stammten. Genauso sahen Behörden großzügig darüber hinweg, dass bei der Schändung des jüdischen Friedhofs im Stadtbezirk Berlin-Prenzlauer Berg ein FDJ-Sekretär Anführer der rechtsradikalen Bande war. Das Zentralorgan der SED *Neues Deutschland* blieb dabei, diese Skinheads mit Regimekritikern, Friedensgruppen und Ausreisewilligen in einen Topf zu werfen – ein schwacher Versuch, die Systemkritiker auf diese Weise mundtot zu machen.

Unser Leben im Getto war ein weiteres der vielen Anzeichen, dass der SED-Führung die Dinge aus der Hand glitten. Sperrt die Ausländer in ein Gefängnis, nur dann können wir sie kontrollieren, war die Devise. Die Zäune wurden noch höher, die Anzahl der Hauswarte nahm zu, es gab ständig neue Regeln. Gerade das machte meine Fußballmannschaft begehrter denn je, weil sie meinen Spielern eine Freiheit vermittelte, die andernorts immer mehr eingeschränkt wurde. Ich organisierte Spiele in Dresden und Weimar, danach ein Turnier in Schwerin mit zehn teilnehmenden Teams, alles ausländische »Werktätige in sozialistischen Betrieben«. Das machte ich alles vom einzigen Telefon aus, das neben dem Hauseingang unseres Wohnblocks hing. Meistens war ich dabei von einer Gruppe Leute umringt, die zuhören wollten, was ich aushecke.

Einmal gelang es mir, Karten für ein besonderes Fußballspiel zu organisieren. Trotz des Bürgerkriegs in der Heimat gab es in Maputo eine Profimannschaft. Estrela Vermehla Maputo gehörte zwar nicht zu den Top Ten des afrikanischen Fußballs, trotzdem bedeutete für uns das Match gegen Dynamo Berlin einmaligen Spitzensport. Wann konnten wir so was schon mal sehen? Wenn Dynamo im Europapokal der Landesmeister mitmischte, bekamen wir keine Karten. Jetzt strömten alle ins Dynamo-Stadion am Sportforum. Wir freuten uns über das Spiel, auch wenn die Heimmannschaft mit 4:2 gewann.

Der Chemiepokal Halle sollte der Höhepunkt meiner bisherigen Sportkarriere werden. Im Vorfeld gab es viele Diskussionen, für welches Land ich antrat. Für die DDR? Oder für Mosambik? Die Funktionäre redeten sich die Köpfe heiß, am Ende wurde ein salomonischer Urteilsspruch gefällt: Ich kämpfte für mein Heimatland, während Trainer Rainer Kühn flugs zum Nationaltrainer von Mosambik ernannt wurde.

Dann kam die Vorrundenauslosung, und Rainer wurde blass: »Du musst gegen den zweimaligen Weltmeister ran. Behalt bloß die Deckung oben. Ich breche den Kampf ab, wenn's gefährlich wird.«

Wieder einmal zeigte er seine ganze Fürsorge. Ich hatte aber vor, alles zu geben und mich nicht auf die Bretter schicken zu lassen. Der Kampf ging über drei Runden, und ich kann mich nicht erinnern, wie ich die Sache überlebte. Mein Gegner war haushoch überlegen, aber ich zeigte Sportsgeist und gab nicht auf. Ein paar Tage später kam Rainer mit einem Stapel Zeitungen zum Training.

»Schau mal: *Neues Deutschland, BZ am Abend, Berliner Zeitung, Deutsches Sportecho*«, sagte er mit Stolz in der Stimme. »Alle berichten über dich. Dein Kampf hat Eindruck gemacht.«

Seit ich im Land der Götter war, hatte ich immer wieder diese Momente des Staunens: Als die Boxkameraden mich das erste Mal beklatschten. Als ich im Krankenhaus neben einem weißen Mann liegen durfte. Als ich lernte, dass Götter ebenfalls arbeiten müssen. Auch jetzt konnte ich es kaum glauben. Ich in der Zeitung? Der Dschungeljunge aus dem Nirgendwo? In der Zeitung standen nur berühmte Menschen!

Rainer lachte. »Du wirst dich daran gewöhnen müssen, mein Junge«, sagte er. »Aber jetzt an die Pratzen. Erfolg schwindet schnell, wenn man sich drauf ausruht.«

Von nun an tauchte ich immer häufiger in den Zeitungen auf. Dazu trug auch Wolfgang Behrendt bei. Erst zeigte er mir, wie man anständig boxt, dann griff er zur Kamera, um meine Erfolge zu dokumentieren.

Bald darauf erhielt ich einen Anruf. Es war die Ständige Vertretung von Mosambik in Ostberlin. »Wir würden uns gerne mit Ihnen unterhalten«, hieß es. »Wann haben Sie Zeit? Morgen 15 Uhr?«

Offenbar lag Wichtiges an. Am nächsten Tag stand ich pünktlich auf der Matte.

Der Chef der Vertretung schüttelte mir die Hand und stellte mich allen Mitarbeitern als »Champion« vor. Dann kam er zur Sache. »Wir haben gehört, was Sie organisieren in der Gehrenseestraße«, begann er. »Das gefällt uns.«

Ich war überrascht. Ich dachte, dass man sich mit mir über einen Boxkampf unterhalten wollte, vielleicht über ein Match zwischen mir und einem Kämpfer aus der Heimat.

Doch dem Chef der Vertretung brannte ein anderes Problem unter den Nägeln. »Die Sache ist die«, sagte er. »Als man Sie holte, wurde noch kräftig ausgesiebt. Sie erinnern sich an den Drill zu Hause. Heute liegen die Dinge anders. Unser Gastland braucht so viele Leute, kurz und gut, sie nehmen jeden. Mit der Folge, dass auch die kommen, die wir gar nicht haben wollen.« Er machte eine Pause, wie um sich zu versichern, dass ich kapierte, was er meinte. »Die Folge der Folge: In den Kombinaten gibt's jede Menge Ärger mit unseren Landsleuten. Sie spuren nicht, wollen nicht arbeiten, trinken zu viel, widersprechen. Wie mir scheint, können Sie damit umgehen.«

Er war erstaunlich gut über meine Rolle als Streitschlichter im Getto informiert. Damals hatte ich keine Ahnung vom perfekt organisierten Spitzelsystem der Stasi. Ich dachte naiv: Wow, was der alles weiß.

Nun rückte er mit seinem Vorschlag heraus, der natürlich kein Angebot war, das ich ausschlagen konnte, sondern ein hübsch verpackter Befehl. »Sie sind ein guter Metzger, Abschlussnote 1. Wir sind stolz auf Sie. Aber Sie im Fleischkombinat, das sind Perlen vor die Säue geschmissen. Wollen Sie Gruppenleiter im Glaswerk Stralau werden? Das wäre genau das Richtige für einen gestandenen Mann!«

Das Glaswerk Stralau lag im Bezirk Friedrichshain, zwischen Spree und Rummelsburger See. Ich hatte nur eine Frage: »Ich bin halbtags zum Training freigestellt. Geht das dort?«

Der Diplomat klopfte mir auf die Schulter. »Schauen wir, was sich machen lässt.«

Am Ende ließ sich vieles machen, und dazu trug auch ein lukratives Angebot bei, das zur selben Zeit ins Haus flatterte. Es kam von der BSG Chemie PCK Schwedt, damals einer der besten Boxvereine der DDR. Schwedt, die Stadt an der Oder, war von der petrolchemischen Industrie geprägt, die heute noch Berlin mit Heizöl, Benzin und Diesel versorgt. Für Sportler bedeutete das Kombinat den Eingang zum Paradies, weil man professionelle Trainings- und Wettkampfbedingungen antraf. Chemie PCK kämpfte in der obersten Boxliga, die Krönung meiner bisherigen Karriere. Noch immer war ich im Vergleich zu meinen Gegnern sehr unerfahren. Trotz des Handicaps, ganz oben antreten zu dürfen, versetzte mich das in einen Freudentaumel. Doch da war die Sache mit dem neuen Job. Wie konnte ich das alles unter einen Hut bringen?

»PCK hat Geld«, meinte Rainer. »Die können es sich leisten, Champions aus Polen und Russland zu kaufen. Die werden schon was springen lassen.«

»Trainer, du meinst, ich soll auch noch Geld kriegen?«

»Ibraimo, das ist doch klar! Die zahlen Startgeld und die zahlen eine Siegprämie. Wenn du gut bist, kommt da schon was zusammen.«

Rainer rechnete mir vor, dass ich mehr verdienen könnte als viele Menschen im Arbeiter-und-Bauern-Staat. »Mit der Eisenbahn bist du schnell in Schwedt. Da kannst du zweimal in der Woche zum Training und am Wochenende zu den Kämpfen hinfahren.«

Ich dachte daran, was Manuel im Zug widerfahren war, aber ich sagte nichts. Wahrscheinlich vertraute ich darauf, dass ich mich als Boxer zur Wehr setzen konnte, auch gegen eine Überzahl. Das war eine Erfahrung, die ich bald machen sollte: Rechtsradikale sind immer nur in der Gruppe stark. Allein sind sie schwach und feige.

Auch wenn für die DDR bald das Totenglöcklein läutete, die Zeichen des Niedergangs schon überall zu sehen waren, habe ich die letzten Jahre in guter Erinnerung. Abgeschirmt von der Öffentlichkeit bekamen wir im Getto ohnehin nichts davon mit, wie sich im Land der Widerstand gegen das Regime organisierte und der Eiserne Vorhang zwischen Ost und West immer größere Risse bekam. Ich focht meine eigenen Kämpfe aus, und die fanden nicht immer im Boxring statt.

Beim Glaswerk Stralau wurde ich zum Chef einer Gruppe Mitarbeiter ernannt, die intern nur die »Harten Nüsse« genannt wurden. Das waren junge Mosambikaner, die nichts als Schwierigkeiten machten. Früher hätte man sie kurzerhand abgeschoben, doch heute brauchte der Staat jede Hand. Doch die Hände der »Harten Nüsse« wollten nicht arbeiten, dafür brachen sie gerne Streit vom Zaun. Es hatte schon jede Menge Schlägereien gegeben. Meine drei Vorgänger hatten das Handtuch geschmissen, nachdem sie mehrmals verprügelt worden waren. Für die Verantwortlichen war ich die letzte Hoffnung. Ein Boxer, der etwas von Streitschlichtung versteht? Solche Leute spazieren nicht jeden Tag zur Tür herein.

»Wenn du es nicht schaffst, schafft es keiner«, sagte der Betriebsleiter in ungewohnter Offenheit. »Dann schicken wir alle zurück, kriegen aber auch selbst gehörige Probleme. Ganz oben will man von solchen Dingen nichts wissen.«

Die DDR rang ums Überleben. 1982 war das Land schon fast pleite gewesen und wurde durch zwei Milliardenkredite aus der

BRD über Wasser gehalten. Einer war vom damaligen bayerischen Ministerpräsidenten Franz Josef Strauß auf geheimnisvolle Weise eingefädelt worden. Ganz unten, in den Reihen der Werktätigen, war der Druck, der auf der Wirtschaft der DDR lastete, immer deutlicher zu spüren.

Gleich am ersten Tag meiner neuen Tätigkeit rief ich die Gruppe »Harte Nüsse« zusammen. Es waren 70 Jugendliche, die gespannt waren, wer sich als Nächstes an ihnen die Zähne ausbeißen wollte. Einige von ihnen wussten, dass ich Boxer war, weil sie ein Zeitungsfoto im Getto gesehen hatten.

»Ich bin eure letzte Chance«, begann ich. »Wenn es nicht klappt, werdet ihr nach Hause geschickt. Dort steckt man euch in den Knast oder zu den Soldaten. Beide Male ist die Überlebenschance gering.«

Ich wusste, wie diese Jungs drauf waren. Sie waren gewohnt, für alles bestraft zu werden. So haben die Portugiesen 500 Jahre lang unser Land unter ihrer Fuchtel gehalten. Deshalb mussten sie ständig ihr Mütchen kühlen. Es ging darum, in der Gruppenhierachie Anerkennung zu gewinnen. Ich drehte den Spieß um. Zum ersten Mal in ihrem Leben konfrontierte ich sie mit Worten wie »Talent«, »Anerkennung« und »Liebe«. Ich weiß nicht, wo ich das alles herholte. Erst während meiner Ausbildung zum Sozialarbeiter bekam ich mit, dass diese Begriffe zum Grundgerüst dieses Berufs gehören. Vielleicht hatte ich von meinem Trainer Rainer Kühn mehr aufgeschnappt als nur die Technik des Boxens: Er hatte schließlich mein Talent erkannt, mir stets Anerkennung gezollt und mit Fürsorge und Liebe meine Karriere begleitet.

Den Jungs standen die Münder offen. Von diesen Dingen hatten sie noch nie was gehört.

»Jeder von euch hat ein Talent«, sagte ich. »Bei manchen ist es tief vergraben. Wir werden es rausholen.«

Im Kombinat hatte ich keinen eigenen Raum bekommen, doch da die »Harten Nüsse« sämtlich im Getto lebten, funktionierte ich mein Zimmer kurzerhand zum Büro um. »Meine Tür ist immer offen. Tag und Nacht. Wenn ihr ein Problem habt, kommt.«

Und sie kamen, zu jeder Stunde. Ihre Probleme waren typisch für Jugendliche, und ihre Lösung wäre stets die Schlägerei gewesen. Jetzt riefen sie nach mir. Nachts um drei Uhr stürmte ein aufgebrachter Bursche in mein Zimmer: »Chef, komm! Da bumst einer meine Freundin.«

Das waren gleich zwei Probleme auf einmal: Ich musste ihn davon abhalten, den Nebenbuhler umzubringen. Außerdem hatte seine Freundin nichts auf dem Zimmer verloren.

Für all das hatte ich kein vorgefertigtes Konzept parat. Niemand hatte mir gezeigt, wie man Konflikte löst. Ich folgte einfach meinem Herzen, und der Erfolg gab mir recht. Einige Zeit, nachdem ich den Job angetreten hatte, wurde ich zur Betriebsleitung zitiert. Der Direktor drückte mir eine Urkunde in die Hand und zeichnete mich dafür aus, dass ich »Ruhe und Disziplin« in die Gruppe gebracht hätte. Tatsächlich hatte es keine Schlägerei mehr gegeben, und die Jungs hatten gelernt anzupacken.

»Das Leben ist nicht zum Einschlafen da«, sagte ich zu ihnen gleich mehrmals am Tag. Das war mein eigenes Mantra.

Während ich mit diesen Jugendlichen arbeitete, kristallisierte sich für mich heraus, woran ich wirklich glaube: Jeder auf der Welt hat seine Chance verdient. Ich war auf einer Sklavenfarm aufgewachsen und hatte meine Chance bekommen. Die Menschen meines Volksstammes sagen: »Alle Feuer sollen brennen. Deshalb muss man Holz von den großen Feuern zu den kleinen geben.« Das ist der Grund, weshalb ich mich lieber um die Armen kümmere: Weil ich daran glaube, dass man mit etwas Holz auch ihre Feuer zum Leuchten bringt.

Während ich meine harten Nüsse auf Vordermann trimmte, boxte ich in der obersten DDR-Liga. Schwedt war nicht Berlin, der Anblick eines schwarzen Boxers eine neue Erfahrung für viele Zuschauer. Rainer Kühn übernahm die Terminierung meiner Kämpfe und der Trainingslager, begleitete mich im Zug oder fuhr mich mit dem Auto zu den Wettkämpfen. Unsere Mannschaft bestand aus jungen deutschen Talenten, erfahrenen Champions aus Polen und der UdSSR – und mir.

Manchmal fragte einer: »Wo kommst du her?«

Antwortete ich: »Mosambik«, schüttelte er in völliger Unkenntnis den Kopf.

»Schau mal auf der Afrikakarte ganz unten«, sagte ich dann. »Das Land rechts über Südafrika, das ist meine Heimat.«

War der Fragesteller ein Deutscher, fügte ich hinzu: »Im Norden findest du Tansania. Tansania, ehemalige deutsche Kolonie?« Dann wunderte ich mich, dass auch dieses Land keiner kannte.

Die Zuschauer aus Schwedt feuerten mich so lautstark an wie meine Mannschaftskameraden. Boxten wir auswärts, hörte ich »Hu hu hu!« und andere Geräusche, die die Zuschauer für Affenlaute hielten. Gerne hätte ich gerufen: »Leute, ihr habt nie einen Affen gehört, der macht ganz anders«, weil ich die Sache zu dieser Zeit noch auf die leichte Schulter nahm. Zudem waren meine Gedanken oft woanders.

Wenn ich nicht boxte, überlegte ich mir, wo ich das nächste Fußballturnier organisieren konnte. Als Gruppenleiter hatte ich noch mehr Möglichkeiten, und die nutzte ich weidlich aus. Ich rief Gruppenleiter anderer Kombinate an und fragte: »Wer ist bei euch für Sport zuständig?« Heute würde man von »Networking« sprechen. Bald hatte ich jede Menge neue Telefonnummern in meinem Notizblock.

Da ich häufig unterwegs war, meldete ich mich in einer Fahrschule an. Der erste Fahrlehrer kam in einem Wartburg vorgefahren, stank nach Alkohol und sagte: »Dann wollen wir mal. Du fährst beim Alex los, raus nach Schöneberg, das Ganze in zwanzig Minuten. Ich will Rekorde purzeln sehen.«

Ob er es lustig fand, einen Schwarzen zu veräppeln, oder ob es am Alkoholpegel lag, habe ich nicht herausgefunden.

Beim nächsten Mal stand ein anderer Fahrlehrer auf der Matte, stellte sich mit den Worten »Ich bin der Neue« vor und ließ mich brav auf einem mit Reifen ausgelegten Übungsplatz Runden drehen.

Neben dem Chemiepokal in Halle war das TC-Turnier in Berlin die große Nummer im DDR-Boxsport. Mittlerweile kämpfte ich regelmäßig in Halle, nun bekam ich auch Einladungen nach Berlin. Dorthin pilgerten auch Zuschauer aus dem Westen, und einer davon war Marko. Er kam in Begleitung des späteren Box-weltmeisters Sven Ottke. Da Marko nahe der Grenze wohnte, kam er immer mal wieder zum Mittagsessen rüber, und wir tra-fen uns. Von ihm erfuhr ich das erste Mal mehr über die politi-sche Situation im geteilten Deutschland, was es mit der Mauer in Berlin auf sich hatte und was man im Westen unter Freiheit ver-stand.

Für Marko gehörte zu dieser Freiheit seine schwarze, vollver-kleidete Kawasaki. Eines Tages fragte er: »Willst du sie kaufen?«

Ich hatte auf ein Auto spekuliert, doch an einen Wartburg oder einen Trabi zu kommen, wurde von Tag zu Tag aussichtsloser. Mittlerweile wartete man jahrelang auf die Auslieferung.

Einer meiner Freunde fuhr eine MZ aus dem Motorradwerk Zschopau, und er war es auch, der sagte: »Eigentlich kannst du dir doch diese Kawa leisten.«

Tatsächlich verdiente ich mittlerweile 1700 Ostmark, was gu-tes Geld bedeutete – auch wenn mir noch immer 40 Prozent davon abgezogen wurden, um auf Nimmerwiedersehen zu verschwin-den. Doch mit meinen Boxprämien kam ich gut über die Run-den. Kurze Zeit später jagte ich mit der Kawasaki über holprige DDR-Straßen. Jetzt begriff ich den Satz, den Marko geprägt hatte: »Manchmal liegt die Freiheit auch einfach nur auf der Straße.«

Frei war ich, was Frauen betraf. Keinem erfolgreichen Boxer der Welt mangelt es an Angeboten, das war auch in der DDR nicht anders. Auf eine ernsthafte Beziehung wollte ich mich noch immer nicht einlassen.

Ende 1987 sprach mich eine der Betreuerinnen im Getto an, die wie fast alle für die Stasi arbeitete: »Was machen Sie an Weih-nachten, Herr Alberto?«

»Trainieren.«

»Der Boxklub ist geschlossen.«

»Ich trainiere hier.«

Das tat ich häufig: Schlaflos lief ich durch die Gänge und

wählte zum Schattenboxen die Toiletten im 3. Stock, weil es nur dort Spiegel gab.

»Meine Tochter Susanne will Sie kennenlernen. Sie hat von Ihnen in der Zeitung gelesen. Wollen Sie uns Weihnachten besuchen?«

Ich wurde hellhörig. Nicht wegen der Tochter, die mich kennenlernen wollte und die Mama vorschickte. Sondern weil es sich um meine erste Einladung in ein Haus der weißen Götter handelte, von Besuchen beim Trainer abgesehen.

»Wie alt ist Ihre Tochter?«

»Sie wird im Januar neunzehn.«

Dann war's doch richtig, wenn Mama vorfühlte. Ich sagte zu. »Warum nicht? Man kann nicht immer nur trainieren.«

Die Betreuerin versprach, mich abzuholen. Wer am Weihnachtstag nicht kam, war sie. Also rannte ich doch durch die Gänge und übte Schattenboxen auf der Toilette. Ansonsten vergaß ich die Sache.

Silvester stand vor der Tür, da gab es jede Menge Partys, auch im Getto. Ich machte den Türsteher bei den »Harten Nüssen«. Kam einer, der nicht dazugehörte, zeigte ich Muskeln und blieb höflich. »Du bist nicht eingeladen, mein Freund. Du kannst mit mir bis morgen früh hier draußen stehen oder du verschwindest.«

»Aber, Chef. Sie kennen mich doch!«

Mittlerweile hatte man mir den Namen »Chef« verliehen, was doch besser klang als »Komm-mit«.

Der Eindringling streckte mir ein Bier hin. »Trink einen mit mir, Chef. Dann lass mich rein.«

Ich nahm das Bier und steckte es in einen Kasten, den ich extra für diese Zwecke bereitgestellt hatte. »Du kennst mich schlecht. Kein Bier, kein Eintritt.«

Ich freute mich auf 1988. Im März würde ich 25 Jahre alt werden, ein Alter, von dem ich mal gedacht hatte, dass ich es nie erreichen würde. Fast wäre es vor ein paar Monaten so gekommen, weil ich mit der Kawasaki auf nassen Blättern ausgerutscht war und Tage später in der Berliner Charité wieder erwachte. Zum Glück hatte ich den Sturzhelm getragen, den mir Marko mitgegeben hatte. Das Motorrad war Schrott, ich habe seither nie wieder auf einem gesessen. Dass ich so schnell wieder auf die Beine kam, verdankte ich meiner guten Konstitution und meinen Bauchmuskeln. Im Krankenhaus hatte der Arzt gesagt: »Ohne die wären Sie tot. Ihre Bauchmuskeln haben die inneren Organe geschützt.«

Ich war wieder fit genug, um am TC-Turnier teilzunehmen. Dort hieß mein Gegner Torsten Schmitz, mehrfacher DDR-Meister und Olympiateilnehmer, gegen den ich nach Punkten verlor. Danach trat ich gegen den bulgarischen Meister und Europameister an und gewann in Runde drei durch technischen K.o. Die Bilder gingen durch die Presse, und man sprach mich auf einmal auf der Straße an. Meine Boxkarriere nahm noch mehr Fahrt auf.

Trotz des vielen Trainings und der Verpflichtungen wollte ich meinen Geburtstag gebührend feiern. Am Morgen hockte ich noch in meinem Zimmer, das vollgestopft war mit Arbeitspapieren meiner Schützlinge, Unterlagen für die Organisation von Fußballturnieren, Bällen, Boxsäcken und Trikots, als es an die Tür klopfte. So viel Anstand kannten meine Jungs nicht, sie stürmten einfach rein. Ich öffnete und stand einer hübschen Frau gegenüber.

Sie lächelte verlegen. »Ich bin Susanne«, sagte sie. »Tut mir leid, dass aus der Weihnachtsfeier nichts geworden ist.«

So lernte ich Susanne Scharnefski kennen. Zwischen uns funkte es gewaltig, schon bald waren wir unzertrennlich. Susanne wollte keine Minute mit mir verpassen, allerdings nur, wenn ihre Freunde nicht mit von der Partie waren. Die sagten: »Deinen schwarzen Freund bringst du aber nicht mit.«

Noch immer nahm ich das pragmatisch: »Ich kann ja solange trainieren, wenn du deine Freunde treffen willst.«

Auch Susannes Mutter sprach nicht mehr davon, dass ich sie daheim besuchen sollte. Es war eine seltsame Doppelmoral. Zum einen lockte die Exotik des schwarzen Mannes, zum anderen sollte keiner was davon mitkriegen. Vielleicht wird man so in einem Überwachungsstaat wie der DDR.

Nachdem der erste Taumel der Verliebtheit vorbei war, wurde das Thema dringlich. »Weißt du, Ibraimo, meine Freunde fühlen sich nicht wohl, wenn du dabei bist«, sagte Susanne.

»Meine Hautfarbe ist schwarz«, gab ich zurück. »Die kann ich nicht abwaschen.«

Niemals hätte ich gedacht, so einen Satz von mir zu geben. Unter den portugiesischen Kolonialherren war es ehrlicher zugegangen. »Wir sind die Götter, und du tust, was wir sagen, sonst töten wir dich«, war die Ansage, die ihnen ein halbes Jahrtausend Fremdherrschaft sicherte. In der DDR lagen die Dinge anders: Man holte uns ins Land, weil man unsere Arbeitskraft brauchte. Das hieß noch lange nicht, dass wir willkommen waren. Zum ersten Mal seit meinem Hungerstreik nach der Ankunft in Ostberlin dachte ich wieder ernsthaft über meine Lebenssituation nach: Ich war zum Gruppenleiter in einem Kombinat aufgestiegen. Ich war einer der erfolgreichsten Sportler im Land. Ich hatte Deutsch gelernt und mir die Sitten des Landes angeeignet, und trotzdem: Susannes Freunde fühlten sich in meiner Gegenwart unwohl. Sie hätten auch sagen können: »Wir ekeln uns vor ihm.«

Susanne war zu jung, um damit umgehen zu können. Ein halbes Jahr später sagte sie: »Es geht nicht mehr. Wir müssen uns trennen.«

Der Anziehungskraft afrikanischer Männer konnte sie aber nicht widerstehen. Nachdem sie mich in die Wüste geschickt hatte, wählte sie einen Mosambikaner mit heller Haut, fast ein Albino.

Ihre größte Angst war, dass ich ihrem neuen Lover was antun könnte. »Du boxt ihn nicht, nein?«

Sie kannte mich immer noch nicht besonders gut. Ich boxte im Ring, der Grund dafür war sportlich. »Keine Angst«, antwortete ich. »Ich werde euch nicht im Weg stehen.«

Danach konzentrierte ich mich wieder auf den Sport. Einmal kämpfte ich gegen den mehrfachen Europameister Siegfried

Mehnert, der auf mehr als 200 Kämpfe zurückblicken konnte. Ich hatte mittlerweile 32 Fights zu bieten. Damit war klar, ich würde ihn schon auf die Bretter schicken müssen, wollte ich die Partie für mich entscheiden. Dafür war Siegfried zu kampfstark, und so verlor ich knapp nach Punkten. Jahre später, als ich nach Karlsruhe zog, sahen wir uns wieder: Er als Trainer beim KSC, ich noch immer im Ring, weil ich vom Boxen einfach nicht lassen kann.

Für Rainer Kühn wurde die Belastung größer. Seine anderen Schützlinge in Berlin forderten seine Zeit. Daher arbeitete ich jetzt immer häufiger mit Ernst Urban zusammen, dem Betreuer von Chemie PCK. Auch er war ein Trainer von altem Schrot und Korn, mit dem Herzen am richtigen Fleck. Ernst kümmerte sich um alles, vom Training über den Wettkampf bis zur Unterbringung im Hotel. Dort kam er abends nochmals vorbei, nur um zu sehen, ob wir genug zu essen bekamen.

Für mich war das ein unglaublicher Luxus – ein Wort, das wahrscheinlich nicht allzu viele Menschen mit der DDR verbinden. Doch ich hatte nie vergessen, wo ich herkam und was ich durchgemacht hatte. Die DDR bot mir ein besseres Leben, als ich es mir in Mosambik hatte erträumen können. Es hätte für mich ewig so weitergehen können. Doch das Ende einer Epoche stand bevor. Es kam das Jahr 1989, das Jahr des Wunders, das Jahr der Wende, das Jahr, das alles auf den Kopf stellen sollte, das Leben von Millionen Menschen, und auch mein eigenes. Es brachte auch das Ende eines Lebens in relativem Frieden und den Beginn turbulenter Zeiten.

Ich hatte meinen Gegner gut bearbeitet. Körperhaken, rechts, links, rechts, durch die Deckung, kurze, harte Jabs zum Kopf. Mehr als ich es sah, spürte ich, wie seine Beine zu zittern begannen. Konzentriert weiterarbeiten, dachte ich, ganz so, wie der Trainer es von mir will. Körperhaken, Jab. Wenn sich die Gelegenheit bot, würde mein linker Dampfhammer dem Kampf ein vorzeitiges Ende bereiten.

Es war der 19. Oktober 1989, und ich boxte zu Hause für den

PCK Schwedt. Die Zuschauer waren begeistert, und ich wusste, was den Kampf betraf, würde ich mir die Butter nicht mehr vom Brot nehmen lassen.

Den Hieb sah ich gar nicht kommen. Mein Gegner schlug mit der Innenseite des Handschuhs zu, eine klare Regelverletzung. Als fairer Sportsmann war ich darauf nicht vorbereitet gewesen. Kopfstöße, Unterleibsschläge oder den Einsatz der Handschuhinnenseite gab es bei mir nicht. Mein Gegner sah die Dinge anders. Der Schlag explodierte in meinem Gesicht und verletzte die Netzhaut des rechten Auge. Ich taumelte zu Boden, der Schiedsrichter brach den Kampf ab.

Im nächsten Moment war Rainer Kühn bei mir. »Sieht nicht gut aus«, hörte ich ihn wie aus weiter Ferne sagen. »Wir müssen ins Krankenhaus.«

Mein Auge schmerzte, als wäre etwas darin zerbrochen. Als wir im Bezirkskrankenhaus Schwedt ankamen, war es kurz vor Mitternacht. Rainer fragte sich zur Augenabteilung durch. »Mein Boxer hat eine schwere Verletzung. Sie müssen gleich danach sehen!«

Mir war schwindelig. Ich bekam nur halb mit, dass neben mir ein weiterer Patient wartete. Ein junger Soldat der Nationalen Volksarmee, der offenbar ausgebüxt war, um einen draufzumachen, und sich aus unbekanntem Grund eine Verletzung zugezogen hatte. Jetzt verhandelte er mit der behandelnden Ärztin darüber, ob sie Meldung machen musste. Wahrscheinlich wusste er, dass jede Menge Ärger auf ihn zukam.

Die Ärztin schien nervös zu sein. Sie kam zu uns rüber, warf einen Blick auf meine Verletzung und sagte: »Da kann ich nichts machen.«

»Was soll das heißen?« Rainer Kühns Stimme war verärgert. »Schauen Sie sich das gefälligst genauer an!«

Die Ärztin sah mich genauer an, nicht meine Verletzung. Mir schien, als ob sie sich vor mir ekelte. Dann ging sie weg. Auch später sollte ich Ähnliches in Schwedt erleben. Wenn weiße Menschen auf mich zukamen und fragten: »Ist das eigentlich Dreck in deinem Gesicht?«, um mir danach mit dem Finger darüberzufahren, als ob sie herausfinden wollten, ob der Dreck nicht irgendwie wegzuwischen sei.

Auf einmal stand sie vor mir, eine Erscheinung wie ein Engel. Es war eine junge Krankenschwester, freundlich und offenbar um mich besorgt. Sicher stand sie unter Druck: zwei schwierige Fälle kurz vor Mitternacht, ein NVA-Soldat, dem ein Disziplinarverfahren drohte, und ein schwer verletzter Sportler. Dazu eine Vorgesetzte, die der Situation nicht gewachsen war.

Die war inzwischen zurückgekehrt, in Abwehrhaltung, mit verschränkten Armen: »Bringen Sie ihn nach Berlin in die Charité. Ich kann das hier nicht behandeln.«

Das war schlau. Jetzt war nicht mehr ich der Grund, sondern die Schwere meiner Verletzung.

Rainer protestierte: »Es ist mitten in der Nacht. Nach Berlin, das dauert zwei Stunden!«

Wieder verließ die Ärztin den Raum. Für einen Augenblick herrschte wortlose Betroffenheit.

Dann schaltete sich die Krankenschwester ein. »Ich lege einen Verband an«, sagte sie. Schon machte sie sich an mir zu schaffen. Sie arbeitete schnell und geschickt. »Fertig«, sagte sie, und wandte sich an Rainer: »Sie sollten gleich aufbrechen. Das muss dringend operiert werden.«

Rainer nickte und nahm mich am Arm, um mich aus dem Raum zu führen.

In diesem Augenblick erwachte ich aus den dumpfen Gedanken. »Wie heißen Sie, Schwester?«, fragte ich.

»Birgit.«

»Ich danke Ihnen, Birgit. Darf ich Ihnen eine Postkarte schicken?«

Birgit zögerte. Einem wildfremden Kerl, der nachts blutend für jede Menge Wirbel sorgt, drückt man nicht einfach so seine Adresse in die Hand. Nach einer Weile reichte sie mir einen Zettel. »Gute Fahrt«, sagte sie. Dann verschwand sie im Nebenraum.

Ich ahnte noch nicht, dass diese tapfere Krankenschwester eines Tages meine Frau werden würde.

Kurz nach drei erreichten wir die Berliner Charité. Dort ekelte sich keiner vor mir. Im Gegenteil, man schlug die Hände über dem Kopf zusammen, als Rainer in kurzen Worten die Geschichte wiedergab.

»Wir operieren sofort«, sagte der diensttuende Arzt. Das Letzte, was ich mitbekam, waren Rainers Worte: »Keine Sorge, Ibraimo! Ich warte, bis du aus dem OP kommst.« Einen besseren Trainer kann man sich nicht wünschen.

Außer einer Narbe ist heute nichts mehr von der Verletzung zu sehen. Größer ist die Narbe, die auf meiner Seele blieb. Fast kommt es mir vor, als sei der Auftritt der Ärztin ein Weckruf gewesen, der mir klarmachen sollte, dass es Zeit war, die rosafarbene Brille abzusetzen. Das Leben in der DDR hatte mir viele Privilegien beschert. Vom Dschungeljungen, der von nichts eine Ahnung hatte, war ich zu einem angesehenen Mitglied der Gesellschaft aufgestiegen. Oder stimmte das gar nicht? Hatte ich mir das alles nur eingebildet? In Schwedt freute man sich über meine Boxsiege. Im Kombinat war man zufrieden mit meiner Arbeit. Trotzdem lud mich außer dem Trainer keiner zu sich nach Hause ein, und ich lebte jahrelang hinter Gittern, von Hauswarten bewacht. War ich von Berlin nach Schwedt im Zug unterwegs und mein Gegenüber fragte, warum sitzt eine weiße Frau neben diesem Schwarzen, hörte ich weg, wenn sein Nachbar antwortete: Das weiß doch jeder. Weil die gut im Bett sind.

Die DDR war ein Land, in dem viele gute Ideen und Ideale von den Bossen leichtfertig verspielt worden waren. Das lag daran, dass die kleinen Holzfeuer ihrer Bürger sie nicht interessiert hatten, sondern nur die eigenen großen Holzfeuer.

Die Wende erlebte ich vom Krankenbett aus. Besser gesagt, vom Fenster meines Zimmers. Eine Schwester kam aufgeregt hereingestürmt. »Herr Alberto, Herr Alberto«, rief sie. »Das müssen Sie sich ansehen! Ach so, Sie dürfen gar nicht aufstehen.«

Da stand ich schon. Das Alarmsystem in mir, das mich schon in vielen brenzligen Situationen gerettet hatte, funktionierte. Und die Stimme der Schwester klang sehr alarmiert. Zusammen standen wir am Fenster und sahen unzählige Menschen Richtung Westen laufen. Wo die Mauer war. Das Ende unserer Welt.

»Wo wollen die alle hin?«, fragte ich.

Die Schwester schüttelte ungläubig den Kopf. »Ich glaub's nicht, ich glaub's nicht«, murmelte sie. »Da war Günter Schabowski im Fernsehen. Er hat gesagt, dass jeder Bürger der DDR ab sofort ausreisen darf. Wissen Sie, was das bedeutet, Herr Alberto? Die Mauer ist gefallen!«

Heute

Der ausgemergelte Junge, der ich damals war, brachte 30 Kilo auf die Waage, ein männlicher Löwe um die 200 Kilo. Ich erinnere mich an die nackte Angst, die ich empfand, als ich ihm gegenüberstand. Es war ja nicht so, dass wir täglich Löwen zu Gesicht bekamen. Diese Tiere liebten Stellen, wo die Bäume nicht so dicht standen, es sandige Plätze in der Sonne gab, und in der Regel machten wir um die einen großen Bogen.

Heute weiß ich auch, dass wir nicht in ihr Beuteschema passen und dass es meist verletzte Tiere sind, die Jagd auf Menschen machen. Doch der Fall der beiden Löwen, die im Jahr 1898 in Kenia 135 Arbeiter der Eisenbahnbrücke über den Tsavo-Fluss töteten, hat auf dem afrikanischen Kontinent einen ähnlichen Schrecken verbreitet wie in Europa die Legende des Wolfs von Gévaudan, von dem es hieß, er habe zwischen 1764 bis 1767 über 100 Menschen gerissen. Beide Vorfälle führten zu einer gnadenlosen Jagd auf die Tiere. In Europa wurde der Wolf ausgerottet, in Afrika kommt der Löwe fast nur noch in Reservaten vor.

Heute unterscheidet sich der Ort, an dem ich auf den Löwen traf, in nichts vom Gesamtbild der Landschaft. Ohne die Bäume brennt die Sonne auch im Winter gnadenlos herab. Riesige schwarze Flächen liegen links und rechts des Weges und zeugen von den vielen Buschfeuern, die regelmäßig ausbrechen und die Hütten und das Leben meiner Familie bedrohen. Auch jetzt lodern immer wieder Flammen auf, oft bedrohlich nahe.

»Wann hast du das letzte Mal einen Löwen gesehen?«, frage ich Onkel Francisco.

»Das ist lange her«, antwortet er. »Vor zwanzig Jahren vielleicht? Der Bürgerkrieg hat alles verändert.«

Der Krieg vertrieb die Tiere und ließ die Menschen zusammenrücken. Das habe ich schon an der Nationalstraße mitbekommen, und es ist auch hier der Fall. In meiner Kindheit lagen alle Hütten weit auseinander. Nun leben meine Mutter, mein Bruder und meine Schwester in Rufweite.

Wir machen uns auf den Rückweg. Unterwegs nehme ich meinen Bruder beiseite. Ich bitte ihn, für meinen nächsten Besuch Doroo vorzubereiten. Das ist ein Getränk, das aus gestampftem Mais gewonnen wird und durch Zuckervergärung Alkohol enthält. Die Herstellung dauert ein paar Tage, denn das Doroo muss gekocht und abgesiebt werden. Es ist eine wichtige Grundlage für das Ritual, welches ich zu Ehren meines Vaters abhalten möchte. An der Hütte von Mama angekommen, verabschiede ich mich, und fahre mit Salvatore zurück nach Chimoio.

Vor dieser Aufgabe fürchte ich mich: Ich habe mir vorgenommen, an den Ort des Massakers zurückzukehren. Nyazonia. Allein der Name hängt wie ein Schwert über meinem Kopf. Er lässt mich erschauern, wenn ich nur daran denke. Wegsehen ist halt einfacher als Hinschauen, doch ich habe mich nun mal zum Hinschauen entschlossen. Das nennt man Konfrontationstherapie, als Sozialarbeiter weiß ich darüber Bescheid. Ich weiß, dass es einen dabei buchstäblich umhauen kann.

Wieder fährt mich Salvatore. Unser Weg führt nach Norden, Richtung Tete. Die Straße ist gut ausgebaut, wir kommen rasch voran. Dabei habe ich es auf einmal gar nicht mehr eilig. Mir wäre lieber, auf einer der üblichen Pisten unterwegs zu sein, wo man für ein paar Kilometer ewig braucht. Sollen wir umkehren? Die Versuchung ist groß. Ein Wort an Salvatore genügt, und Nyazonia bleibt nichts als eine böse Erinnerung. Doch dann denke ich an meinen Schulweg im Dschungel. Tag für Tag 36 Kilometer, ich bin nie umgekehrt. Oder die endlosen Stunden am Fließband des Fleischkombinats: Aufgeben kam mir nie in den Sinn. Ich denke an meine härtesten Fights im Ring: Das Handtuch zu werfen, wenn der Gegner zu stark war, stand für mich stets außer Frage. Auch als die Neonazis mich töten wollten: Ich gab nicht auf und werde das auch jetzt nicht tun.

Auf dem 160 Kilometer langen Weg von Chimoio überqueren wir zahlreiche Flüsse, die alle ihre Quelle im Grenzgebirge zwischen Mozambik und Simbabwe haben: der Molmwe, der Nhamodino, der Nkamuka. Nach zwei Stunden Fahrt sagt Salvatore: »Onkel, wir sollten längst da sein. Ich kann nirgendwo ein Schild entdecken.«

Wir halten in der Siedlung Catandica. Hier gibt es eine Tankstelle. Ist das nicht der geeignete Ort, um sich schlauzumachen?

»Nyazonia?«, frage ich. »Eine große Schule für über 800 Kinder. Wo finden wir sie?«

Allgemeines Achselzucken. Wie üblich kommen von allen Seiten Leute angelaufen. Nun wird diskutiert und palavert.

Ein Mann weist in die Richtung, aus der wir gekommen sind. »Dort hinten ist das.« Eine Frau widerspricht vehement, und der Mann ändert seine Meinung. Jetzt weist er in die Gegenrichtung. »Dort ist das«, sagt er.

Ich erwähne das Massaker, im festen Glauben, dass man es nicht vergessen hat. Schließlich komme ich aus der deutschen Erinnerungskultur, wo man sich heute noch an Orte wie Lidice in Tschechien, Sant'Anna di Stazzema in der Toskana oder Oradour-sur-Glane in Frankreich erinnert. Hier ist das anders. Ich stoße auf völliges Unverständnis.

»Was für ein Massaker?«, fragt ein Junge. »Wovon sprichst du, Onkel?« Dann bietet er mir seine Ware an, Beutel mit Nüssen für umgerechnet 5 Cent.

Ich kaufe ihm alles ab und sorge wenigstens bei ihm für uneingeschränkte Freude. Ich selbst fühle mich niedergeschlagen.

»Lass uns gehen«, wende ich mich resigniert an Salvatore.

Auf den nächsten Kilometern sehen wir immer mehr Schulkinder. Wo Schulkinder sind, muss eine Schule sein. Wir halten am Straßenrand und wenden uns an eine Gruppe Mädchen.

»Nyazonia?«, frage ich. »Kennt ihr das?«

Die Mädchen sind schüchtern und trauen sich nicht, zu antworten.

»Hier gibt es eine Schule?«, versuche ich es weiter. Eines der Mädchen nickt. Sie weist in eine ungefähre Richtung abseits der Straße. »Ist das vielleicht in Nyazonia?« Sie nickt wieder. Ich bedanke mich.

Salvatore wendet den Wagen. »Probieren wir's hier«, schlägt er vor, und biegt auf einen Feldweg ein, der nach wenigen Kilometern zu einer Brücke führt. Unten plätschert ein Bach. Frauen waschen Wäsche, Kinder planschen. Eine Afrikaidylle für jeden Touristen, für mich aber eine schmerzhafte Erinnerung. Ich bin auf der richtigen Spur. Nach diesem Fluss werden wir ein Wäldchen durchqueren, dahinter liegt Nyazonia.

Fünf Minuten später sind wir da, und alles, wirklich alles, ist wie früher. Hunderte Schüler kehren den Sandplatz vor den Schulgebäuden mit Reisigbündeln, so wie wir es vor 36 Jahren taten. Für einen Augenblick unterbrechen sie ihre Arbeit, um neugierig zu uns herüberzublicken, doch keiner traut sich heran. Ich steige aus, mein Neffe macht es sich auf der Ladefläche bequem. Mir ist das recht. Er muss mich nicht begleiten, wenn ich den Dämonen der Vergangenheit ins Auge schaue.

Da ist mein Schulgebäude. Ein lang gestreckter Bau. Ich gehe langsam an ihm entlang. Kein Mensch weit und breit. Offenbar findet kein Unterricht statt. Die Türen sind nicht verschlossen, ich betrete mein altes Klassenzimmer. Da sind dieselben Tische und Bänke, die wir von den Portugiesen übernommen hatten. Wie alt mögen sie sein? 50 Jahre, 60? Die kaputte Schiefertafel hängt auch noch an der Wand. Da vorne saß ich, am Fenster. Deshalb sah ich die Hubschrauber kommen. Ich setze mich auf den kleinen Stuhl, auf dem ich vor so vielen Jahren gesessen habe. Leben wie die Götter wollte ich! Doch die Götter kamen, um uns zu töten. Wieder höre ich die Rotoren ihrer Helikopter, dabei weiß ich, dass dieses Geräusch nur in meinem Kopf ist. Es hat sich tief in meine Erinnerung eingegraben. Wie die Bilder, die mich nachts heimsuchen. Große weiße Männer springen aus den Hubschraubern. Sie haben Gewehre, vorne sind Bajonette aufgepflanzt. Meine Schulkameraden fliehen in wilder Panik. Ich sehe abgetrennte Arme und Beine, aufgeschlitzte Bäuche, platzende Gedärme, ich sehe die Köpfe der Kinder durch die Gegend fliegen. Die Männer im Blutrausch metzeln, stechen und hacken alle nieder. Der kleine Ibraimo tut, was er am besten kann: Er rennt. Er war schneller als die Hyänen im Dschungel, er war schneller als die Kinderfänger, jetzt ist er schneller als die Mörder.

Tränen rinnen mir über die Wangen. Ein Gedanke schiebt sich vor die Bilder: Ich fühle mich schuldig, am Leben zu sein. Ich fühle mich schuldig, weil ich nicht wie die anderen abgeschlachtet wurde.

Ich stehe auf und verlasse das Klassenzimmer. Meine Beine tragen mich zu den Löchern. Auch sie sind noch da. Einige sind mit Erde, Blättern und Gestrüpp halb gefüllt. Ob sich die Schulkinder darüber Gedanken machen? Ob sie sich fragen, welchem Zweck sie wohl dienten? In einem habe ich mich versteckt. Als ich zwei Tage später herauskroch, sah das Schulgelände aus wie Jahre später das Fließband im Fleischkombinat. Der Gestank war unbeschreiblich.

Ich stelle mich in eine der Gruben. Dort stehe ich, als ein Mann sich nähert. Es ist ein Weißer. Er fragt in brüchigem Portugiesisch, was ich hier zu suchen habe.

»Ich bin einer der Überlebenden des Massakers von Nyazonia.«

Der Mann runzelt die Stirn. »Ist nicht hier«, sagt er.

Seine Antwort trifft mich wie ein Schlag. »Aber natürlich«, sage ich. Mir wird schwindelig. Muss ich mich jetzt auch noch rechtfertigen?

Der Mann schüttelt den Kopf. »80 Kilometer Norden«, radebrecht er. »Da es ist.«

Sein Portugiesisch ist schlecht. Vielleicht ist er Franzose? Ist er der Schulleiter? Vorgestellt hat er sich nicht.

Ich hake nach. »Was meinen Sie?«

»Die Gräber«, sagt er. »Die Gräber der Toten.«

»Aber das Massaker war *hier!*«

»Ja«, sagt er.

Ich warte, doch mehr kommt nicht. Kein: Sie waren dabei? Sie haben überlebt? Den Mann scheint das alles nicht zu interessieren.

»Gibt es kein Denkmal? Oder wenigstens eine Tafel?«

Wieder nur ein Kopfschütteln. Dann dreht er sich um und geht davon. Als hätten wir uns nur über das Wetter unterhalten, und jetzt sei alles gesagt.

Verloren schaue ich den Kindern zu. Ob sie wie wir vor dem Unterricht in Reih und Glied antreten müssen? Die Frelimo legte Wert auf eine militärische Grundhaltung. Und ob es dort drüben noch immer Tee gibt? Ich gehe auf das alte Gebäude im Kolonialstil zu, das uns als Kantine diente. Das Tor ist verriegelt. Vor dem Haus stehen die Avocadobäume in Reih und Glied. Sie sind groß geworden. Ob man zwischen ihnen immer noch Fangen spielt? Ich vernehme Kindergeschrei, und weiß nicht, ob es wieder aus der Vergangenheit herüberweht. Dann fällt mein Blick auf die Kirche. Dort kicken ein paar Jungs einen Ball hin und her. Sie sind es, die schreien. Ich hätte es wissen müssen. Die letzten Schreie meiner Schulkameraden klangen anders.

Ich zücke die Kamera und mache Fotos. Nyazonia gibt vor, ein friedlicher Ort zu sein. Keines der Kinder weiß, was hier geschah. Ich gehe zurück zum Pick-up, wo mein Neffe sein Nickerchen hält.

Als ich ihn wecke, fragt er: »Genug gesehen, Onkel?«

»Ja«, antworte ich. »Ich habe genug gesehen.«

Berlin, Schwedt
1990 – 1991

Die Charité grenzte unmittelbar an die Mauer. In dieser Nacht machte ich kein Auge zu, denn draußen wurde die erste deutsch-deutsche Party gefeiert, seit DDR-Boss Walter Ulbricht 1961 die Deutschen in Ost und West mit den Worten belog: »Niemand hat die Absicht, eine Mauer zu errichten.«

Nun wurde die Mauer selbst zur Geschichte. Ich dachte an meine Freunde im Getto. Würden sie heute Nacht in den Westen gehen? Was bedeutete das für uns? Und was wird Birgit dazu sagen? Seit ich hier war, dachte ich ständig an sie. Tat ich das, schlug mein Herz doppelt so schnell.

Als die Schwester das nächste Mal ins Zimmer stürzte, um mir mitzuteilen, der Grenzübergang an der Bornholmer Straße sei offen, fragte ich: »Haben Sie eine Postkarte?«

»Wofür brauchen Sie jetzt eine Postkarte?«

Ich musste lächeln. Alle dachten im Augenblick nur an den Westen. Ich dachte an jemand weit im Osten des Landes.

»Ich will sie jemandem schicken«, antwortete ich.

Eine »friedliche Revolution« wird die Wende in den Geschichtsbüchern genannt. Dafür sollten wir allen Beteiligten dankbar sein, denn ich weiß, wie schrecklich es ist, wenn ein Bürgerkrieg ein Land zerstört. Doch was danach kam, war nicht mehr ganz so friedlich. Das fing bereits im Krankenhaus an. Die Charité genoss schon zu DDR-Zeiten einen hervorragenden Ruf, trotzdem befürchteten Ärzte und Schwestern sofortige Arbeitslosigkeit. »Was wird aus uns?«, fragten sie sich, denn sie wussten besser als der westdeutsche Bundeskanzler Helmut Kohl, wie es um ihr Land stand.

Der prägte ein Jahr nach dem Mauerfall das geflügelte Wort von den »blühenden Landschaften«, die er schon bald im Osten erwartete – die Euphorie über die Wiedervereinigung war stärker als die Vernunft. Die Menschen im Osten waren pragmatischer, was auch meiner Einstellung entsprach: Versprechungen hatten sie schon viele gehört, gehalten hatten die DDR-Bosse nur wenige.

Für das Personal in der Charité war es in diesen unsicheren Zeiten wichtig, das Krankenhaus gut belegt zu halten. Leere Betten sind nie ein gutes Zeichen, daher erfanden sie ständig neue Vorwände, warum Patienten länger bleiben sollten. Auch mein Aufenthalt zog sich hin, dabei hätte ich schon bald nach Hause gehen können. Als man mich ins Krankenhaus brachte, war die DDR ein real existierendes Land gewesen, jetzt betrat ich den Boden eines Staates im Ausverkaufszustand. Die wildesten Gerüchte waren durch Gänge und Zimmer der Charité gewabert, und ich fragte mich: Gibt es das Kombinat noch, ist mein Arbeitsplatz noch da? Was passiert mit dem Boxverein? Zwar hatte mich der Trainer immer wieder besucht, aber allwissend war er nicht.

Ich kehrte ins Getto zurück. Auf den ersten Blick war alles wie früher, auf den zweiten Blick war alles anders. Zwei Worte machten die Runde, beide mit unüberschaubaren Auswirkungen: Das erste hieß »Begrüßungsgeld«, das zweite »Rückführung«. Jeder DDR-Bürger sollte bei der Einreise in die BRD 100 Westmark erhalten. Das Getto stand kopf! Waren wir dazu berechtigt? Wenn ja, wo kriegte man das Geld? Wenn nein, wie kam man trotzdem ran? Die Schlauen tüftelten aus, auf welche Weise man den wundersamen Geldregen mehrfach kassieren konnte.

Für weniger Euphorie sorgte das Wort »Rückführung«. »Die wollen uns jetzt loswerden, stimmt's, Chef?«, fragte mich ein junger Mosambikaner, der seit zwei Jahren im Land lebte. Der Chef hatte keine Ahnung. Der Chef war von der ganzen Entwicklung überrollt worden und musste erst Erkundigungen einholen. Im Kombinat zuckte man mit den Schultern. »Nichts Genaues weiß man nicht«, hieß es. Und: »Wir werden warten, was die da oben entscheiden.« Und: »Jedenfalls sind die Wessis knallhart.« Es war das erste Mal, dass ich das Wort »Wessi« vernahm.

Zur gleichen Zeit führten Briefe, Postkarten und Telefonate zwischen Birgit und mir zu einem Entschluss: Ich komme dich besuchen. Wieder fuhr ich nach Schwedt, dieses Mal nicht, um zu boxen. Birgit holte mich am Bahnhof ab. Es begann ein vorsichtiges Abtasten: »Du bist Ibraimo?« »Und du Birgit?« Als wir uns vor Monaten gesehen hatten, war es Nacht gewesen, mein Gesicht verbeult, meine Sehkraft gering. Jetzt blickte ich Birgit zum ersten Mal in die Augen. Sie war nicht alleine gekommen. Ein Junge stand still an ihrer Seite und hielt ihre Hand.

»Das ist mein Sohn Victor«, sagte Birgit.

Victor deutete auf meine Umhängetasche und fragte: »Was ist dadrin?«

»Oh, eine Schlange, die kommt aus dem Dschungel wie ich und ist soooo groß!« In der Gegenwart von Kindern mutiert der harte Boxer in mir zum lustigen Clown.

Schon ahmte ich die Zischlaute der Schlange nach, und Victor lachte. Wir gingen zu Birgit nach Hause, und die Zeit verflog im Nu.

Irgendwann sah sie auf die Uhr. »Da fährt kein Zug mehr«, sagte sie. Pragmatisch, wie es ihre Art war, bestimmte sie: »Züge fahren auch morgen noch. Du kannst auf dem Sofa schlafen.«

Am nächsten Tag machten wir einen langen Spaziergang, dann kamen Birgits Bruder und ihre Schwägerin vorbei. Als ich am Abend aufbrach, war klar, dass wir uns wiedersehen wollten, und zwar gleich am nächsten Wochenende.

Zurück im Kombinat schlugen die Wogen über mir zusammen. Die Bosse hatten ihre Köpfe zusammengesteckt und waren übereingekommen, dass Ausländer die DDR verlassen mussten. Jetzt, am Ende aller Tage, konnte man auf die fleißigen Hände der Arbeitssklaven verzichten. »Ausbildungsunterbrechung«, nannten sie das zynisch, als ob irgendwann in ferner Zukunft sich das Blatt wieder wenden würde.

»Wir sind ja nicht so«, meinte der Betriebsdirektor, »jeder kriegt 2500 Mark bar auf die Kralle.«

Als Gruppenleiter war es mein Job, das Geld auszuzahlen. Auf der einen Seite war ich froh, dass man es nicht nach Maputo überwies, dann wäre es wohl weg gewesen. Auf der anderen Seite war klar, dass einige das Geld nehmen würden, um gleich darauf die Mücke zu machen. Ab nach Westdeutschland, bevor die Rückführung durchgeführt werden konnte, oder, wer Verwandte oder Bekannte hatte, weiter nach Frankreich, Italien, Spanien oder Portugal. Wie viele meiner Landsleute am Ende diesen Weg wählten, kann ich nicht sagen. Vielleicht haben sie es besser getroffen als diejenigen, die nach Mosambik abgeschoben wurden. Wie ich mehrfach hörte, nahm man ihnen dort das Geld gleich wieder ab.

Es wurde schwieriger, in diesem Chaos den Überblick zu bewahren. Im Getto ging es zu wie in einem Bienenkorb. Alle Dinge schienen gleichzeitig zu passieren; Anweisungen, die am Morgen ausgegeben wurden, wurden bis zum Abend widerrufen. Zum Glück war ich in dieser Beziehung Kummer gewohnt. Wer aus einem Bürgerkriegsland stammt, kennt sich damit aus. Als es sich nicht länger lohnte, für Ordnung in der Unordnung zu sorgen, verbrachte ich mehr Zeit in Schwedt, wo sich die Beziehung zwischen Birgit und mir festigte.

Dann kamen neue Anordnungen: Rückgeführt würden alle, die weniger als acht Jahre in der DDR gelebt hatten. Für die meisten aus dem Getto und für die Gruppe »Harte Nüsse« war damit das Abenteuer Deutschland beendet. Täglich marschierte ich mit einem Scheck zur Bank, täglich kam ich mit einem Koffer Geld zurück. Dann zahlte ich aus und hakte Namen auf der Liste ab. Anschließend brachte ich meine Landsleute zum Flughafen, überstand tränenreiche Abschiede und sah den Flugzeugen hinterher, die sie in eine unsichere Zukunft transportierten.

Anders als die Deutschen hatten wir es nicht fertiggebracht, eine friedliche Revolution durchzuführen. Der Bürgerkrieg in Mosambik ging in sein dreizehntes Jahr. Erst als das Apartheidsregime gestürzt war und Waffenlieferungen aus Südafrika und den USA ausblieben, kam es zu Gesprächen zwischen den verfeindeten Parteien. Für viele Menschen, die jetzt aus Deutschland abgeschoben wurden, war das zu spät. Kaum betraten sie mosambikanischen Boden, wurden sie eingezogen und im Bürgerkrieg verheizt.

Ich stand ebenfalls vor einer großen Entscheidung: Sollte ich hierbleiben oder nach Hause zurückkehren? Dort wartete meine Familie auf mich, aber auch ein zerbombtes, totes Land. Zwar war hier die Zukunft ungewiss und alles im Umbruch, doch ich war verliebt, und das gleich im doppelten Sinne des Wortes: Zum einen war da Birgit und unsere tiefer werdende Freundschaft. Zum anderen hatte ich viel von der deutschen Mentalität übernommen; sie gefiel mir, das Land gefiel mir, die Leute gefielen mir. Was konnte ich in Mosambik tun, außer im Dschungel auf das Ende des Bürgerkriegs zu warten? An einem schönen Frühlingstag des Jahr 1990 überraschte mich Birgit mit einer süßen Nachricht: »Ich bin schwanger.« In ihren Augen spiegelten sich Freude und Angst. Damit waren die Würfel endgültig gefallen. Ich würde bleiben.

Als Gruppenleiter ohne Gruppe gab es für mich im Glaswerk Stralau nichts mehr zu tun. Ich räumte meinen Arbeitsplatz, ging ein letztes Mal zum Training und verabschiedete mich in Richtung Schwedt. Als gelernter Fleischer würde ich in der Betriebsküche der PCK Raffinerie genug zu tun haben. Dort brauchte man jede Hand, hieß es, schließlich mussten Tag für Tag 8000 hungrige Mäuler versorgt werden.

Dass die DDR-Betriebe nicht immer konkurrenzfähig waren und die Wiedervereinigung in vielen Fällen einer feindlichen Übernahme glich, weiß heute jedes Kind. Für die betroffenen Menschen im Osten begann 1990 eine Durststrecke, die wenig mit blühenden Landschaften zu tun hatte. Das PCK-Kombinat war technologisch der westlichen Konkurrenz weit voraus.

Ein Jahr vor der Wende hatte man hier bereits einen Thermocracker in Betrieb, weltweit die einzige Anlage dieser Art. Trotzdem wurde im Juni 1990 das Kombinat von der Treuhandanstalt den Mineralölgesellschaften VEBA und DEA sowie einem Konsortium aus Agip, elf und Total zugeschlagen.

All das, was die Bosse in dieser Zeit beschlossen, hatte für die Arbeiter erdbebenhafte Folgen. Erst kam der Einstellungsstopp, dann die Kurzarbeit, dann Massenentlassungen. Hatte meine Zukunft eben noch rosig ausgesehen, war in wenigen Wochen alles anders geworden. Man brauchte keine Fleischer in der Küche mehr. Ich war arbeitslos.

Ernst Urban machte mir Mut. »Wir finden was für dich, Ibraimo«, sagte er. »Keine Angst.«

Dabei hatte er Grund genug für eigene Sorgen. Die Boxmannschaft der PCK stand natürlich auch auf dem Spiel. Trotzdem sprach Ernst Urban mit einem Freund, der zu DDR-Zeiten schon davon geträumt hatte, einen eigenen Betrieb zu führen, und sich gleich nach der Wende mit einer Baufirma selbstständig machte. Die Sache zog sich noch eine Weile hin, und als ich beginnen konnte, war es bereits Dezember 1990 geworden. Wie immer ging ich davon aus, dass ein sportlicher junger Mann wie ich in der Lage ist, alle Arten harter Maloche zu erledigen, doch dieses Mal sollte ich mich täuschen. Waren die deutschen Winter immer eine arge Belastung gewesen, erlebte ich jetzt auf den Baustellen Kälte, Eis und Schnee in einer neuen Dimension. Ich musste mir eingestehen, dass mir mein gut beheizter Arbeitsplatz vorgegaukelt hatte, der Dschungeljunge habe sich an die kalte Jahreszeit gewöhnt. Das hatte er nicht. Zum ersten Mal in meinem Leben merkte ich, dass ich etwas nicht schaffte. Das war ein harter Schlag für mich, denn das – etwas nicht schaffen – gab es in meinem Leben bisher nicht.

Dabei liefen die Dinge von der Arbeitssuche abgesehen ganz ordentlich. Kurz nachdem Birgit schwanger geworden war, begannen wir, meine Einbürgerung vorzubereiten. Dazu brauchten wir Menschen, die bezeugen konnten, dass ich ein anständiger Kerl war. Birgits Freundeskreis und einige Kollegen aus dem Krankenhaus waren dabei eine große Hilfe. Außerdem bürgten Sportkameraden aus dem Boxverein sowie Ernst Urban. Damit schien die Einbürgerung nicht mehr als eine Formsache zu sein. Doch in einem Staat, der sich gerade von der Bildfläche verabschiedet, gibt es keine verlässlichen Größen mehr. Auf den Ämtern herrschte Sendepause, dort war jeder mit dem eigenen Überleben beschäftigt. Das hielt uns nicht davon ab, im Sommer noch rasch zu heiraten. Dafür hatte ich einen Brief in den Dschungel geschickt. Der Stammestradition folgend war es für mich eine Selbstverständlichkeit, meine Eltern um ihre Erlaubnis zu bitten. Die kam prompt: Ja, schrieb Papa, du kannst eine Weiße heiraten.

Auch Birgits Eltern machten sich ihre Gedanken über eine Mischehe in diesen turbulenten Zeiten. Als auch sie einverstanden waren, konnten wir loslegen. Am 27. Juli 1990 um 12:30 Uhr wurden Birgit und ich getraut. Der Dschungeljunge aus dem Nirgendwo hatte eine weiße Göttin geheiratet! Ich konnte mein Glück kaum fassen.

Ein paar Monate später erhielten wir Post. Mein Antrag auf Einbürgerung war abgelehnt worden, mit der Begründung, dass die Behörden zur Zeit nicht in der Lage seien, Entscheidungen zu treffen. In den Amtsstuben ging es drunter und drüber. Eigentlich kein Wunder, wenn man bedenkt, was in kürzester Zeit alles passiert war: Am 18. Oktober 1989 trat Erich Honecker zurück und wurde durch Egon Krenz ersetzt. Dann kam die Öffnung der Mauer, die neue Regierung unter Hans Modrow, der Runde Tisch entstand, auf den Montagsdemonstrationen riefen die Menschen: »Wir sind ein Volk.« Im März 1990 gab es die letzte Volkskammerwahl der DDR, von da an stellte eine große Koalition unter dem ersten frei gewählten Ministerpräsidenten Lothar de Maizière die Weichen zum Beitritt zur Bundesrepublik. Es gab Verhandlungen mit den Siegermächten des Zweiten Weltkriegs, und im Juli 1990 trat die Währungs-, Wirtschafts- und Sozialunion in Kraft. Man hatte sich noch nicht an diesen sperrigen Namen gewohnt, als die DDR am 3. Oktober 1990 in der Bundesrepublik Deutschland aufging.

Ich staunte: Wenn die weißen Götter sich was in den Kopf setzen, zogen sie es mit einer Geschwindigkeit durch, die einen schwindelig machte. Zu Hause in Mosambik ging der Bürgerkrieg einfach immer weiter.

Wieder zerbrachen wir uns den Kopf: Wie konnten wir die Einbürgerung hinkriegen? Indem wir mehr Unterschriften sammelten? Andere Unterschriften? Einmal mehr wurde Birgits Freundeskreis aktiv, und auch der Amtsschimmel in den Behörden begann langsam wieder zu wiehern. Ich erinnere mich, dass wir plötzlich eine Geburtsurkunde der Uroma von Birgit benötigten. Man wollte offenbar überprüfen, ob sie deutschstämmig war.

Ich selbst wurde nach Potsdam zitiert und musste zwei Tage lang Fragen beantworten. Kannte ich mich aus in der Geschichte der Bundesrepublik, wo gerade ein neues Kapitel aufgeschlagen wurde? Konnte ich die Nationalhymne singen? Am zweiten Tag hieß es: »Sie haben das prima gemacht. Sie haben es geschafft!«

Erst jetzt wurde mir klar, was dieser Schritt bedeutet: Man verlässt die Nation seiner Geburt, um der Nation beizutreten, in der man sterben wird. Kurze Zeit später brachte es ein Diplomat bei der mosambikanischen Vertretung auf den Punkt: »Schade, Ibraimo, dass du gehst«, sagte er. Für ihn war ich verloren, weil ich vom Mosambikaner zum Deutschen wurde. Damit stand er allerdings allein auf weiter Flur. Von meinen Sportkameraden und Birgits Freunden abgesehen interessierte es niemanden, dass ich jetzt Deutscher war. Ich hörte bald auf, darüber zu sprechen, denn die Reaktionen waren häufig unangenehm: »Schämst du dich nicht, so was zu behaupten?«, bekam ich mehr als einmal zu hören. »Du und ein Deutscher? Lächerlich!«

Neben Birgit freute sich mein Trainer Ernst Urban über meine Entscheidung. In dieser Zeit des schnellen Wandels veränderte sich auch die Welt des DDR-Sports. Aus dem Betriebssportklub, der in der obersten Liga gekämpft hatte, wurde ein Verein, welcher für die 1. Bundesliga fit gemacht werden musste. Sportlich konnten wir mithalten, doch brauchten wir neue Vereinsstrukturen. Die leidige Frage der Finanzierung musste geklärt werden. Jede Menge Arbeit für den Trainer, der hellauf begeistert war, mich als deutschen Boxer einsetzen zu können.

»In der Bundesliga darf pro Verein nur eine bestimmte Anzahl ausländischer Boxer in den Ring«, erklärte er. »Jetzt können wir einen weiteren Ausländer verpflichten. Hast du schon einmal drüber nachgedacht, international für Deutschland anzutreten?«

Hatte ich nicht, doch die Aussicht war verlockend. Ernst Urban arbeitete unermüdlich weiter, gewann Sponsoren, half dem Verein auf die Spur. Wir Sportler profitierten davon, trotzdem konnte ich die Sache nicht wirklich genießen. Seit ich zurückdenken konnte, hatte es für mich immer Arbeit gegeben. Jetzt war ich offiziell arbeitslos. Allein der Begriff machte mir zu schaffen.

Da flatterte eines Tages ein Brief ins Haus. Absender: die Stadtverwaltung Schwedt. Man kam gleich auf den Punkt. Wie jede westdeutsche Gemeinde mussten auch die ostdeutschen in der neuen Bundesrepublik ihren Pflichten in Sachen Asylbewerber nachkommen. Seit der Wende stiegen die Zahlen sprunghaft an, im Jahr 1992 sollten es über eine halbe Million sein. Ein gewichtiger Grund war der Bürgerkrieg im auseinanderbrechenden Jugoslawien. Jetzt rächte es sich, dass die DDR-Behörden Mosambikaner, Angolaner, Vietnamesen und andere gettoisiert hatten. Für viele Menschen in den neuen Bundesländern bedeutete das Auftauchen so vieler »Fremder« einen Schock, der sie völlig überforderte. Auch auf den Ämtern wusste man weder ein noch aus. Asylbewerber aus 17 Ländern sollten nach Schwedt kommen – wie um alles in der Welt sollen wie mit denen umgehen? Wie mit ihnen sprechen? Wie sie kontrollieren?

In diesem Augenblick erinnerte sich jemand an diesen Boxer aus Berlin, der dort Ähnliches schon mal getan hatte. Man bat mich um ein Gespräch, und in dem lernte ich einen neuen Ausdruck kennen: Arbeitsbeschaffungsmaßnahme, kurz ABM.

»Wenn es gut läuft – und wir hoffen, dass es gut läuft –, können wir Sie die nächsten zwei Jahre beschäftigen«, hieß es. »Sind Sie unser Mann?«

Ich musste nicht nachdenken. In Stralau hatte ich gelernt, wie man Sozialarbeit macht, ohne Sozialarbeiter zu sein. Ich traute mir zu, Asylsuchende anständig betreuen zu können. Außerdem fühlte es sich jeden Tag schlechter an, als frischgebackener Familienvater ohne Job zu sein. Unsere Tochter war auf die Welt gekommen, da kam die Arbeit grade recht. Ich hatte das Gefühl, die neuen Zeiten kamen jetzt auch bei uns an, obwohl noch immer die Angst umging. Wer jahrzehntelang gegängelt worden ist wie die Bürger der DDR, glaubt nicht mehr an Sonntagsreden und schöne Worte. Da bleibt stets ein gewisses Misstrauen. Ich befürchtete, dass die Behörden uns eines Tages das Kind wegnehmen würden. Es war nicht leicht, mit dieser diffusen Angst umzugehen, während immer mehr schmutzige Geheimnisse aus der Honecker-Ära ans Tageslicht kamen.

Entsetzt hörten wir von den vielen getöteten Flüchtlingen, den Dramen an der Mauer, von langjährigen Gefängnisstrafen im berüchtigten SED-Knast Hohenschönhausen für Leute, die sich gegen den Unrechtsstaat zur Wehr gesetzt hatten. Auch die Allmacht der Staatssicherheit war Thema, und mittlerweile wurde jeder verdächtigt. Mehr als einmal hörte ich: »Ihr Neger wart doch alle bei der Stasi. Was hattet ihr überhaupt bei uns zu suchen?« Kaum jemand wusste, warum wir Mosambikaner ins Land gekommen waren. Erzählte ich davon, erntete ich ungläubiges Staunen. Die DDR war kein Jahr tot, als die Erinnerung begann, sich wie jeder gute Lügner eine eigene Wahrheit zu zimmern.

Es hatte etwas Symbolisches an sich, das neue Asylbewerberheim in einem Stadtteil einzurichten, der »Neue Zeit« hieß. Ich lernte den Schwedter Bürgermeister Peter Schauer kennen, ein großer Mann und ein Vorbild, der die Probleme der Stadt fünfzehn Jahre lang mit viel Geschick löste.

Es begann damit, dass die Anwohner rings ums Heim Fragen

stellten, die auch heute wieder gestellt werden, seit die Zahl der Asylsuchenden erneut in die Höhe schießt: »Warum kommen die zu uns?«

»Warum schicken wir sie nicht wieder weg?«

»Wir haben doch auch nichts, warum müssen wir denen was abgeben?«

Nach 40 Jahren Abschottung von der Welt mussten die Schwedter Bürger von heute auf morgen Multikulti lernen. Das konnte nicht klappen. Damals dachte ich nicht darüber nach, sondern stürzte mich mit Volldampf in die neue Aufgabe.

Das Haus hatte mehrere Wohnungen, und es war vorgesehen, in jedes Zimmer drei bis vier Leute reinzustecken. Dabei waren manche Räume nicht mal zehn Quadratmeter groß. Der Heimleiter war einer dieser Handwerker, die alles reparieren können, und das war gut so, denn das Haus befand sich in einem schlechten Zustand. Mit zwei weiteren Mitarbeitern kümmerte ich mich um die Neuankömmlinge und merkte schnell, wie schwer sich meine Kollegen taten. Zeit meines Lebens frage ich mich, was es ist, das Fremde in der Fremde zu Fremden macht. Natürlich, es gibt eine andere Sprache, eine andere Mentalität, eine andere Kultur, und das sind schon Gründe genug. Trotzdem überwiegen doch Gemeinsamkeiten! Wir sind alle Menschen, die sich Frieden wünschen und ein kleines Stück vom Glück, die ihre Kinder lieben und ihre Familien.

Mit dieser Einstellung ging ich auf die Asylbewerber zu. Ich sagte: »Ich bin für euch da, wann immer ihr mich braucht.«

Meine Kollegen waren da anders drauf. Ihre Ansage lautete: »So wird's gemacht und so wird's gemacht.«

Doch mir war wichtig, eigene Erfahrungen zu teilen. Schließlich erinnerte ich mich gut daran, wie dreckig es mir in den ersten Wochen nach der Ankunft ergangen war. Und bei mir war es sogar ein Herzenswunsch gewesen, nach Deutschland zu kommen, während diese Menschen aus ihrer Heimat vertrieben worden waren. Ich versuchte, ihnen die deutsche Kultur etwas näherzubringen.

Ging es wieder lauter zu, sagte ich: »In Deutschland schreien die Leute nicht. Hier sind alle ruhiger. Und noch eines: Lernt die Sprache der Deutschen!«

Nach ein paar Wochen war die Enge im Haus ständiger Konfliktherd. Das ist ja auch kein Wunder, wenn wildfremde und zum Teil traumatisierte Menschen Tür an Tür leben, sich Klo, Bad und Küche teilen und nie rauskommen. Ich fragte beim Bürgermeister nach, ob ich einen Ausflug organisieren dürfte, und bekam grünes Licht. Von nun an fuhren wir immer mal wieder ins Grüne, an die Oder oder an einen der unzähligen Seen der Uckermark. Dort konnten sie durchschnaufen, und ihre Kinder durften rennen und Fußball spielen. Zu diesen Ausflügen kamen meine Kollegen nicht mit, das trauten sie sich nicht zu.

Auch dann, wenn es Ärger gab, war meistens ich zur Stelle. Immer wieder kam es zu Diebstählen, und auch wenn es sich meist um Bagatellen handelte, musste ich einen Riegel vorschieben.

Bei einer Gelegenheit merkte ich, wie sich der Wind gedreht hatte. Ein Heimbewohner hatte im Supermarkt ein Päckchen Rasierklingen mitgehen lassen. Gerade sprach ich mit dem Manager des Ladens, als eine Horde Glatzköpfe das Geschäft betrat. Sie nannten sich »Hitlers Nachfolger«. Einer kam auf mich zu und fragte: »Sag mal, Neger, gibt's hier Bäume?«

Vom Supermarktleiter war plötzlich nichts mehr zu sehen. Ich lächelte. Was wollte der Kerl? Ich war aus dem Boxring andere Kaliber gewohnt und konnte ihn nicht ernst nehmen.

»Das ist ein Supermarkt«, antwortete ich. »In Supermärkten gibt's keine Bäume.«

Damals wusste ich nicht, dass unter den Neonazis viele zu dumm sind, um ihren eigenen Namen schreiben zu können. Ironie ist da fehl am Platz.

»Genau«, sagte der Glatzkopf ernsthaft. »Keine Bäume. Da ist nichts, wo du dich von Ast zu Ast schwingen kannst wie ein Affe.«

Auf einmal stand einer seiner Kumpels neben ihm, packte ihn am Arm und zog ihn weg. »Vorsicht! Das ist ein Boxer, der ist gefährlich.«

Auf einmal klang die Stimme des Glatzkopfs weinerlich. »Aber was macht er dann hier? Diese ganzen Neger! Eine Schande ist das!«

Ein paar von »Hitlers Nachfolgern« steckten noch schnell Bierflaschen ein, dann machten sie sich davon. Im nächsten Augenblick tauchte auch der Supermarktleiter wieder auf. Falls er den Ladendiebstahl beobachtet hatte, hielt er ihn nicht der Rede wert. Er tat, als sei nichts gewesen, das hätte mir eine Lehre sein müssen.

In den Jahren, die kamen, würde ich diese bittere Pille noch häufig schlucken müssen. Nichts sehen, nichts hören und nichts sagen gehört zu den schlimmsten Formen des Rassismus. Mit offenem Hass lernt man umzugehen. Der versteckte gräbt sich in die Seele und verfinstert die Gedanken.

Noch im selben Jahr erlebte ich zahlreiche Aufmärsche Rechtsradikaler. Wie eine Kolonne Soldaten schritten sie durch die Stadt, als ob sie ihnen gehörte. Die Neonazis kamen aus dem Landkreis Barnim, aus Bernau in Brandenburg, aus Prenzlau, aus Mecklenburg und aus Schwerin selbst. Sie waren erstaunlich gut organisiert, dafür hatten westdeutsche »Kameraden« gesorgt.

Rechtsradikale Führungskader aus der Bundesrepublik gehörten zu den Ersten, die in die Neuen Bundesländer reisten. Dort trafen sie tatsächlich auf blühende Landschaften, aber anders, als Kanzler Kohl sich das vorgestellt hatte: junge Menschen, ohne Ahnung von der Welt, mit wenig Bildung und kaum Perspektiven. Mit anderen Worten, leichte Opfer ihrer Verführungskunst. Während die Bosse der etablierten Parteien das Problem weglächelten, wilderten sich die Rechtsradikalen durch Ostdeutschland. Ein paar Monate später, als wieder eine Hundertschaft Neonazis mit blanken Stiefeln durch die Innenstadt von Schwedt marschierten, hörte ich einen alten Mann sagen: »Ich komme mir vor wie 1933.«

Ich frage mich heute noch, was der normale Bürger über diesen Spuk dachte. Leider hat sich der normale Bürger mir gegenüber nie geäußert. Als die Presse Wind davon bekam, was sich in

Schwedt abspielte, spaltete sich die Stadt auf: Es gab engagierte Menschen, die sich mit Vehemenz gegen die drohende Machtübernahme der Rechtsradikalen stemmten. Es gab Menschen, die den Medien die Schuld in die Schuhe schoben und den Opfern der Neonazis, die in diesen Medien zu Wort kamen, wozu auch ich zählte. Und es gab die schweigende Mehrheit, die von alldem nichts wissen wollte.

Heute

Auf der Rückfahrt von Nyazonia kommen wir an einem Berg vorbei, an dessen Flanke Feuer ausgebrochen ist. Dunkle Rauchwolken steigen in die Höhe. Es wirkt wie die Apokalypse, die in meinem alten Heimatland nie fern zu sein scheint.

Beim Anblick des brennenden Berges fasse ich einen Entschluss. Konfrontationstherapie Teil zwei. Ich habe mir heute einiges zugemutet und werde mir noch mehr zumuten. Ich werde den Alten Mann aufsuchen, den Vater meiner Halbbrüder. Ohne ihn wüsste ich heute so viel über Nyazonia wie die Menschen an der Tankstelle, nämlich nichts. Ohne ihn hätte es mich niemals dahin verschlagen. Während Salvatore den Wagen durch beißenden Rauch steuert, zucken Bilder durch meinen Kopf: Der Alte Mann, wie er mich aus dem Haus wirft. Wie ich durch die Straßen von Chimoio irre. Wie ich Portugiesen anspreche: »Patron. Ich suche Arbeit in der Nähe einer Schule.« Wie einer sagt: »Komm mit.« Wie er mir befiehlt, auf die Ladefläche seines Transporters zu klettern. Wie wir Chimoio verlassen und mir angst und bange wird. Wie wir nach Stunden sein Haus erreichen und er sagt: »Arbeit gibt's genug. Fang gleich an.« Und die Schule, was ist mit der Schule? Die ist dort drüben, über die Brücke und durch das Wäldchen.

Es ist bereits dunkel, als wir uns auf den Weg zum Alten Mann machen. Wir biegen auf die Estrada Nr. 6 ein, die am Werkstor von Textáfrica vorbeiführt. Überall lodern Kochfeuer der Menschen, die sich in der Nähe der Fabrik Hütten errichtet haben. In der Kolonialzeit hieß die Gegend Barrio de Gatanga, nach der Revolution wurde sie umbenannt und heißt jetzt schlicht Barrio 28, Viertel Nr. 28.

Mit deutschen Augen gesehen ist das Viertel Nr. 28 ein Slum. Unseres ist das einzige Auto auf der lehmigen Buckelpiste, die von Tausenden Hütten gesäumt wird. Unzählige Menschen drängen sich an uns vorbei. Salvatore hupt, gestikuliert, und wenn es sein muss, schreit er aus dem Fenster und wirft den Passanten Schimpfwörter an den Kopf. Überall plärrt Musik aus riesigen Boxen. »Waka-Taka« von Shakira ist noch immer der größte Hit. In grob zusammengezimmerten Bars wird gefeilscht, gestritten, gelacht, werden die Neuigkeiten des Tages ausgetauscht. Daneben schweißen junge Männer am Gestell eines zusammengebrochenen Lastwagens, bieten Mädchen Hundewelpen an, richten Friseure Kundinnen die Haare, kaufen Hausfrauen das Nötigste fürs Abendbrot ein.

Allmählich wird die Gegend ruhiger. Sie gleicht immer noch einem Slum, doch mein geschultes Auge erkennt den feinen Unterschied. Die Häuser sind jetzt aus Backstein, die Menschen sitzen auf Stühlen, das Essen wird nicht am offenen Feuer zubereitet.

Irgendwann hält Salvatore. Der Alte Mann sitzt auf einem Plastikstuhl vor der Eingangstür seines Hauses, als ob er seit Anbeginn alle Zeiten hier auf mich warten würde. Ich grüße ihn, er grüßt zurück. Höflich, zurückhaltend, wie es Sitte ist. Ein zufällig vorbeigehender Passant würde vermuten, dass wir uns gestern das letzte Mal gesehen haben, so wenige Emotionen scheinen im Spiel zu sein. Dabei brodelt es unter der Oberfläche, bei ihm und bei mir.

Der Alte Mann ruft nach seiner Frau. Sie kommt aus dem Haus und bringt einen zweiten Stuhl, darauf soll ich mich setzen. Dann zieht sie sich zurück.

Der Alte Mann mustert mich. »Wann kommst du für immer?«, fragt er.

Ich bin überrascht. Und auch nicht. Der Alte Mann hatte stets seinen eigenen Kopf. Den hat er als Fremder im Land gut brauchen können. Die Kolonialherren hatten eine einfache Strategie: Für die Drecksarbeit holten sie Sklaven aus anderen Ländern oder, falls das nicht möglich war, aus entlegenen Regionen des Landes. Das taten sie auch, wenn es um Polizisten und Steuereintreiber ging.

Der Alte Mann war selbst heimatlos, und jetzt wollte er wissen, wann ich zurückkehrte. »Wann kommst du nach Hause?«, setzt er nach.

»Mein Zuhause ist Deutschland.«

»Unsinn. Du musst hier beerdigt werden. Anders geht das nicht.«

Wir haben erst wenige Sätze gewechselt, schon läuft alles auf Konfrontation hinaus. Nichts hat sich geändert, nur das: Der Alte Mann kann nicht länger über mein Leben bestimmen.

»Ich denke nicht ans Sterben«, wage ich einen kleinen Scherz. »Ich habe noch einiges vor.«

Der Alte Mann hat keinen Humor. »Was ist mit deinen Kindern? Die müssen Portugiesisch lernen!«

»Meine Kinder entscheiden selbst, was sie lernen. Außerdem kennen sie ein paar Sprachen. Deutsch, Englisch, Französisch, Spanisch. Portugiesisch ist in Europa nicht wichtig.«

Der Alte Mann macht eine Pause. Dann beklagt er sein Raucherbein, wie sehr es ihn schmerzt. Ich habe ein Geschenk dabei, das gebe ich ihm. Er nickt, legt es zur Seite. Eine Weile schweigen wir. Nachbarn gehen am Haus vorbei.

Auf einmal stehen zwei dicke Frauen da. »Ibraimo!«, rufen sie wie aus einem Mund. »Bist du's?«

Ich kann mich nicht an die beiden erinnern, aber sie sich offenbar an mich. Andere Menschen kommen angelaufen. Plötzlich stehe ich im Mittelpunkt einer Menschenmenge.

Der Alte Mann sieht sich das eine Zeit lang an. Dann sagt er auf Portugiesisch: »Du musst wiederkommen. Zum Essen. Meine Frau wird kochen.«

Auf einmal habe ich das Gefühl, dass ich schon viel zu lange da bin. Hastig verabschiede ich mich.

Der Alte Mann erinnert mich nochmals an die Einladung. Zum Essen. Die Frau wird kochen.

In dieser Nacht habe ich einen Albtraum. Ich habe die Einladung angenommen. Die Frau des Alten Mannes serviert. Ich beginne zu essen, und auf einmal spucke ich dicke Klumpen Blut. Entsetzt starre ich auf die klein gestampften Glasscherben darin. Schweißgebadet wache ich auf.

»Du musst wiederkommen. Zum Essen. Meine Frau wird kochen«, höre ich die Stimme des Alten Mannes. In unserer Tradition sind Träume wichtige Wegweiser. Ich weiß jetzt, dass dieser Besuch der letzte war.

Meine Schwägerin meint, dass ich eine Pause verdient hätte. Sie hat sich einen Tag freigemacht, um mit mir nach Chicamba zu fahren. Keine 100 Kilometer von Chimoio entfernt, befindet sich dort der Staudamm Barrage de Chicamba der Fripac-Wasserversorgung. Warum es in der Stadt trotzdem immer nur für ein paar Stunden Wasser gibt, weiß keiner, und auch Albertina zuckt nur mit den Schultern. Ansonsten ist sie eine Quelle des Wissens. Wir fahren Richtung simbabwische Grenze.

»Siehst du das Grundstück zwischen den Hütten?«, fragt sie. Es handelt sich um eine mehrere Quadratkilometer große Fläche. »Gehört alles der Frau des Präsidenten. Keiner darf es betreten. Sonst gibt's Ärger.«

Albertina zeigt mir die Coca-Cola-Fabrik der Amerikaner, die Mehlfabrik der Buren, eine weitere Holzfabrik der Chinesen. Dann taucht eine Siedlung auf.

»Die ist für junge Paare. Wenn sie heiraten und berufstätig sind, können sie ein Haus für 400 Euro im Monat mieten. Nach 20 Jahren gehört es ihnen.«

Hinter der Siedlung erstrecken sich Dutzende lang gestreckter Gebäude. »Ist das die Schule für Lehrer?«, will ich wissen. Albertina nickt.

»Da wäre ich fast gelandet«, sage ich. »Ich wollte Lehrer werden, bis es hieß, wir dürfen nach Kuba. Da dachte ich, prima, in Kuba werde ich zum Kampfpiloten ausgebildet. Dann komme ich zurück und nehme Rache an den Buren. Rache für Nyazonia.«

Ich schüttle den Kopf. Alle Rachegelüste sind längst vergessen.

»Und das da drüben?« Zahlreiche Gebäude ziehen sich über einen Hügel.

»Eine portugiesische Hühnerfarm. Besser gesagt, *die* Hühnerfarm. Die einzige in Mosambik. Sie versorgt das ganze Land, und Malawi und Simbabwe mit dazu.

Die Farm ist eher eine Hühnerfabrik. Unser Weg führt direkt am Werkstor vorbei, dort steht ein junger Weißer neben seinem Geländewagen und telefoniert.

»Das ist Martim Talante«, sagt Albertina. »Sein Vater hat die Farm gegründet. Jetzt ist er der Boss. Er hat eine weiße Frau und zwei schwarze. Mit jeder hat er eine Handvoll Kinder.«

»Es hat sich nicht viel verändert«, bemerke ich.

»Doch«, lacht meine Schwägerin. »Früher hätte jemand wie ich jemanden wie dich nicht im Auto durch die Gegend gefahren.«

Zehn Kilometer weiter platzt ein Reifen. Meine Schwägerin bringt den Wagen zum Stehen. Damit ist die Ausflugsfahrt beendet, denke ich, doch Albertina lächelt nur und deutet auf ein Häuschen neben der Straße. »Da wohnt ein Mechaniker«, sagt sie.

Dessen Frau tritt neugierig aus der Tür.

»Ist dein Mann zu Hause?«, fragt Albertina.

Die Frau schüttelt den Kopf. »Er ist im Parque Verde. Ihr könnte ihn nicht verpassen.«

Wir steigen in den Wagen und hoppeln auf der Felge einen Kilometer weiter. Parque Verde ist eine ehemalige Ferienanlage der Portugiesen mit einem Schwimmbecken im 60er-Jahre-Stil und einer Wasserrutsche in den Farben des Regenbogens. Dort gibt es ein Café, vor dem eine Gruppe junger Leute hockt. Einer davon ist der Mechaniker. Er verspricht, das Auto zu reparieren, während wir etwas trinken.

Schon will ich mich zu den jungen Leuten setzen, als meine Schwägerin mich weiterzieht. »Im Schatten ist es schöner«, meint sie.

Als wir Platz nehmen, deutet sie auf die Gruppe. »Der Kerl dort drüben hat es faustdick hinter den Ohren. Du kennst noch seinen Vater.«

Sie nennt mir einen portugiesischen Namen, und ich erinnere mich. Unter den Patrons hatte er einen guten Ruf. »Sein Sohn ist das glatte Gegenteil. Er war im Knast, weil er Mädchen K.-o.-Tropfen verabreicht hat. Danach hat er … na ja, du kannst es dir denken.«

Ein Portugiese tritt an unseren Tisch. Sein Name ist Gonçalo. Er begrüßt meine Schwägerin, und als sie mich vorstellt, wendet er sich auf Deutsch an mich. »Nach der Kolonialzeit war ich in Deutschland«, sagt er. »Sindelfingen, Horb, Freudenstadt, das kenne ich alles.« Er setzt sich zu uns.

Gonçalo kam in den 60er-Jahren mit dem portugiesischen Militär nach Mosambik, nicht freiwillig, wie er betont. Gefallen hat's ihm trotzdem. Jetzt ist er 72 und seit einigen Jahren wieder im Land.

Verschwörerisch beugt er sich zu mir herüber. »Weißt du warum? Wegen den Weibern. Die können ja nicht viel, aber bumsen können die richtig gut.«

Ich habe mich wohl verhört, denke ich, das hat er nicht gesagt. Hat er aber. Und in diesem Stil geht's weiter.

»In ein paar Tagen heirate ich. Zum siebten Mal. Mafalda ist 28, und ich sage dir, die kann vielleicht …«

Verstohlen blicke ich zu meiner Schwägerin. Ihr Gesichtsausdruck sagt: »Ist ja gut, Alter, musst nicht so aufschneiden, alle Welt weiß doch, dass du es nicht mehr bringst.« Dazu lächelt sie.

So haben wir es auch in der Kolonialzeit gemacht. Wir haben uns beleidigen lassen und dazu gelächelt.

Wenig später gesellt sich ein weiterer Portugiese an den Tisch. Er ist im selben Alter wie Gonçalo, stellt sich als Señor Gomez vor und behauptet, meinen Vater gekannt zu haben. »Der hat immer die Fußballmannschaft von Textáfrica verzaubert, damit sie gewinnt.«

Die beiden bringen auf den Punkt, was wir für die Kolonialherren waren und heute noch sind: Voodoofreaks. Frauen, die man nach Lust und Laune vögelt. Arbeitssklaven.

Señor Gomez besteht darauf, dass wir ihn auf seine Farm begleiten. Dort unterhält er eine Kaninchenzucht. Nur zum Spaß, betont er, arbeiten müsse er schon lange nicht mehr. Er beschäftigt ein halbes Dutzend Mosambikaner, die zwischen den Kaninchenställen auf Rattenjagd gehen. Wir schreiben das Jahr 2013, doch es könnte auch 1970 sein.

Zum Abschluss meint Gonçalo, der Sindelfingen, Horb und Freudenstadt kennt: »Mosambikaner sind faule Säcke. Wenn die Deutschen hier wären, wäre das Land in zwei Jahren ein Paradies. Weißt du was? Ihr Deutschen müsst kommen und den Mist mal aufräumen.«

Das sagt der ehemalige Kolonialherr zu mir, einem schwarzen Deutschen, der früher Sklave dieser Portugiesen war.

Als ich eine Stunde später mit Albertina am Ufer des Chicamba-Stausees sitze und wir aufs Wasser hinausschauen, sage ich: »Die Welt ist total verrückt geworden.«

Meine Schwägerin lacht und antwortet: »War sie das nicht schon immer?«

Schwedt
1992–1998

Schwedt stand an einem Scheideweg.

Ich kaufte mir mein erstes Auto, damit ich nicht so häufig auf der Straße herumlaufen musste, denn das wurde immer gefährlicher. In meinem Lada fühlte ich mich vergleichsweise sicher. Auch das Vereinsheim unseres Boxklubs, der mittlerweile Uckermärkischer Boxverein 1948 Schwedt e. V. hieß, wurde zum sicheren Hafen. Hier war ich willkommen, und das fühlte sich gut an. Im Gegensatz zu den Fällen, wenn Leute auf die andere Straßenseite gingen, falls ich doch mal wieder zu Fuß unterwegs war, oder mich Kassierer im Supermarkt fragten: »Du sprech' Deutsch?«

Das Asylbewerberheim platzte bereits aus allen Nähten. Neuankömmlinge wurden in ein Obdachlosenheim verfrachtet, damit war der Ärger vorprogrammiert. Traumatisierte Menschen mit Alkoholkranken zusammenzupferchen kann nicht gut gehen. Von nun an pendelte ich zwischen beiden Häusern hin und her und hatte oft das Gefühl, zur falschen Zeit am falschen Ort zu sein. Einmal schlichtete ich einen Streit im Obdachlosenheim, wo ein Betrunkener die Frau eines Asylbewerbers angegrapscht hatte, während zur gleichen Zeit Neonazis vor dem Asylbewerberheim aufmarschierten. Noch wagten sie sich nicht hinein, aber das war nur noch eine Frage der Zeit.

Ich konnte nicht verhindern, dass die Männer im Heim sich mit Baseballschlägern bewaffneten, um ihre Familien vor den

Glatzen zu schützen. »Wenn es die Polizei nicht tut, müssen wir es selber tun«, sagten sie.

Sie hatten die Bilder im Fernsehen gesehen, wie Neonazis in Hoyerswerda ein Wohnheim mit Molotowcocktails angriffen, die Anwohner Beifall klatschten und die Polizei wegschaute. Keiner ahnte, dass es in Rostock-Lichtenhagen schon bald zu erschreckenden Ausschreitungen kommen würde. Dort griffen die Rechtsradikalen das »Sonnenblumenhaus« an, unter dem Applaus von 3000 Zuschauern. Auf dem Höhepunkt der Auseinandersetzungen zog sich die Polizei zurück und überließ die im brennenden Haus Eingeschlossenen sich selbst.

Mir war klar, dass es auch in Schwedt solche bürgerkriegsähnlichen Zustände geben konnte. Ich hatte Menschen im Blutrausch gesehen und wusste, was dann passiert. Deshalb überlegte ich fieberhaft, was ich tun konnte. Am besten das, was mir am meisten lag: Aggressionen mit Fußball entgegenzutreten. Die Asylsuchenden mussten sich mal austoben können, ohne Gefahr zu laufen, von Neonazis angegriffen zu werden. Unsere kleinen Ausflüge ins Grüne waren aus diesem Grund längst nicht mehr möglich, aber auf einem Fußballplatz, so dachte ich, wird das vielleicht anders sein.

Die Idee kam gut an, denn Osteuropäer sind fußballverrückt. Unter meinen Schützlingen versteckten sich echte Talente. Zunächst spielten wir bei Volksfesten, damit die Zuschauer sehen konnten, Moment mal, diese Asylbewerber sind normale Menschen mit einem Kopf, zwei Armen und zwei Beinen. Das sind gar keine Monster! Danach bekamen wir Einladungen zu kleineren Turnieren, und wenn wir hier oder dort sogar einen Pokal mit nach Hause nehmen konnten, stärkte es das Selbstbewusstsein meiner Spieler. Ansonsten hatten sie nichts, auf das sie noch stolz sein konnten.

Nach einiger Zeit sprachen mich Talentsucher anderer Fußballvereine an: »Könnte dieser Mann nicht bei uns mitmachen? Wir brauchen dringend einen Stürmer!« Da wusste ich, wie wunderbar Sport zur Integration beitragen kann. Mal davon abgesehen, dass er Spaß macht, fast nichts kostet und Leute zusammenbringt.

Bei einer dieser Gelegenheiten lernte ich Pfarrer Hans-Rainer Harney von der evangelischen Kirche kennen. Dass er einmal zur Speerspitze des Widerstands Schwedter Bürger gegen die braune Invasion gehören sollte, ahnten wir zu diesem Zeitpunkt beide nicht. Damals sprachen wir nur darüber, dass unsere Mannschaft einen Satz Trikots brauchen könnte. Hans-Rainer Harney versprach, Geld dafür aufzutreiben.

»Weißt du was?«, sagte ich zu Birgit. »Ich war schon so lange nicht mehr in der Heimat. Ich kann mich fast nicht mehr erinnern. Lass uns hinfahren!«

Vor ein paar Monaten war ein Schlussstrich unter den Bürgerkrieg gezogen worden. Der Frelimo-Führer Joaquim Chissano und der Renamo-Chef Afonso Dhlakama hatten das Allgemeine Friedensabkommen von Rom unterzeichnet. Für mich hieß das, meine Familie endlich in die alte Heimat mitnehmen zu können.

Als wir in Maputo ankamen, fand ich eine fremde Stadt vor. Der Bürgerkrieg hatte alles verändert, und ich war froh, bald im Flieger nach Beira zu sitzen. Der Frieden stand noch auf wackeligen Beinen, von Beira ging es mal wieder im bewaffneten Konvoi Richtung Chimoio. Es war Birgits erster Aufenthalt in einem afrikanischen Land, und sie ertrug tapfer alle Anstrengungen. Von Chimoio nahmen wir einen Transporter bis an den Rand des Dschungels. Den Rest des Weges mussten wir zu Fuß gehen.

Dann kam der große Augenblick, als ich in Begleitung einer weißen Göttin vor die Hütte meiner Eltern trat.

Von überall kamen Leute angelaufen. »Ari-cuiúao na-Amnuai Mucaziúoa cunhúmbeio!«, riefen sie. »Seht nur, da ist Ibraimo. Er kommt mit einer Götterfrau nach Hause!«

Mama trat vor die Hütte und begrüßte mich, indem sie mich »Bruder« nannte. Das ist die höchste Form des Respekts in der Familie. Sie kniete sich vor Birgit nieder und servierte ihr gegrillten Mais. Natürlich war das meiner Frau nicht angenehm, aber da war nichts zu machen. Tradition ist Tradition.

Dann sprach Birgit den entscheidenden Satz aus. »Was ist mit deinem Vater?«, wollte sie wissen. »Redet er nie was?«

Tatsächlich hatte er noch kein Wort gesprochen.

Es war meine Antwort, die mir selbst die Wahrheit vor Augen hielt. »Weißt du«, entgegnete ich. »Jetzt ist er einfach sprachlos. Doch um ehrlich zu sein, habe ich mit ihm auch nie über meine Kindheit gesprochen.«

Nicht über meine Kindheit, nicht über das Geheimnis meiner Herkunft, nicht über das Schicksal, das ihn mit Onkel Daniel verband. Und auch nicht darüber, weshalb ausgerechnet ich der Auserwählte war, der zur Schule gehen durfte, um den Dschungel zu verlassen, sein Land, seine Nation.

»Ich bin jetzt Deutscher«, sagte ich zu Vater.

Er nickte. Dann sah er mir lange in die Augen und fragte: »Bist du das wirklich?«

Diese Frage ist bis heute in mein Gedächtnis eingebrannt. Es sollte das letzte Mal sein, dass mein Vater mir eine Frage stellte, dass ich ihn zu Gesicht bekam.

Als er im Jahr darauf spürte, dass es mit ihm zu Ende ging, nahm er seinen Medizinkoffer und ging zum Fluss Nhamassacara. Dort suchte er eine versteckte Stelle und vergrub den Koffer samt Inhalt. Ich war als Nachfolger vorgesehen gewesen, aber mich gab es nicht mehr. Aus mir war ein Deutscher geworden.

Heute bin ich sicher, dass viele Pläne, die Papa für mich hatte, sich auch deshalb zerschlugen, weil die Geister, denen er mich überlassen hatte, sich nach und nach seinem Einfluss widersetzten. Das war der Sinn seiner letzten Frage gewesen: »Bist du das wirklich?« Oder bist du jemand anders, der Sohn des Afonso vielleicht, das Wechselkind?

Nachdem Papa den Koffer vergraben hatte, ging er zu Mama, verabschiedete sich von ihr, legte sich in die Hütte und starb.

Das Vermächtnis, das er mir hinterlassen hat, spiegelt sich noch heute in vier einfachen Worten: »Bist du das wirklich?«

An diesem Abend kehrten wir verschwitzt und schmutzig aus dem Dschungel zurück. Ich hatte Birgit einiges zugemutet, und so fuhren wir nach Simbabwe, um eine Woche echten Afrikaurlaub zu verbringen: mit großen Wildtieren, spektakulären Sonnenuntergängen und einem Sternenhimmel, der zum Greifen nahe ist.

Als wir nach Schwedt zurückkehrten, hatten wir genug Kraft getankt, um die Anforderungen der Zukunft anzupacken. Für mich gab es gleich eine neue Aufgabe. Der Krieg in Jugoslawien war in vollem Gang, der erste Krieg auf europäischem Boden seit 1945. Scharen von Kriegsflüchtlingen kamen nach Deutschland. Die Behörden planten, in Schwedt einen ehemaligen NVA-Armeeknast in ein Auffanglager umzuwandeln, und ich sollte die Sache mitorganisieren. Im ersten Schub wurden 600 Leute erwartet. Wenn das gut geht, dachte ich, könnte so ein Heim ja als Blaupause für die ganze Welt dienen. Es war eine trügerische Hoffnung. Doch an trügerische Hoffnungen habe ich mich immer gerne geklammert.

Die Sache ging nicht gut. Die Neuankömmlinge waren anders als die Asylsuchenden, mit denen ich es bisher zu tun hatte. Egal, ob sie aus Serbien, Kroatien, Bosnien und Herzegowina oder aus Slowenien kamen: Sie hatten schreckliche Kriegsgräuel erlebt, Vertreibung, Massaker, Vergewaltigungen. Die Männer brachten Aggressionen mit, Schlägereien waren an der Tagesordnung. Ich war gefordert wie nie zuvor. Als ob das nicht genügte, wurden weitere Asylbewerber zugeordnet. Bald platzte auch der NVA-Knast aus allen Nähten, und wir stellten Zelte auf. Die Klos waren verstopft, manche Flüchtlinge legten alle Hemmungen ab und schissen vor die Zelte. Ich hatte einen Vertrag, der einen Achtstundentag vorsah, aber meist war ich zwölf oder vierzehn Stunden im Einsatz. Dann wurde 1993 aus den Altkreisen Angermünde, Prenzlau, Templin und der Stadt Schwedt der Landkreis Uckermark gebildet. Das gab den Behörden die Möglichkeit, die Flüchtlinge auf andere Standorte zu verteilen, und die Situation entspannte sich ein wenig.

Nun konnte ich mich auch mal wieder um die schwarzen Asylbewerber kümmern. Sie kamen aus Nigeria, Kongo, Zaire, alles Länder, in denen Bürgerkriege tobten. Sie gaben in der Regel Angola als Herkunftsland an, weil sie wussten, dass durch die alten Verbindungen der DDR zu diesem Staat ihre Chancen stiegen. Natürlich merkte ich schnell, woher der Wind wehte, denn keiner von ihnen sprach ein Wort Portugiesisch.

»Freunde«, sagte ich. »So geht das nicht. Wir müssen das legal machen.«

Zu meinen Jobs gehörte es, Neuankömmlinge zur Ausländerbehörde zu führen. Ein hochrangiger Mitarbeiter nutzte seine Position aus. Eigentlich ging es nur darum, Namen, Adressen, Geburtsort und Geburtstag festzustellen, und das sind alles keine Dinge, für die man sich nackt ausziehen muss. Aber das verlangte er. Vor allem junge schlanke Männer hatten es ihm angetan. Wie bei der Drogenfahndung mussten sie sich bücken, und er stieß ihnen einen behandschuhten Finger in den Po. Das alles erinnerte mich sehr an die Sklavenfarmer aus der alten Heimat.

Beschwerten sich die Asylbewerber, leitete ich die Beschwerde weiter und hörte – nichts. Vielleicht hätte ich lauter werden müssen, aber in dieser Zeit hatte ich einfach zu viel zu tun. Als Mädchen für alles war ich zuständig für Transporte, Behördengänge, Ausweisverlängerungen, gemeinnützige Tätigkeiten, Übersetzungen, Arztbesuche, Streitschlichtung und, und, und. Auf den Ämtern hatte schon längst keiner mehr den Überblick. Ich wusste noch am besten Bescheid, und so konnte zu jeder Nachtstunde das Telefon klingeln: »Ibraimo«, hieß es dann. »Deine Leute haben …«

Ich konnte es nicht ausstehen, dass die Asylbewerber immer dann »meine Leute« waren, wenn sie was ausgefressen hatten.

Morgens um 9 Uhr begann die Geldausgabe zur Deckung von Grundbedürfnissen, damals rund 80 Mark im Monat, doch schon drei Stunden zuvor war die Schlange endlos. Männer schubsten sich und prügelten aufeinander ein, und ich kam kaum hinterher, die Streitigkeiten zu schlichten. Jeder hatte eine andere Ausrede, warum er zweimal Geld kassieren wollte, und mein Standardsatz kam mir mittlerweile routinehaft über die Lippen: »Freunde, so geht das nicht. Wir müssen das legal machen.«

Weil man mich in Schwedt jetzt häufiger mit einem Grüppchen Asylbewerber auf dem Weg zum Amt oder vom Amt kommen sah, glaubten viele Menschen, ich sei einer von ihnen. Selbst Leute, die mich kannten, mir beim Boxen zujubelten oder wussten, dass ich Deutscher war, hielten mich für einen Flüchtling. Wenn Weiße eine Gruppe Schwarze sehen, machen sie keine Unterschiede mehr. »Ihr seht alle gleich aus«, hörte ich immer öfter.

Trotz karger Freizeit organisierte ich weiterhin Fußballturniere. Manchmal diente der Sport als erzieherische Maßnahme: Benahm sich einer meiner Spieler daneben, fanden die nächsten Spiele ohne ihn statt. Ich konnte mir stets sicher sein, dass es bei dem einen Regelverstoß blieb.

1994 kam unser Sohn auf die Welt. Im Gegensatz zur Tradition meines Volksstammes, wo sich Frauen um die kleinen Kinder kümmern, machte mir es Freude, Fläschchen zu geben und Windeln zu wechseln. Manchmal dachte ich mir: »Mama, wenn du das sehen könntest.« Dabei war ich mir gar nicht sicher, ob sie es gutheißen würde, dass ich Frauenarbeit übernahm.

Die Zeit flog dahin, und ich war überrascht, als mich Bürgermeister Peter Schauer eines Tages in sein Büro rief. »Die ABM-Maßnahme war auf zwei Jahre angelegt, und die zwei Jahre sind um«, sagte er.

Sie einfach zu verlängern, dagegen sprachen Vorschriften, bürokratische Hindernisse und womit man sich in Deutschland sonst noch das Leben schwer macht.

»Können Sie sich vorstellen, als Freiberufler für uns tätig zu werden?«

Ich wusste nicht, was ein Freiberufler ist. Peter Schauer erklärte mir alles: »Sie sind selbstständig, stellen Ihre Arbeitszeit in Rechnung, kümmern sich um Ihre Krankenversicherung, auch um die Steuern.«

»Das heißt, ich bin Unternehmer?«, fragte ich. So war es, und das gefiel mir: Im Unternehmer steckt das Wort unternehmen, und dafür bin ich immer zu haben.

Der Landkreis schaffte einen Transporter an, und mit diesem konnte ich meine jüngste Idee umsetzen. Das größte Problem in einem Heim ist immer, dass den Leuten die Decke auf den Kopf fällt, weil sie nicht arbeiten dürfen. Heute sorgt ein ganzer Wust von Verordnungen dafür, dass alle zum Däumchendrehen verdammt sind. Damals waren die Dinge noch vernünftiger geregelt. Ich setzte mich mit einigen Gemeinden im Umland in Verbindung, und schon rückten wir aus, um Blumenbeete zu pflegen, Straßen zu kehren und auf Friedhöfen für Ordnung zu sorgen. In den Gemeinden waren die Leute stets freundlich zu uns: Alte Damen brachten Tee, Rathausmitarbeiter versorgten uns mit Essen.

In Günterberg lernte ich den Theologen Dr. Justus Werdin kennen, der sich politisch dafür starkmachte, dass nach der Auflösung des Ministeriums für Staatssicherheit die Akten der Stasi gesichert und archiviert wurden. Bei ihm arbeiteten wir besonders gerne. Er war sich nicht zu schade, persönlich Brötchen zu belegen – »für die Muslime unter Ihnen ohne Schweinefleisch« – oder mal einen Kuchen zu backen. Für die Flüchtlinge war es mehr als eine Geste, und auch mir bedeutete es viel.

Fragte ich morgens in die Runde: »Wer hat Lust zum Arbeiten?«, reckten sich immer mehr Finger in die Höhe, als ich Jobs zu verteilen hatte. Daher achtete ich darauf, dass auch solche zum Zug kamen, die sich nicht beim Fußball austoben konnten. Einer davon war Alberto Bunda. Er war Epileptiker und durfte keinen Sport treiben.

Eines Abends verließ er das Heim, um in die Stadt zu gehen. Als er an einer roten Ampel stand, hielt ein Auto vor ihm. Drinnen saßen fünf Glatzen. »He, Scheißneger«, schrien sie. »Weißt du was? Dich machen wir alle!«

Sie stiegen aus und fielen über Alberto her. Sie traten ihm mit ihren Stiefeln in den Magen, den Unterleib, sprangen auf seinen

Kopf. Dann ließen sie ihn liegen. Als ein Passant vorbeikam, atmete Alberto nicht mehr. Der Passant rief die Polizei, diese einen Krankenwagen. Wenig später klingelte bei mir zu Hause das Telefon. Als ich im Krankenhaus ankam, schoben die Ärzte ihn gerade in den Operationssaal. Ich warf einen Blick auf Alberto und konnte ihn nicht wiedererkennen, so schlimm hatten ihn die Schläger zugerichtet.

Dieser Angriff war der Beginn eines lang anhaltenden Krieges in Ostdeutschland, der heute noch fortdauert. Es war, als ob die Rechtsradikalen jetzt alle Hemmungen verloren, vielleicht auch deshalb, weil die Suche nach den Tätern immer auffallend langsam vonstattenging. Es hätte ein deutliches Zeichen der Behörden gebraucht, doch dieses Zeichen blieb aus. Aggressionen, Bedrohungen und Übergriffe waren von nun an an der Tagesordnung, und das belastete mich immer mehr. Zu gerne hätte ich mit meiner Familie darüber gesprochen, aber das brachte ich nicht fertig.

Ich muss mir heute vorwerfen, dass ich in dieser Zeit nicht die richtigen Entscheidungen getroffen habe. Das lag auch an den überkommenen Traditionen, mit denen ich aufgewachsen bin – in unserem Volksstamm sitzen Männer und Frauen an getrennten Feuern und tauschen sich nicht über ihre Probleme aus. Doch hatte ich nicht bewiesen, dass ich mich in anderer Hinsicht über diese Bräuche und Sitten hinwegsetzen konnte? In diesem Punkt aber gelang es mir nicht. Anstatt meine Frau ins Vertrauen zu ziehen, behielt ich meine Ängste für mich. Wahrscheinlich glaubte ich schon damals nicht mehr daran, dass sich die Dinge zum Guten wenden würden. Zu sehr beherrschten die Rechtsradikalen den öffentlichen Raum. Es sah so aus, als würden die Gesetze für sie nicht gelten. Häufig gesellten sich bei Übergriffen Zuschauer an ihre Seite und klatschten, während die Polizei anderswo Wichtigeres zu tun hatte. Häuserwände füllten sich mit rechtsradikalen Schmierereien. Die Botschaften waren eindeutig: »Ausländer sind Scheiße.« »Asylanten sind Scheiße.«

Fuhr ich in diesen Jahren zu einem Auswärtskampf in den

Westen, nach München, Köln oder Hamburg, merkte ich: Dort ticken die Uhren anders. Offenbar kam man dort mit Ausländern klar. Kaum war ich zu Hause, schrien mir irgendwelche Leute hinterher: »He, Bananenfresser, was suchst du hier? Hier gibt's keine Bäume zum Rumturnen.«

Es waren pure Dummheit und blanker Hass. Kann man davor flüchten? Vielleicht sollte man es tun, aber ich konnte nicht. Die *Berliner Morgenpost* betitelte Schwedt, die einstige »Perle der Uckermarck«, mittlerweile als »Brown-Town Schwedt«. Meine Heimatstadt machte republikweit Schlagzeilen, aber nicht, wie man sich das wünscht. Und ich war Kämpfer, ich war ein Boxer. Jetzt das Handtuch zu schmeißen, kam einfach nicht infrage.

Zu dieser Zeit erhielt ich vom Evangelischen Pfarramt in Greiffenberg einen Bericht über die gemeinnützige Tätigkeit der Asylbewerber. Darin stand ein Satz, der sich bald im Wortsinne bewahrheiten sollte: »So viele Nationalitäten und Schicksale zusammenzubringen und zusammenzuhalten ist eine Kunst. Die Arbeit von Ibraimo Alberto ist eigentlich unbezahlbar.«

Durch die Stadtverwaltung von Schwedt zogen sich tiefe Gräben. Auf der einen Seite gab es Persönlichkeiten wie Bürgermeister Peter Schauer, die alles dafür taten, damit Schwedt den Makel als Hochburg Rechtsradikaler irgendwann wieder verlieren konnte. Er hatte mehr als genug zu tun, als die Arbeitslosigkeit immer neue Rekordhöhen erreichte und gut ausgebildete Menschen die Stadt in Scharen verließen, weil sie kein Perspektive mehr sahen.

Auf der anderen Seite gab es in der Stadtverwaltung auch reichlich Leute, die mit dem rechten Gedankengut der Neonazis sympathisierten. Vielleicht hat einer von ihnen den Bericht über die gemeinnützige Tätigkeit der Asylbewerber in die Hände bekommen und nahm den Satz, dass meine Arbeit unbezahlbar sei, wörtlich: Von heute auf morgen erfuhr ich, dass man auf meine weitere Tätigkeit im Asylbewerberheim verzichten konnte. Da ich selbstständig war, gab es keine Kündigungsfrist. Obwohl sich die Arbeit vor mir türmte, war ich Anfang 1995 arbeitslos.

Ich reagierte sofort. Am Südostrand der Uckermark, im äußersten Nordosten Deutschlands, liegt das Dorf Crussow mit seinen 600 Einwohnern. Mitten im Wald, weit weg von der Welt, gab es ein weiteres Asylbewerberheim, das wir aufgrund seiner abgelegenen Lage das »Aus-den-Augen-aus-dem-Sinn-Lager« nannten. Als ich der Heimleiterin meine Lage schilderte, erwiderte sie: »Brauchen könnte ich Sie schon. Sehr sogar. Aber ich weiß nicht. Wir müssen sehen.«

»Was müssen wir sehen?«, fragte ich.

Darauf erhielt ich keine Antwort. Irgendwas war im Busch.

Ich fuhr ins 30 Kilometer entfernte Angermünde. Dort verschaffte mir ein Bekannter einen Job im Keller des Sozialamts, wo ich Akten vernichten musste. Welche Art Akten es waren, hieß es, sollte mich nicht interessieren. Ich wühlte mich durch staubige Papierberge und konnte meinen Ärger kaum unterdrücken. Ich hatte für die Asylbewerber zwei Fußballturniere organisiert, die würden jetzt nicht mehr stattfinden. Mit etwas Geld von der Kirche und ein paar Mark aus meiner Privatkasse hatte ich neue Trikots gekauft, die nun vergammelten.

Erst im Frühjahr 1995 fischte ich eines dieser verheißungsvollen Schreiben aus dem Briefkasten, die Türen öffnen und neue Horizonte erschließen. »Sehr geehrter Herr Alberto«, hieß es im schönsten Amtsdeutsch. »Zur Unterstützung gemeinnütziger Tätigkeiten benötigen wir Sie ...« Der Rest war reine Freude. Endlich durfte ich wieder tun, was ich am besten konnte.

Das Problemkind war das »Aus-den-Augen-aus-dem-Sinn-Lager« in Crussow. Dort hatten die Bewohner keinerlei Möglichkeiten, Arztbesuche wahrzunehmen und Termine beim Amt oder zumindest mal unter die Leute zu kommen. Das sollte ich jetzt übernehmen. Gleich darauf organisierte ich wieder gemeinnützige Arbeit – gerne erinnere ich mich an den freundlichen Bürgermeister von Crussow, der uns vorbildlich unterstützte. Ich fuhr Leute von A nach B, sorgte für die Einhaltung der Putzdienste und stellte, wie könnte es anders sein, eine Fußballmannschaft auf die Beine.

Im Heim gab es eine Menge Konflikte, und oft war Tarik darin verwickelt, ein Kosovo-Albaner mit kräftiger Ringerfigur. Obwohl er verheiratet war und Kinder hatte, machte er sich an die anderen Frauen im Heim ran. Einige waren auch gar nicht abgeneigt, und die Bewohner der anliegenden Zimmer beschwerten sich dann bei mir über den Krach des Liebespaares.

Ich nahm Tarik zur Seite. »Hör zu, du musst dich zusammen-reißen, so geht das nicht, nimm Rücksicht auf die anderen«, sagte ich.

Tarik lachte. »Klar, Mann«, sagte er. »Nichts für ungut.« Er klopfte mir beschwichtigend auf die Schulter. Im nächsten Augenblick packte er meine rechte Hand, umklammerte den Zeigefinger, bog ihn nach hinten. Das Gelenk brach mit einem scharfen Knack. Tarik rannte davon, so schnell ihn seine Beine trugen.

»Das sieht nicht gut aus«, meinte wenig später der Arzt im Schwedter Krankenhaus. »Das Gelenk ist gesplittert, wir müssen eine Platte einsetzen. Ist das im Training passiert?«

Die Frage lag nahe, er kannte mich als Boxer. Jetzt musste ich eine Entscheidung treffen: Ein Wort von mir, und man würde Tarik mitsamt Familie abschieben. Ich dachte an die verweinten Augen seiner Frau und der Kinder, die weiß der Himmel was im Kosovo erwarten würde.

»Ja«, antwortete ich. »Blöd gelaufen. Ich werde wohl eine Zeit lang nicht boxen können?«

»Da haben Sie recht. Drei Monate, mindestens.«

Dass ich auf Tariks Bauerntrick reingefallen war, ärgerte mich am meisten. Ein paar Tage später stellte ich ihn vor die Wahl: Hände weg von den anderen Frauen, und ich werde die Sache vergessen. Er willigte ein. Trotzdem traute ich ihm nicht mehr über den Weg. Doch immer, wenn ich seine Kinder im Hof spielen sah, wusste ich, dass die Entscheidung richtig gewesen war.

»Es ist die Ruhe vor dem Sturm«, sagt der Volksmund. Vielleicht deshalb, weil Gewitterwolken langsam weiterziehen, man die Gefahr also erkennt, bevor das Unwetter losbricht. Ähnlich war die Situation bei meiner Familie und mir. Nach der Verletzung stieg ich wieder ins Boxen ein, wurde bei Heimkämpfen beklatscht, doch außerhalb der Sporthalle sah die Situation ganz anders aus. Ständig wurde ich angepöbelt und provoziert. Noch trauten sich die Glatzen nicht, mich anzugreifen.

»Der schlägt uns aufs Maul«, hörte ich einen sagen, dem die Furcht ins Gesicht geschrieben stand.

Auf diese Weise kann man kein entspanntes Familienleben führen. Zusammen durch die Stadt schlendern untersagten wir uns schon lange. Wollten wir gemeinsam einen Spaziergang unternehmen, setzten wir uns ins Auto und fuhren aufs Land. Irgendwo auf versteckten Waldwegen drehten wir dann unsere Runden. Eines Tages meinte Birgit: »Lass uns die Stadt verlassen. Ein paar Tage Urlaub machen. Irgendwohin, wo es friedlich ist.«

Sie hatte recht. Seit der Reise nach Mosambik hatte ich keinen Tag Ferien gehabt. Sie hatte schon ein Ziel vor Augen: »Wie wäre es mit Bad Harzburg?«

Wir fuhren über Berlin, Braunschweig und Goslar in den Harz, und was soll ich sagen: Ich verliebte mich auf Anhieb in das Städtchen. Am ersten Abend machten wir einen Spaziergang. Eigentlich nichts Besonderes, für uns aber schon: Wir gingen durch die Innenstadt, eine Straße entlang, die den schönen Namen Bummelallee trägt, und fühlten uns pudelwohl.

»Du lächelst ja«, sagte Birgit.

»Du auch«, erwiderte ich.

In Schwedt hatten wir das Lachen verlernt. Doch hier in Bad Harzburg wechselte keiner bei unserem Anblick die Straßenseite. Niemand brüllte aus dem Auto, was der Scheißneger da zu suchen hatte. Keine Glatzen, Springerstiefel, Hakenkreuze! Das Leben kann so schön sein!

»Weißt du«, sagte ich. »Davon habe ich immer geträumt: Ich gehe im Land der Götter spazieren, mit meiner weißen Göttin und unseren Kindern, friedlich und ruhig.«

Ich erzählte, wie ich als kleiner Junge die Götter für ihren gemächlichen Schritt bewundert hatte, während wir ständig am

Rennen waren. Und für ihr gutes Essen, während wir Maisbrei und Maniok verschlangen.

»Apropos. Wie wär's mit einer Pizza?«

Wir waren vor einer Pizzeria angekommen, aus der verlockender Duft drang. Gleich darauf saßen wir um einen großen Tisch, jeder mit einer ordentlichen Pizza vor sich.

»Ich glaube fast«, sagte ich, »wir sollten wiederkommen.«

Wir kamen wieder. Bad Harzburg wurde zu unserer Fluchtburg, wenn die Verhältnisse in Schwedt unerträglich waren. Was für eine andere Welt der Westen ist, dachte ich. Wäre ich konsequent gewesen, wären wir gleich umgezogen. In der Nähe der Stadt gab es Asylbewerberheime, ich hätte nur nach einem Job fragen müssen. Ich tat es nicht. Der Kämpfer in mir war noch nicht bereit, das Handtuch zu werfen.

Zu Hause wartete eine neue Herausforderung auf mich. Wieder hatte der Amtsschimmel gewiehert und eine neue Verordnung ausgespuckt. Im Asylbewerberheim darf nur noch arbeiten, wer ausgebildeter Sozialarbeiter oder Therapeut ist. Alle anderen können das nicht. Das bedeutete für mich, dass alle meine Erfahrungen nichts mehr wert waren.

»Deutschland ist halt das Land der Papiere«, hieß es in Crussow. »Ein Diplom ist ein Papier. Eine Ausbildungsurkunde ist auch ein Papier. Erfahrung dagegen nicht. Erfahrung steht nicht auf Papieren.«

»Also gut. Mach' ich dieses Papier«, erwiderte ich. »Wann, wo? Ich bin bereit.«

Doch ich hatte die Rechnung ohne den Wirt gemacht. »Wir dürfen nur eine Person zur Ausbildung schicken. Wir haben uns für Elvira entschieden.«

Mir stand der Mund offen. Nichts gegen Elvira, aber sie war die Putzfrau! Sie kam zweimal die Woche, um zu reinigen, wo die Bewohner nicht selbst reinigen durften, wie Büros oder die Krankenstation. Elvira hatte keinerlei Interesse an Sozialarbeit, trotzdem hatte man sie bekniet, an meiner Stelle »das Papier« zu machen. Ein Schelm, der Böses dabei denkt.

Zu dieser Zeit formierten sich in Brandenburg die ersten Bürgerbündnisse gegen Rechtsextremismus, Fremdenfeindlichkeit und Gewalt. Viele Menschen empfanden die Entwicklung als bedrohlich und hatten nicht das Gefühl, dass der Staat willens war, etwas gegen Neonazis zu unternehmen. Die Leute erinnerten sich daran, dass sie die DDR-Diktatur beendet hatten. Das Letzte, was sie wollten, war, sich jetzt einer Diktatur Rechtsradikaler zu beugen.

Bei einer der ersten Veranstaltungen im Raum Schwedt lernte ich Lothar Priewe kennen. Wie Hans-Rainer Harney war er Theologe, ein unerschrockener Kämpfer gegen jede Art von Diskriminierung. Seine Haltung motivierte mich, keinen Deut gegen die Neonazis zurückzuweichen. Dabei ging es Lothar Priewe um Versöhnung, nie kam ein Wort des Hasses aus seinem Mund. Für mich ist er der Nelson Mandela des deutschen Ostens – und wie bei Nelson Mandela wird es auch bei ihm lange dauern, bis man seine Leistung zu würdigen weiß.

Lothar hatte den richtigen Ratschlag für mich. »Wenn du den Sozialtherapeuten nicht machst«, stellte er nüchtern fest, »kannst du auch nicht weiterarbeiten. Vielleicht gibt es da ein paar Leute im Hintergrund, die genau das wollen, wer weiß das schon. Also: Du musst dich auf die Hinterbeine stellen.«

Manche Redewendungen waren mir noch immer neu. »Auf die Hinterbeine stellen« gehörte dazu. Kann man sich auch auf die Vorderbeine stellen?

Lothar Priewe lachte und erklärte mir die Bedeutung: »Nicht aufgeben. Niemals aufgeben. Aber denk' daran, wir kämpfen mit friedlichen Mitteln.«

Das ist gar nicht einfach, wenn die Gegenseite mit Fäusten und Totschlägern anrückt. Die Mandelas, Ghandis und Priewes dieser Welt können ein Lied davon singen.

Doch Lothar versprühte einen unerschütterlichen Optimismus. »Kopf hoch, Ibraimo«, sagte er. »Die Menschen im Osten wollen nach Honeckers Unrechtsstaat keinen Staat nach Hitlers Vorbild. Wir müssen die schweigende Mehrheit zum Mitmachen bewegen. Das ist die Aufgabe, an der wir später einmal gemessen werden.«

Nichts ist schwieriger, als die Leute hinterm Ofen vorzuholen, die es sich dort gemütlich gemacht haben. Einen Vorgeschmack auf die Trägheit mancher Zeitgenossen bekam ich schon ein paar Tage später zu spüren. Eine Gruppe Rechtsradikaler griff mich am helllichten Tag vor dem Oder-Center an, dem größten Einkaufszentrum der Stadt. Noch stand ich in Saft und Kraft, war Bundesligaboxer und gewillt, es mit jedem Gegner aufzunehmen. Dieses Mal hatten sich die Glatzen gewappnet. Jemand, der mehr Grips im Kopf hatte als sie selbst, hatte sie instruiert.

»Wenn du mich schlägst«, brüllte einer, »zeig ich dich an. Wegen Körperverletzung. Du darfst als Boxer nicht zurückschlagen.«

Das stimmt natürlich nicht. Auch ein Boxer darf sich in Notwehr verteidigen, er muss allerdings die eigene Überlegenheit berücksichtigen. Meinem Gesichtsausdruck war jedenfalls anzumerken, dass ich mich zur Wehr setzen würde.

Als der Krawallmacher sah, dass seine Kumpels Schiss bekamen, zog er den Schwanz ein. Unter wüsten Beschimpfungen hauten die Glatzen ab.

Dass ich nur knapp um eine körperliche Auseinandersetzung herumgekommen war, wog schwer. Noch schlimmer war die Reaktion der Passanten. Um uns hatte sich ein Kreis Neugieriger gebildet, nun blickte ich in enttäuschte Gesichter. An diesem Abend nahm ich mir vor, meiner Frau von dem Vorfall zu berichten. Als ich die Tür öffnete und sie friedlich mit den Kindern spielen sah, brachte ich es nicht übers Herz.

»Ich kann den Krieg nicht ins Haus lassen«, dachte ich. Das war ein Fehler. Ich hätte meine Frau ins Vertrauen ziehen müssen.

Stattdessen stellte ich mich auf die Hinterbeine, und Lothars Rat erwies sich als gut. Jetzt sollte ich doch die Ausbildung antreten. Mir fiel ein Stein vom Herzen. In zwei Jahren, rechtzeitig zum Millennium, würde ich das »Papier« in der Tasche haben, vorausgesetzt, ich strengte mich an. Wie immer, wenn es ein Stück vorwärtsging, fühlte ich mich beschwingt und motiviert. Ist doch alles halb so schlimm, redete ich mir ein, spuckte in die Hände und machte mich an die Arbeit.

Heute

Antonio Ferreira, der ehemalige Sklavenfarmer, ist 82 Jahre alt.

»Er lebt nicht mehr im Busch«, sagt Albertina. »Er hat sich ein Haus in Chimoio gekauft. Aber er fährt jeden Tag raus auf die Felder.«

Ich habe gemischte Gefühle, wenn ich an ihn denke. Auf der einen Seite war er als Patron Herrscher über Leben und Tod. Ich sah in ihm einen Gott, wie es mir Oma beigebracht hatte. Auf der anderen Seite verdanke ich ihm einiges. Zwar schickten mich Opa und Vater zur Schule, doch ohne sein »Esta bem! – Ist okay!« wäre das niemals geschehen. Später in Chimoio ließ er mich eine Zeit lang unter seinem Dach wohnen. Das habe ich nicht vergessen und daher ein Geschenk mitgebracht. Vielleicht erscheint es seltsam, wenn ein ehemaliger Sklave seinem ehemaligen Leibherrn ein Hemd von Hugo Boss überreicht, doch die Tradition meines Volksstammes will es so. Und ich will es auch. Wir begegnen uns auf Augenhöhe, denn ich bin die Leiter nach oben geklettert, und er ist sie nach unten gerutscht. Ferreira unterscheidet sich von Leuten wie Señor Gomez oder Gonçalo, für die das Leben in Mosambik so viel angenehmer ist als im krisengeschüttelten Portugal. Er bemüht sich noch immer um seine Kartoffelfelder, die ein paar Kilometer von der Hütte meiner Mutter entfernt am Fluss Nhamassacara liegen.

Salvatore steuert den Pick-up über einen holprigen Feldweg, der an den Zembe-Felsen vorbeiführt. In deren Schatten liegt das ehemalige Götterhaus. Mein Herz schlägt bis zum Hals, als wir anhalten. Ein heißer Wind pfeift um die Mauern der Ruine, die trotz ihres traurigen Zustands noch immer einem Zweck dient: Die Vorschule, zu der ich früher 18 Kilometer gehen musste, hat sich dort eingenistet. Neugierige Kindergesichter spähen aus Fenstern ohne Glasscheiben. Gegenüber war das Küchenhaus. Von dem ist nichts mehr übrig. Dort hatte ich mich versteckt, um ins Haus der Götter zu schauen. Um zu träumen, wie es wäre, so zu leben wie sie.

Wir fahren weiter. Hinter den Felsen liegt der verbotene Friedhof. Dort biegen wir Richtung Süden ab. Vor uns erstreckt sich die Trockensavanne bis zum Horizont. Wieder bin ich entsetzt darüber, wie sehr die Landschaft zerstört ist. Hier und dort züngeln Flammen hoch. Salvatore quält den Pick-up über die bretthart Piste. Auf einmal wird es grün vor unseren Augen, ich blicke auf ein großes Kartoffelfeld. Es wird künstlich bewässert: Es ist das erste Mal, dass ich in diesem Land eine Bewässerungsanlage erblicke.

Ein Lastwagen hält auf uns zu. Er ist gelb und blau gestrichen, und wird von einem bulligen schwarzen Fahrer gesteuert. Daneben sitzt Fidel Castro. Kubas ehemaliger Staatspräsident trägt ein verwaschenes blaues T-Shirt und eine Baseballkappe in derselben Farbe. Sein grauer Bart ist sauber gestutzt, unter den buschigen grauen Brauen schauen Augen mit großer Willensstärke hervor. Ich muss schmunzeln, dass ich Antonio Ferreira für einen Moment mit Castro verwechselt habe, aber die Ähnlichkeit der beiden lässt sich nicht leugnen. Wir reichen uns die Hände. Sein Händedruck ist hart und fest wie eh und je.

»Ich bleib' sitzen«, sagt er. »Du hast ja wahrscheinlich von der Mine gehört.«

Auf der Ladefläche des Lkws liegt sein Rollstuhl. In meinem Job in Karlsruhe habe ich täglich Umgang mit behinderten Menschen, und für einen Augenblick sehe ich mich den Patron durch die Straßen der Stadt schieben. Doch Antonio Ferreira braucht mich nicht. Er hat genügend fleißige schwarze Hände, die sich um ihn kümmern.

»Kaum zu glauben, dass du es nach Deutschland geschafft hast«, sagt er, und es klingt so etwas wie Stolz in seiner Stimme. »Ich erinnere mich daran, wie du gekämpft hast. Du bist immer ein Kämpfer gewesen.«

Ich erzähle ihm, dass ich in Deutschland Boxer geworden bin. Er nickt, als hätte er das geahnt. Dann spricht er von der Kartoffelplantage, wie sich hier alles verändert habe, von den Mühen des Alters, von seinem Unfall. Das macht er sachlich, ohne zu jammern.

»An dem Tag, als ich auf die Mine trat, hat mich ein Freund gewarnt. Pass auf, sagte er, Frelimo und Renamo haben alles vermint. Ich hätte auf ihn hören sollen.«

Du hättest niemals den verbotenen Friedhof betreten dürfen, denke ich, aber das behalte ich für mich.

Er erkundigt sich nach meinen Kindern. Ich erzähle, dass meine Tochter Philosophie studiert und mein Sohn zum Techniker in der chemischen Industrie ausgebildet wird.

»Dann sind sie also zur Schule gegangen«, erwidert Ferreira. »So wie du. Meine Kinder haben das leider nicht getan.«

Er hat 27 Töchter und einen Sohn. Die Töchter hat er, wie zur Kolonialzeit üblich, nach Portugal gebracht. Einige leben mittlerweile wieder in Südafrika, Simbabwe oder Mosambik.

Seinen Sohn, der meine Schwester geschwängert hat, hält er für einen Nichtsnutz. »Er fährt irgendwo Lastwagen. Ich glaube in Gorongosa.«

Eigentlich sind wir verwandt, denke ich. Durch den Sohn deines Sohnes, das Kind meiner Schwester, der eigentlich dein Enkel ist … aber auch darüber werde ich nicht sprechen. Es gibt Dinge, über die man besser schweigen soll, und das gehört dazu.

»Ich bin jetzt 82 Jahre alt«, sagt er auf einmal. »Und schon seit 66 Jahren im Land.«

»Sie sind so alt wie Mama.«

Er schaut mich an und lächelt. Es ist das Lächeln eines Mannes, der es besser weiß. »Da täuschst du dich. Deine Mutter ist 84.«

Mit stockt der Atem. Von einem Moment auf den anderen ist

Mama zwei Jahre älter geworden. In Deutschland würde man zur Überprüfung die entsprechenden Papiere auf den zuständigen Ämtern zurate ziehen. Hier in Mosambik verkörperte der Sklavenpatron das Amt. Ferreira bewahrt noch heute alle Papiere seiner ehemaligen Sklaven auf.

»Kürzlich habe ich sie mal wieder durchgesehen. Madzinaca ist 84 Jahre alt, zwei Jahre älter als ich. Wie geht es ihr?«

Mir hat es die Sprache verschlagen, und ich muss mich zusammenreißen, wie ein angeschlagener Boxer, der nicht ausgezählt werden will. »Gut. Besser als vor zehn Jahren.«

Antonio Ferreira nickt. Seine Augen wandern zum Horizont, wo sich ein Flammenmeer durch die Trockensavanne frisst.

»Haben Sie keine Angst vor dem Feuer?«

Er zuckt die Schultern. »Wenn es kommt, gehe ich«, sagt er. »Deine Leute können das nicht.«

Auch da hat er recht. Ein mosambikanisches Sprichwort sagt: »Wenn mein Land kocht, koche ich mit.«

Dann schwelgt Ferreira in Erinnerungen an die Orangen- und Zitronenhaine, die es hier gab, damals, vor langer Zeit. Er sagt nicht, er wünsche sich die Kolonialzeit zurück, wie es mancher Mosambikaner tut, der nicht an sich selbst und seine eigene Kraft glaubt.

Warum ist das so? Wieso sitzen die Kinder in Nyazonia auf uralten Stühlen von damals? Wieso leben in Maputo Tausende Menschen in den Häusern der Portugiesen, ohne dass jemals etwas renoviert wurde? Wieso sind es Amerikaner, Chinesen und Inder, die in diesem Land Geschäfte machen? Haben 500 Jahre Kolonialherrschaft den Menschen jegliche Fähigkeit zur Eigeninitiative geraubt? Meine Schwägerin und meine Neffen sind doch gute Beispiele für Geschäftssinn. Aber noch immer ist Schulbildung ein rares Gut. Kaum jemand spricht Englisch. Die Infrastruktur ist schlecht. Das Geld aus dem Ausland versickert in dunklen Kanälen.

Die portugiesische Herrschaft war kein flächendeckendes Netz weißer Kolonialisten. Sie war viel direkter, viel brutaler. Man nannte die ersten Portugiesen, die nach der Entdeckungsfahrt von Vasco da Gama ab dem 15. Jahrhundert ins Land einfielen, »Sertanejos«, was Hinterwäldler bedeutete, weil sie in die entlegensten Gegenden vordrangen. Sie waren das, was die spanischen Konquistadoren waren: Adlige, Abenteurer, Kriminelle, getrieben von der Gier nach Gold, Silber und Elfenbein. Und nach dem schwarzen Gold, den Sklaven. Sklaverei wurde bereits von afrikanischen und arabischen Stämmen betrieben, doch die europäischen Kolonialmächte machten in ganz Afrika eine Industrie daraus.

Aus Sertanejos wurden Barone, Fürsten, kleine Könige. Sie schufen sich ihre eigenen Reiche, hielten dort Hof, kümmerten sich nicht um Anordnungen aus Lissabon. Der Sertanejo Sisnanda Dias Bayão wurde bekannt, als er im 18. Jahrhundert im nordmosambikanischen Morrumbala sein Königreich ausrief. Dort herrschte er so wahnsinnig und grausam, dass Lissabon Truppen schickte. Bayão kämpfte gegen seine Landsleute, zog sich in die Höhlen des Berglandes von Morrumbala zurück und setzte seine Schreckensherrschaft fort. Gut möglich, dass Joseph Conrads verrückter Elfenbeinjäger Kurtz auf Sisnanda Dias Bayão beruht. In Francis Ford Coppolas Film »Apocalypse Now« taucht er wieder auf. Sein berühmtester Satz: »Der Horror, der Horror.«

Horror ist auch die jüngste mosambikanische Geschichte. Nach jahrzehntelangem Kampf der Frelimo gegen die Portugiesen formierte sich die Anti-Frelimo-Front Renamo. Sie wurde von Weißen in Südafrika und Simbabwe unterstützt und von konservativen Kräften in Portugal und den USA. Im Bürgerkrieg wurden Millionen Menschen getötet, vertrieben, vergewaltigt, gefoltert. Der Kolonialismus und der Postkolonialismus haben viel Leid gebracht, trotzdem können sie nicht alleiniger Grund für die Misere sein. Äthiopien musste als einziges afrikanisches Land keine Kolonialherrschaft erdulden, die Italiener scheiterten am Widerstand des Volkes. Einst eine Hochkultur, kämpft das Land heute mit denselben Problemen wie der Rest Afrikas.

Auf den Kartoffelfeldern meines ehemaligen Sklavenpatrons

denke ich über die Zukunft Afrikas nach. Antonio Ferreira deutet zu den Rauchwolken am Horizont. »So schlecht ist Feuer gar nicht«, sagt er. »Es schafft guten Dünger. Darauf lässt sich Neues pflanzen.«

Schwedt

1999–2010

Aus der alten Heimat kamen keine guten Nachrichten: Mein Halbbruder Pedro war gestorben, und auch Anastasia, seine zweite Frau. Meine Schwester Medina erkrankte und starb, und ein paar Monate später war Papa tot. Das 20. Jahrhundert ging für meine Familie mit Tod und Verlust zu Ende. Es sollte fünf Jahre dauern, bis ich wieder nach Mosambik reisen konnte, um ihre Gräber zu besuchen.

Pünktlich mit dem neuen Jahrtausend brach der Sturm los, der sich die ganze Zeit angekündigt hatte.

Es begann mit meinem letzten Boxkampf in der 1. Bundesliga am 16. Dezember 2000. Ich war 37 Jahre alt, und es war Zeit, Jüngeren Platz zu machen. Schwergewichtler im Profiboxsport halten es länger im Ring aus, Wladimir Klitschko ist mit 37 Jahren die unangefochtene Nummer eins aller vier Weltverbände, und sein fünf Jahre älterer Bruder Vitali hält bis heute die zweithöchste K.-o.-Quote in der Geschichte des Profiboxens. George Foreman wurde mit 45 Jahren Weltmeister, und sein angekündigtes Comeback im Alter von 54 Jahren scheiterte nur am Veto seiner Frau.

Im Amateurboxsport gilt das alles nicht. Hier ist verloren, wer seine Hoffnungen auf den »Lucky Punch« setzt, den schnellen Sieg durch einen Schlag. Bei uns sind flinke Beine, beste Kondition und blitzsaubere Technik gefragt. Ich musste einsehen, dass ich nicht mehr mithalten konnte.

Nach dem, was dann geschah, kann ich nur vermuten, dass die Rechtsradikalen auf das Ende meiner Boxkarriere gewartet haben. Da ich nicht mehr im Ring stand, nahm mein Bekanntheitsgrad in Schwedt ab. Außerdem glaubten sie, jetzt endlich mit mir fertigwerden zu können. Zumindest, wenn sie mit einem halben Dutzend Schläger anrückten.

Kaum hingen die Boxhandschuhe am Nagel, griffen sie an: Wieder wählten sie das Oder-Center, vielleicht, weil sie mit Sympathisanten rechneten. Eine Gruppe Glatzen ging auf mich los. »Scheißneger, bist kein Boxer mehr, stimmt's? Zeig mal, was du noch draufhast«, brüllte einer und holte zum Schwinger aus.

Fast hätte ich gerufen, nimm gefälligst deine Deckung hoch, als würde ich einem untalentierten Sparringspartner gegenüberstehen. Doch wir waren nicht in der Trainingshalle, sondern vor einem Einkaufszentrum, in dem ich etwas Gemüse kaufen wollte. Ich blockte den Schlag ab, und duckte mich unter dem nächsten hinweg. Ein rechter Haken von mir, und der Kerl wäre winselnd k. o. gegangen. Doch ich wollte mich nicht schlagen, nicht in der Öffentlichkeit, nicht vor all den Leuten. Ich pendelte seine Schläge aus, und hielt die Augen offen, was die Kumpane unternahmen.

Nach kurzer Zeit ging dem Schläger die Puste aus. »Denk an Kiowa, Negersau«, keuchte er. »Mit dir machen wir das Gleiche.«

Amadeu Antonio Kiowa war aus Angola in die DDR gekommen und hatte wie ich Fleischer gelernt. Am 24. November 1990 wurde er zusammen mit zwei Freunden, beide aus Mosambik, von einer Gruppe Skinheads angegriffen, die, wie es später vor Gericht hieß, einfach darauf aus waren, »irgendwelche Andersaussehenden zusammenzukloppen«. Sie schlugen Amadeu tot und ließen seine Freunde schwer verletzt zurück. Zwanzig Polizisten sahen dabei in aller Seelenruhe zu, doch eine Anklage wegen »Körperverletzung mit Todesfolge durch Unterlassen« wurde später vom Landgericht Frankfurt (Oder) abgewiesen. Auch die Täter kamen mit einem blauen Auge davon. Obwohl sie kaltblütig gemordet hatten, bekamen sie von verständnisvollen Richtern vier Jahre Haft aufgebrummt. Nicht umsonst hatte die Genfer Internationale Juristenkommission einen Beobachter zum Gerichtsverfahren gesandt, weil man befürchtete, die Täter würden völlig straffrei ausgehen.

Die ostdeutsche Justiz stand im Ruf, auf dem rechten Auge blind zu sein. Ich wusste also, was der Skinhead meinte: Wir werden dich töten, und wir haben nichts zu befürchten, denn die Leute sind sich einig: Neger wie du haben in Deutschland nichts verloren.

Es sollte lange dauern, bis ich diese Angriffe der Polizei meldete. Ich traute der Justiz nicht, und tatsächlich verliefen später alle meine Anzeigen im Sand. Thomas Datt titelte im März 2006 im *Spiegel* über den Rechtsradikalismus in Ostdeutschland: »Der alltägliche Irrsinn«. Dort konnte man nachlesen, was mir tagtäglich widerfuhr: Die Täter wurden immer jünger und brutaler, und wurde mal einer geschnappt, stellte die Staatsanwaltschaft in der Regel keinerlei Hinweise auf rechtsextreme Motive fest.

Was der NSU-Skandal ans Tageslicht brachte, war damals schon traurige Wirklichkeit: Ging es um Rechtsextremismus, leisteten sich Behörden und Justiz jede Menge Schludrigkeiten. Obwohl es in Ostdeutschland bald viermal so viele rechtsextreme Gewalttaten gab wie in den alten Bundesländern, zuckte man mit den Schultern, wenn es um die Frage der Ursache ging. Dabei sprach der Rechtsextremismusexperte Bernd Wagner laut und deutlich von den »Wendeverlierern«, tief verunsicherten Menschen voller Frustration und Hass. Doch wer wollte davon hören, wo es doch überall blühende Landschaften gab?

Es waren nicht nur die Angriffe, die mir zusetzten. Ständig war unser Briefkasten mit NPD-Postillen verstopft, mit denen mir die Neonazis klarmachten: Wir beobachten dich. Wir wissen, wo du wohnst. Du und deine Familie werden niemals sicher sein. Die Belastung für meine Frau und meine Kinder wurde immer größer. Ich versuchte dem Druck entgegenzuwirken, indem ich mich weiter engagierte. In meiner Fußballmannschaft gab es Spieler aus dem Kongo, aus Mosambik, Sierra Leone und Angola. Sie spielten zusammen mit Deutschen und Polen. Es war mir gelungen, den Sohn des getöteten Amadeu Antonio Kiowa zu integrieren. Doch immer häufiger wurden jetzt auch Fußballspiele ein unwürdiges Schaulaufen vor einer Wand rechtsradikaler Feiglinge, die nur dann stark waren, wenn sie in Überzahl auftreten konnten.

In dieser aufgeheizten Stimmung lud mich die Stadtverwaltung Schwedt am 28. Januar 2006 zu einer Fraktionssitzung ein. Im Rathaus ging es um die Frage, ob ich den ehrenamtlichen Job des Ausländerbeauftragten übernehmen wollte. Meine Arbeit im Asylbewerberheim hatte ich trotz Ausbildung verloren, da man die Bewohner des »Aus-den-Augen-aus-dem-Sinn-Lagers« verteilt oder abgeschoben hatte.

Das Letzte, was ich brauchen konnte, war ein weiteres Ehrenamt. Trotzdem sagte ich Ja. Ich gab die Hoffnung nicht auf, durch Engagement die braune Flut eindämmen zu können.

Von nun an waren meine Tage noch ausgefüllter als zuvor. Ich übernahm die Leitung des Jugendklubs Flash Too im Schwedter Wohngebiet Neue Zeit, engagierte mich bei der Deutsch-Polnischen Jugend, arbeitete als Projektleiter in Schulen. Manche Schüler begleitete ich bis zur Berufsausbildung, bei anderen war es wichtiger, sie vor ihren Eltern zu schützen. Ich besuchte sämtliche Schulen im Landkreis Uckermarck, und arbeitete mit dem Europazentrum Berlin-Brandenburg zusammen, um das Projekt »Rassismus im öffentlichen Raum in Verbindung mit der deutschen Kolonialgeschichte« auf die Beine zu stellen. Dann wurde ich als SPD-Abgeordneter in den Schwedter Gemeinderat gewählt. Ich stand nochmals eine Stunde früher auf, um dann von einem Projekt zum anderen zu eilen.

Dass ich alles für Gottes Lohn machte, verdrängte ich. Vielleicht war ich in der Zeit der meistbeschäftigte Hartz-IV-Empfänger Deutschlands. Heute weiß ich, wie sehr man mich ausnutzte, doch damals dachte ich noch, die Sache sei es wert.

Dabei hätte ich mich um ganz andere Dinge kümmern müssen, nämlich um meine Familie. Unsere Ehe litt unter den ständigen Drohungen, dem Mobbing, dem Stalking der Neonazis. Trauten wir uns aus dem Haus, sahen meine Kinder nach, ob Rechtsradikale unterwegs waren. Dabei waren sie selbst von rassistischen Attacken betroffen. Sah man uns zusammen, wurden wir von grunzenden Typen in Springerstiefeln umringt, die Affenlaute von sich gaben. Nach der Fußballweltmeisterschaft in Südafrika wurde es besonders schlimm. »Waka, Waka, Bimbo, Bimbo, Neger in den Busch« – ich weiß nicht, wie oft wir uns das anhören mussten.

Ich kann Birgit wirklich nicht verübeln, dass sie diesen Weg irgendwann nicht mehr mitgehen wollte. Unsere Ehe hielt der Belastung nicht stand und zerbrach. Und was tat ich? Ich verstärkte mein Engagement nochmals, kümmerte mich um Migranten in der ganzen Uckermarck, gab mein letztes Geld für dieses Engagement aus.

Das Wort »Leistung« habe ich in Deutschland kennengelernt, daher wird für mich »Leistung« immer mit »Deutsch sein« verbunden sein. Wahrscheinlich hört man nirgendwo auf der Welt den Satz häufiger als bei uns, »dass Leistung sich lohnen muss«. Wer in Deutschland Leistung erbringt, ohne dafür bezahlt zu werden, erhält irgendwann eine Urkunde aus prominenter Hand. Das war auch bei mir der Fall. 2008 klopften mir zwei Bundesminister auf die Schultern. Wolfgang Schäuble, damals Innenminister, und die Justizministerin Brigitte Zypries ehrten mich als »Botschafter für Demokratie und Toleranz«. Eine Flut warmer Worte regnete auf mich herab. Schäuble betonte, dass wir Preisträger »stellvertretend für eine Vielzahl von Menschen und Gruppen stehen, die bereit sind, in ihrem Umfeld gegen jede Form von Extremismus Gesicht zu zeigen und für die Demokratie einzutreten«. Gerne hätte ich einen Satz hinzugefügt: dass ich mir das Fahrgeld zum Festakt in Berlin vom Mund abgespart hatte und dass Ehrenämter allein nicht satt machen.

Ein Gutes brachte dieser Tag mit sich. Unter den Preisträgern befand sich auch Gunter Demnig, der mit seinen im Pflaster vor ihren ehemaligen Wohnungen verlegten »Stolpersteinen«

an die Opfer des Nationalsozialismus erinnert. Bis heute wurden über 42 000 Steine verlegt; damit sind die Stolpersteine das weltweit größte dezentrale Mahnmal geworden. Das finde ich eine tolle Sache, weil ich seit dem Massaker von Nyazonia weiß, wie schlimm das Vergessen ist.

Ein paar Monate später wurde ich zu den Karlsruher Gesprächen eingeladen. Bei dieser Veranstaltung treffen Wissenschaftler, Politiker und Zeitzeugen aufeinander, um Lösungen für dringliche Probleme zu erarbeiten. Das dringliche Problem in diesem Jahr lag auf der Hand: das Wiedererstarken des deutschen Rechtsextremismus. Die Leiterin der Gespräche, Prof. Dr. Caroline Y. Robertson-von Trotha, begrüßte mich herzlich. Eigentlich hätte ich Stolz verspüren müssen. War der ehemalige Sklavenjunge aus dem Dschungel nicht weit gekommen? Doch die Freude war mir vergangen. Schon bei der Ankunft in Karlsruhe dachte ich mit Schrecken daran, dass ich in ein paar Tagen wieder in Schwedt sein würde. Die Stadt gefiel mir noch immer, das Umland ist herrlich, doch dem braunen Terror war nicht beizukommen.

In dieser Situation hörte ich in Karlsruhe den Satz: »Was kämpfst du gegen Windmühlen? Komm zu uns. Wir können auch engagierte Leute brauchen. Und bei uns sind Menschen anderer Hautfarbe nicht automatisch Staatsfeind Nummer eins.«

Ich hatte kaum Erfahrung mit dem Westen. Meine Auswärtskämpfe in der Bundesliga hatten mich in Sporthallen und Hotels geführt, von den Städten selbst habe ich wenig mitbekommen. Allein Bad Harzburg hatte mir gezeigt, wie friedlich eine Stadt sein kann. Nach ein paar Tagen Karlsruhe gab ich meinen Gesprächspartnern recht: »Keiner glotzt mich an. Keiner pöbelt herum. Woher kommt das nur?«

Das fragte ich mich wirklich. Ich hatte inzwischen geglaubt, ganz Deutschland hasse schwarze Menschen. Meine Karlsruher Gesprächspartner gaben mir Nachhilfeunterricht: Tatsächlich hat die DDR nie mit ihrer braunen Vergangenheit aufgeräumt, wie die Staatsführung großspurig behauptete. Es wurde nur vergessen und verdrängt. Das ist einer der Gründe, weshalb nach der Wende Neonazis im Osten so leichtes Spiel hatten.

»Was heißt das, gegen Windmühlen kämpfen?« Ich kannte Cervantes' Roman »Don Quijote« nicht, über den Ritter der traurigen Gestalt, der gegen Windmühlen antritt, die er für Riesen hält.

»Dein Kampf ist aussichtslos, solange die Politik nicht gegen Rechtsradikale vorgeht.«

Aussichtslos? Das wollte ich nicht hören. Ich fuhr zurück nach Schwedt, und von dort weiter nach Angermünde. Ich sollte ein Seminar zum Thema »Rassismus im öffentlichen Raum« halten.

Als ich danach zurück zum Bahnhof ging, passte mich eine Gruppe Skinheads ab. Der Wortführer baute sich vor mir auf. »Irgendwie doch recht einsam heute«, meinte er. »Hast du keine Angst?«

»Nein«, antwortete ich, aber die Wahrheit war: Ich hatte Angst.

Im nächsten Augenblick schlug er mir ins Gesicht. Mein Mund füllte sich mit Blut. Ich muss aufpassen beim Zurückschlagen, dachte ich.

Mein Gegenüber war nicht so zimperlich. »Das gefällt dir wohl?«, fragte er und rammte mir das Knie in den Unterleib.

Ich klappte zusammen, und wusste, das war's, wenn ich mich jetzt nicht zur Wehr setzte. Dann kommen die Tritte an den Kopf, am Ende springen sie drauf. So wie bei Alberto Bunda. So wie bei Amadeu Antonio Kiowa. So wie bei vielen anderen Opfern, die gar nicht mehr in den Zeitungen auftauchen, weil es zu viele geworden sind.

Ich rollte mich um die eigene Achse und kam auf die Beine. Meine Knie zitterten, ich schmeckte Galle im Mund. Jetzt standen wir Mann gegen Mann. Die Faust des Skinheads stieß nach vorne. Ich pendelte sie aus und schlug ihm auf den Solarplexus. Ich wollte ihn nur stoppen, nicht verletzen. Keuchend ging er in die Knie. Noch gab es seine Kumpane, gegen diese Überzahl hätte ich keine Chance gehabt. Doch wie so oft, wenn einer von ihnen Prügel bezog, gaben die anderen klein bei.

Meiner Erfahrung nach gehört Mut nicht zu den Charaktereigenschaften der Skinheads. Im Gegensatz zu all den Menschen, die sich dem braunen Spuk entgegenstellen. Immer wieder kam es jetzt in Schwedt zu Demonstrationen »gegen Ausländerfeindlichkeit«. Vor zwanzig Jahren waren die Menschen der DDR zusammengestanden und hatten mit der Parole »Wir sind das Volk!« ein Unrechtsregime zum Teufel gejagt. Mittlerweile war dieses Volk tief gespalten. Rechtsradikale standen in blindem Hass denen gegenüber, die für Menschenrechte und Menschenwürde eintraten. Dabei waren viele dieser Skinheads echte Milchbärte. Keiner von ihnen hat unter der SED-Diktatur gelitten. Ausgerechnet sie riefen nach einem starken Führer, der ihnen alle Entscheidungen abnimmt. Manchmal sind wir Menschen nur schwer zu verstehen.

In Schwedt versuchte ich, mich unsichtbar zu machen. Ich benutzte Schleichwege, vermied die beliebten Treffpunkte der Glatzen wie das Oder-Center. Doch die Stadt war nicht groß genug, um Rechtsradikalen gänzlich aus dem Weg zu gehen, zumal sie die Augen aufhielten, wo sie mich abpassen konnten.

Das nächste Mal passierte es ausgerechnet auf dem »Platz der Befreiung«. Eine Gruppe von acht Glatzen hatte eine Frau im Schlepptau, die schickten sie nach vorne.

Der Anführer baute sich hinter ihr auf. »Wir suchen einen Neger«, schrie er. »Der hat diese Frau belästigt. Wie ich die Sache sehe, gibt's hier nur einen.«

Damit kam er der Wahrheit unfreiwillig nahe. Der braune Terror war so erfolgreich, dass die meisten Ausländer aus Schwedt geflohen waren. Auch Nichtausländer kehrten der Stadt den Rücken zu. Wer klug war, ging. Ich war noch nicht so klug.

Die Frau sah mich an. Ich weiß nicht, ob sie Muffensausen bekam oder realisierte, auf was für ein gefährliches Spiel sie sich eingelassen hatte. Jedenfalls sagte sie: »Das stimmt nicht, der hat nichts getan.«

Das brachte den Anführer erst mal aus dem Konzept. Die Zeit

hätte ich nutzen müssen, um die Beine in die Hand zu nehmen. Ich zögerte zu lange.

Der Skinhead wandte sich seiner Gruppe zu, um zu sehen, ob sie ihm noch die Stange hielt. »Scheiß drauf! Morgen gibt's hier keinen Neger mehr. Nur noch einen toten Neger!«

Die Kumpane johlten. Das war tapfer gesprochen, jetzt konnten sie den Worten endlich Taten folgen lassen. Einer der Schläger rammte mir in Straßenkampfmanier den Kopf in den Bauch. Wir gingen zu Boden. Wieder retteten mir die Bauchmuskeln das Leben. Während sich der Skinhead verdutzt den schmerzenden Schädel rieb, kam ich auf die Beine und ging in Kampfstellung. Das hatten die anderen nicht erwartet. Trotzdem hätte ich keine Chance gehabt, wäre es nicht laut geworden. Ein Trupp Jugendlicher aus dem linken Spektrum kam angerannt. Sofort nahmen die Neonazis Reißaus.

Einer der Jungs kannte mich. »Alles in Ordnung, Ibraimo? Wir haben die Polizei gerufen! Oh Mann, du blutest ja.«

Aus einer Risswunde an meiner Hand rann Blut. Die musste ich mir beim Sturz zugezogen haben.

»Besser, du lässt das im Krankenhaus nähen«, meinte der Junge. »Wo bleiben die Bullen?«

Ich wusste, wo. Wenn die Luft rein war, würde die Polizei auftauchen. Dann würde sie sagen, machen Sie Ihre Aussage auf dem Revier, und das war's. Das hatte ich schon zu oft gehabt. Beim letzten Mal meinte der diensthabende Beamte sogar: »Sie waren Boxer, Sie können doch was wegstecken.«

Ich bedankte mich bei den Jungs für ihr beherztes Eingreifen und machte mich auf den Weg nach Hause. Dort wickelte ich eine Mullbinde um die Wunde, setzte mich auf einen Stuhl und dachte nach. »Was kämpfst du gegen Windmühlen?«, hatte es in Karlsruhe geheißen. Komm zu uns. Wir können engagierte Leute brauchen. Warum kämpfte ich noch? Ich wusste es nicht. Doch ich spürte, wie meine Widerstandskräfte nachließen, wie sie abgeschliffen wurden wie ein Stein im Wildbach.

Gehört wird der, der am lautesten schreit, und die selbst ernannten Herrenmenschen waren gut darin. Ein paar Tage später passten mich die Neonazis mitten in der Stadt ab. »Bist du immer noch hier, Scheißneger?«, schrien sie. »Du weißt doch, dass du hier nicht leben darfst.«

Auf einmal packte mich eine schreckliche Wut: »Und das bestimmst du Milchgesicht?«, rief ich.

Die Skinheads grinsten. Endlich hatten sie mich, wo sie mich haben wollten. Wenn ich die Beherrschung verlor, würden sie leichtes Spiel haben.

Hilfe suchend wandte ich mich um. Hunderte von Passanten waren unterwegs. Ich entdeckte ein bekanntes Gesicht in der Menge. Es war ein kräftiger Mann, der immer zum Boxen gekommen war und mir bei jedem Sieg frenetisch zugejubelt hatte. Als sich unsere Blicke trafen, nahm er die Zeitung in seiner Hand hoch und verdeckte sein Gesicht. Dann ging er weg. Ich war erschüttert. Durch meine Beschäftigung mit dem Rassismus wusste ich, wie Menschen in der Nazizeit weggesehen hatten, wenn die Gestapo Juden abtransportierte.

An diesem Tag rannte ich zum ersten Mal davon. Das Gelächter der Skinheads folgte mir und brannte sich in meine Seele ein. Es fiel mir nicht leicht, noch am selben Tag in eine Schule zu gehen, mit Jugendlichen zu kochen, sie mit afrikanischer Lebensweise vertraut zu machen, um Vorurteile abzubauen. Wenn man nicht länger an seine eigene Mission glaubt, ist der Anfang vom Ende nicht mehr weit.

In vielen Lebenssituationen hatte ich das Glück, auf Menschen zu treffen, die mir Vorbild waren. Meine Trainer Rainer Kühn und Ernst Urban gehören dazu, die Pfarrer Justus Werdin, Hans-Rainer Harney und Lothar Priewe und auch Irmela Mensah-Schramm. Die bald 70-jährige Menschenrechtsaktivistin beseitigte seit der Wende 50000 rechtsradikale Schmierereien und Parolen. Sie dokumentiert diese Arbeit, um in über 100 Ausstellungen unter dem Thema »Hass vernichtet« den Besuchern zu veranschaulichen, wie sehr die Neonazis den öffentlichen Raum beherrschen. Dabei weicht sie keiner Gefahr aus, wird beschimpft und bespuckt, erlitt bei einer Auseinandersetzung ein Schädel-Hirn-Trauma und macht doch immer weiter, unermüdlich und unerschrocken. Dafür wurde sie mehrfach geehrt, gab aber ihre Bundesverdienstmedaille zurück, nachdem das ehemalige Mitglied der Waffen-SS, der CDU-Politiker Heinz Eckhoff, sie ebenfalls erhalten hatte.

Seit ich Irmela bei einer Schulveranstaltung kennengelernt hatte, begleitete ich sie zu Einsätzen selbst dorthin, wo die NPD bei Wahlen bis zu 80 Prozent der Stimmen verbuchte. Manchmal war der in Schwedt geborene Landtagsabgeordnete Mike Bischof mit von der Partie, der sich ebenfalls gegen den rechten Spuk einsetzte.

Wenn man so viel tut, steht man oft in der Zeitung, und das schmeckte vielen Schwedtern nicht. Selbst Leute, die eigentlich nicht dem rechten Spektrum zuzurechnen waren, stießen ins selbe Horn. »Der Neger macht unsere Stadt schlecht«, hieß es. Nicht die Neonazis, die ihre Heimat bundesweit in Verruf gebracht hatten, standen am Pranger, sondern die, die sich dagegen wehrten. Ich hatte das Gefühl, dass die Angst vor den Skinheads die Leute immer mehr lähmte. Erstaunlich, wenn einem dann Menschen beispringen, die selbst zu den Schwachen zählten.

Das erlebte ich im Zug von Schwedt nach Berlin. Ich bin immer gerne Eisenbahn gefahren, doch mittlerweile hatte ich ein ungutes Gefühl, weil dort alles passieren kann. Wie auch bei dieser Fahrt. In Bernau stieg eine Gruppe Glatzen ein. Sofort war ich umringt. Die üblichen Beleidigungen prasselten auf mich ein, kein Mitreisender machte Anstalten, beizuspringen.

Da hörte ich eine Stimme. »Hört auf damit! Ich rufe die Polizei!«

Der Mann, der sich einmischte, sah nicht aus, als ob er es mit dem Kleinsten der Kahlgeschorenen aufnehmen könnte. Doch seine Stimme war laut und fest, und auch dieses Mal ging die Rechnung auf: Um das Gesicht zu wahren, ließen die Glatzen noch ein paar Unverschämtheiten vom Stapel, dann trollten sie sich.

Der mutige Mann war auf einmal weiß im Gesicht. Seine Stimme zitterte jetzt: »Puh, das war knapp.«

Ich bedankte mich, wir kamen ins Gespräch. Der Mann war russischer Arzt und arbeitete in der Berliner Charité. Er war traurig darüber, dass 65 Jahre nach Ende des Zweiten Weltkriegs die braune Gesinnung wieder Oberhand bekam.

»Was lernen die in der Schule?«, fragte er, und es war eine rhetorische Frage. Er wusste, dass es nicht allein Unwissenheit war, welche die Sehnsucht der Neonazis nach einem neuen Adolf Hitler nährte. Ostdeutsche Verwaltung, Politik und staatliche Exekutivorgane waren durchsetzt mit Unterstützern. Von Tag zu Tag nahm die Lautstärke derer zu, die verfassungsfeindlich den Rassismus propagierten.

Die Spaltung, die sich durch die Bevölkerung zog und in Schwedt überall zu spüren war, machte mir Irmela Mensah-Schramm klar, als wir zusammen durch die Stadt gingen.

»Das ist wirklich seltsam«, sagte sie, als wir bei mir zu Hause ankamen. »Alle paar Meter begrüßen dich Leute. Du bist echt beliebt.« Sie schüttelte angewidert den Kopf. »Dann kommt ein Haufen grölender Glatzen und beleidigt dich wie das letzte Stück Dreck, und keiner schreitet ein. So was habe ich noch nie erlebt.«

Ich selbst merkte gar nicht, dass ich noch Freunde hatte. Die Psychologen nennen es das Rote-Ampel-Syndrom: wenn Autofahrer nur noch rote Ampeln sehen, über die sie sich ärgern, und die grünen nicht, über die sie ungestört drüberbrausen können. In diese Falle tappte ich. Kam ich nach Hause, geisterten all die Schmähungen durch meinen Kopf, die ich wieder gehört hatte. Dass mir andere Menschen Mut machten, drang nicht mehr zu mir durch.

Mit meinen Kindern hatte ich ein Abkommen getroffen: Wir wollten versuchen, das Thema Rassismus so gut wie möglich aus unserem Leben fernzuhalten. Meine Tochter plante ihr Philosophiestudium, mein Sohn war im örtlichen Fußballverein aktiv.

Für sie war es schon schwer genug, einen Vater zu haben, der die Leute polarisierte. Ich hatte meinem Sohn versprochen, nicht einzugreifen, wenn er angepöbelt wurde, er wollte selbst damit klarkommen. Bisher hatte ich mich daran gehalten, auch wenn es mir manchmal sehr schwerfiel. Dann kam der Tag, an dem es nicht mehr ging.

Es passierte bei einem Fußballspiel – natürlich beim Fußball, wie könnte es anders sein, bei einem Fußballnarren wie mir, der an die Integrationskraft des Spiels glaubte. Zu Gast war die Jugendmannschaft aus Bernau. Als der junge Mann mit dunklem Teint auf dem Spielfeld auftauchte, wurde es auf einmal laut. Bald waren die Beschimpfungen nicht mehr zu tolerieren. Mein Sohn versuchte, nicht darauf einzugehen, doch als der Satz »Wir schlagen den Hurennegersohn tot« fiel, passierte alles auf einmal. Ich ging auf den lautesten Schreier los. Das Schlimmste war, dass kein Zuschauer reagierte. Es war, als würde ich in einem Theaterstück agieren, das in einer albtraumhaften Welt spielte: überall frustrierte Gesichter, die ausdrückten, was willst du bloß, ist doch halb so schlimm. Schlagen wir den Hurennegersohn tot, dann passiert mal was. Man kommt ja noch um vor Langeweile.

Ich hatte die Contenance verloren. An diesem Tag hatten mich die Rechtsradikalen an dem Punkt, an dem sie mich immer haben wollten: dass ich angriff. In der Tat, ich war bereit zu sterben, und wer weiß, was passiert wäre, hätte sich nicht eine Stimme in mir gemeldet: »Du hast die Sklavenzeit überlebt«, sagte sie. »Du hast die Kinderfänger von Chimoio überlebt und das Massaker von Nyazonia. Du hast Unfälle überlebt und viele Angriffe. Das hier wirst du nicht überleben.«

Es war die Stimme meines Vaters. Mein Schutzengel, der wusste, wie weit seine Macht reichte. Bis hierher, und nicht weiter.

Ich verließ den Fußballplatz, nachdem mein Sohn in Sicherheit war. Von nun an war meine Mailbox voller Drohungen. Die Rechtsradikalen waren frustriert, weil ich den Kampf nicht angenommen hatte. Sie wollten mich mit allen Mitteln aus der Reserve locken. Anstatt den Anrufbeantworter zu löschen, hörte ich mir alles an. Es war, als würde ich mich selbst dafür bestrafen, als Schwarzer unter Weißen zu leben. Dann kamen die Tränen, die ich bisher nie zugelassen hatte. Ich gestand mir mein Scheitern ein. Ich hatte leben wollen wie die Götter, und eine Weile hatte es so ausgesehen, als ob die Götter auch an mir Gefallen gefunden hatten. Nun war meine Familie zerbrochen, die Integration gescheitert, ein Leben in Schwedt nicht länger möglich. Mein Traum des friedlichen Zusammenseins von weißen und farbigen Menschen war geplatzt.

Manche Zeitungen schrieben später von Flucht, andere hielten es für eine Vertreibung. Beide hatten recht. Ich war vertrieben worden, und ich war geflohen. Anders als Filmhelden wie Gary Cooper als Marshal Will Kane und Grace Kelly als seine Frau Amy in »Zwölf Uhr mittags« konnte sich Familie Alberto am Ende nicht gegen die nackte Gewalt behaupten. Die Realität schreibt eben andere Geschichten. In der *Süddeutschen Zeitung* war zu lesen: »20 Jahre lang kämpfte Ibraimo Alberto einen einsamen Kampf. Er war Ausländerbeauftragter in Schwedt, bis er nicht mehr konnte. Nun hat er die Stadt verlassen.«

Es fiel mir unendlich schwer, die Leute, die sich weiterhin gegen den braunen Tsunami stemmten, im Stich zu lassen. So fühlte sich das für mich an: als ob ich die Schwedter im Stich ließ, nicht sie mich. Klar war aber auch: Ich konnte nicht länger hier leben. Ich gefährdete das Leben meiner Familie und ich gefährdete mein eigenes. Bisher war ich aus allen Situationen dank des väterlichen Schutzengels heil davongekommen. Es hatte Schrammen gegeben, doch die zählten nicht. Ich konnte tatsächlich was wegstecken. Nicht mehr wegstecken wollte ich die Wunden auf meiner Seele. Ich hatte genug für Deutschland getan, in sportlicher und gesellschaftlicher Hinsicht, um mir nicht von 17-jährigen Glatzköpfen ins Gesicht brüllen lassen zu müssen: »Wir bringen dich um, du Negersau!«

Am Tag, als ich die Koffer packte, erinnerte ich mich an ein Buch, das mir vor ein paar Jahren in die Hände gefallen war.

Der Autor Richard Durham erzählte darin die Geschichte von Muhammad Ali, für mich der beste Schwergewichtsboxer aller Zeiten, 1999 vom Internationalen Olympischen Komitee zum »Sportler des Jahrhunderts« ernannt. Als der 18-jährige Ali bei den Olympischen Spielen in Rom die Goldmedaille gewinnt, kehrt er mit dem Gefühl, »das habe ich für mein Land getan«, in seine Heimatstadt Louisville im Bundesstaat Kentucky zurück.

In den USA herrscht strikte Rassentrennung. Es gibt Schulen und Krankenhäuser für Weiße und Schwarze, Wasserspender und Toiletten nur für Schwarze; in Bussen oder U-Bahnen ist es Schwarzen verboten, neben Weißen zu sitzen. Als der frischgebackene Goldmedaillengewinner eine Milchbar betritt, wird er unter dem Gejohle der Gäste rausgeschmissen. Danach ist Muhammad Ali klar, was seine Leistung in den Augen der Weißen wert ist: gar nichts. Er hat in Rom alles gegeben, um die Medaille für sein Land zu gewinnen, doch dem Land ist das egal. Enttäuscht nimmt er seinen wertvollsten Besitz und wirft ihn in den Ohio River.

Kein Wunder, dass er sich später weigert, für Amerika in Vietnam in den Krieg zu ziehen. »Ich werde nicht 10 000 Meilen von zu Hause entfernt helfen, eine andere arme Nation zu ermorden und niederzubrennen, nur um die Vorherrschaft weißer Sklavenherren über die dunkleren Völker der Welt zu sichern«, sagt er. Das nehmen ihm die Mächtigen übel. Sie verurteilen ihn zu einer Gefängnisstrafe, entziehen ihm die Boxlizenz und tun alles, um sein Leben zu zerstören. Doch Ali kämpft weiter, nicht nur im Ring, auch außerhalb.

Wie bei Nelson Mandela soll es noch sehr lange dauern, bis die Weißen seine Verdienste im Kampf gegen Rassendiskriminierung anerkennen: 2005 überreicht ihm US-Präsident George W. Bush die Presidential Medal of Freedom. Die Freiheitsmedaille ist die höchste zivile Auszeichnung in den USA. Auch in Deutschland wird er geehrt: Als erster US-Amerikaner erhält Ali die Otto-Hahn-Friedensmedaille in Gold der Deutschen Gesellschaft für die Vereinten Nationen »für seine herausragenden Verdienste um Frieden und Völkerverständigung«.

Ich nahm meine Boxhandschuhe und stopfte sie in die Tasche. An Muhammad Ali zu denken gab mir Kraft. Ich musste gehen, ich musste Schwedt verlassen, aber ich würde niemals den Kampf um Gleichberechtigung aufgeben.

Heute

Zwei Tage später bin ich zurück in Charonga. Ich sage meiner Mutter nicht, dass sie zwei Jahre älter geworden ist. Warum auch? Sie soll so jung bleiben, wie sie sich fühlt. Sie schlägt vor, uns noch mal auf den Weg zu Antonio Ferreira zu machen. Ich schleppe doch einen dieser Apparate mit mir herum, die Fotos schießen? Sie will ein Foto von uns dreien. Wir schlagen uns durchs Gestrüpp, meine Mutter leichtfüßig wie eine Gazelle. Barfuß läuft sie über Stock, Stein, Dornen und Stacheln, ich kann ihrem Tempo kaum folgen. Am Kartoffelfeld treffen wir Ferreira, einer seiner Gehilfen macht das Foto. Währenddessen wechseln Mama und er kein Wort. Ich weiß nicht, welches Geheimnis sie verbindet. Was immer es ist, ich werde es ruhen lassen. Dafür soll das Geheimnis meines Vaters heute ans Licht kommen. Mussa hat Doroo zubereitet, Onkel Francisco einen Medizinmann bestellt.

Das Ritual findet in der Hütte meiner Mutter statt. Nach der Tradition unseres Stammes bleibt man nicht allein, wenn schlechte Nachrichten zu erwarten sind. Außer mir, meiner Mutter und dem Medizinmann ist mein Bruder zugegen, Onkel Francisco sowie weitere Verwandte. Alle sollen Zeuge werden, keiner soll später sagen können, er habe von nichts gewusst.

Für einen Moment denke ich daran zurück, wie ich im Flugzeug den Artikel über »Afrika und das globale Dorf« las. Treffender als dieser Reporter formulierte es der berühmte Erforscher der Victoriafälle am Sambesi, David Livingstone: »Niemand stirbt in Afrika. Die Toten kommen immer als Geister zurück.« Und der britische Reiseschriftsteller Sir Richard Francis Burton drückte es so aus: »Madness comes from Africa – das Verrückte kommt aus Afrika.«

Verrückt ist, was wir tun, verrückt in den Augen der westlichen Welt. Dort wurde das weltumspannende Internet erfunden, Menschen auf den Mond geschickt, mit U-Booten zum tiefsten Punkt der Weltmeere getaucht. Und nun behaupten ein paar Leute aus einem der ärmsten Länder der Erde, sie können das Tor zur anderen Dimension aufstoßen? Mit den Toten kommunizieren? Wenn das so ist, warum lebt ihr dann noch in Hütten?

Ich habe keine Antwort darauf, zumindest keine, die westliche Logik zufriedenstellt. Vielleicht sind unsere Medizinmänner dazu in der Lage, *weil* sie in Hütten leben. Sie haben den Bezug zur lebendigen Natur nicht verloren.

Ein deutscher Arzt berichtete mir, dass Schulmedizin nur 30 Prozent aller Krankheitsfälle behandeln kann. Gegen die restlichen 70 Prozent psychosomatischer und chronischer Krankheiten richtet sie nichts aus. Afrikanische traditionelle Medizinmänner können keine Nieren transplantieren oder Trümmerbrüche versorgen. Dafür haben sie dort Erfolg, wo Schulmedizin versagt. Der Chefarzt einer bekannten Klinik im Schwarzwald, der zehn Jahre in Maputo gearbeitet hat, meinte: »Ich sah Medizinmänner wahre Wunder vollbringen. Doch meinen Kollegen darf ich davon nichts erzählen, sonst bin ich meinen Posten los.«

Trotzdem hat auch der deutsche Volksmund noch seine Weisheiten bewahrt; »Glaube versetzt Berge«, sagt er. Wer glaubt, kann Dinge tun, die andere nicht können. In der Hütte meiner Mutter sind wir bereit, ein paar Berge zu versetzen.

Karlsruhe

2011 – 2013

Karlsruhe, sagen die Karlsruher, entstand im Jahre 1715, weil der Markgraf Karl Wilhelm von Baden-Durlach hier zu ruhen gedachte: nahe am Rhein, umgeben von Reben und Wäldern.

Mir gefällt die Sage vom Mann, der hier Ruhe finden wollte. Sie ist wie für mich gemacht. Ich kam auch nach Karlsruhe, um Ruhe zu finden, und ich fand sie vom ersten Tag an. Schon bei meinem Besuch während der Karlsruher Gespräche war mir aufgefallen, wie grundverschieden Städte sein können. Schwedt mit Karlsruhe zu vergleichen ist, wie Äpfel gegen Birnen zu halten. Der erste Straßenbahnfahrer, den ich hier zu Gesicht bekam, war ein Schwarzer, der mich im badischen Dialekt ansprach. Die Straßen waren voller Menschen, trotzdem ging es ruhig und gesittet zu. Aus der Universität strömten junge Leute jeglicher Hautfarbe, keiner schien sich schämen zu müssen.

Später erfuhr ich, dass Karlsruhe auch seine Probleme mit den Rechtsradikalen hat. Die suchen die Stadt immer wieder heim, weil das Bundesverfassungsgericht hier seinen Sitz hat. Doch die Rechnung machen sie stets ohne die Karlsruher. Hier zeigen die Menschen den Neonazis, dass sie absolut nicht willkommen sind. Kürzlich riegelten die Bürger von Karlsruhe kurzerhand den Bahnhof ab, um einen Trupp Rechtsradikaler gar nicht erst aufmarschieren zu lassen. Auf riesigen Plakaten war zu lesen: »Nazifreie Zone Karlsruhe«. Auch die Stadtoberen zeigen Flagge und unterstützen den Kampf gegen Rechtsradikalismus und braunen Terror mit allen ihnen zur Verfügung stehenden legalen Mitteln.

Seit ich in Karlsruhe bin, wurde ich weder beschimpft noch angepöbelt und schon gar nicht körperlich angegriffen. Das ändert sich, wenn ich in andere Städte reise, nach Berlin, Dresden oder Magdeburg.

Ich bezog eine kleine Mietwohnung in einem Dorf außerhalb der Stadt. Hier schlendere ich wie alle anderen über den Wochenmarkt, plaudere mit dem Nachbarn, kehre den Gehsteig, denn wir sind in Baden-Württemberg. Ich mache das gerne, denn die Sache ist ganz einfach: Wo nichts verdreckt ist, haben auch rechtsradikale Schmierereien keinen Platz. Sie sind immer der Anfang, wenn Neonazis ein neues Territorium erobern wollen.

In Karlsruhe fand ich sofort Arbeit. Was für eine Erleichterung nach den schweren Hartz-IV-Jahren mit Dutzenden von Ehrenämtern! Ich betreue schwerstbehinderte Menschen, die rund um die Uhr Pflege benötigen.

Gleich in den ersten Wochen marschierte ich zum KSC. Der Karlsruher Sport-Club gehört zu den größten Sportvereinen der Stadt. Dort hörte ich bei Fußballspielen zum ersten Mal das »Badnerlied«, die inoffizielle Hymne Badens. In der letzten Strophe heißt es: »Der Bauer und der Edelmann, das stolze Militär, die schau'n einander freundlich an, und das ist Badens Ehr.« Der Text mag nicht zeitgemäß sein, er ist auch 150 Jahre alt, trotzdem höre ich etwas heraus, das mir gefällt: Egal, woher du kommst, egal, was für ein Mensch du bist, für Badener sind alle gleich. Bei der Revolution 1848 wurde hier die Forderung nach einer demokratischen Republik besonders konsequent vertreten. Als preußische Truppen diese Revolution zusammenschossen, mussten 80 000 Badener aus der Heimat fliehen. Wen wundert's, denke ich, dass man in Karlsruhe einen Mann wie mich freundlich aufnimmt. Ich hätte früher herkommen sollen.

Beim KSC rannte ich offene Türen ein. In der Boxabteilung traf ich den mehrfachen DDR-Meister und Europameister Siegfried Mehnert wieder, gegen den ich so manche Ringschlacht geschlagen hatte. Eben sind wir dabei, eine Kooperation mit dem mosambikanischen Boxverband auf die Beine zu stellen. Ziel ist es, über den sportlichen Austausch Vorurteile ab- und Freundschaften aufzubauen. Bald werde ich ein paar Jungs aus Big Ben's Boxstall nach Karlsruhe bringen, später werden Boxer von hier nach Maputo reisen. Außerdem rief ich den Deutsch-Mosambikanischen Verein Karlsruhe mit ins Leben, der sich für ein friedliches Miteinander zwischen Weißen und Farbigen einsetzt und den Kindern in Mosambik Hilfe bringt.

Alles in allem bewegte ich mich in ruhigem Fahrwasser, was auch der Grund war, weshalb ich auf einmal an die Vergangenheit denken konnte: Warum um alles in der Welt war ich es, einer unter Abertausenden Sklavenkindern, die irgendwo im Dschungel lebten, der aus diesem Gefängnis ausbrechen konnte? Welche Rolle spielte mein Vater dabei, der große Medizinmann und Geistheiler? Weshalb war seine Stimmung mir gegenüber immer wieder so radikal umgeschlagen? In Schwedt hatte ich keine Gelegenheit gehabt, in Ruhe darüber nachzudenken. Nun fielen alle Fragen über mich her. Es war an der Zeit, eine Antwort zu finden. Es war an der Zeit, ein Flugzeug zu besteigen, um nach Mosambik zu reisen. Ich ging ins Reisebüro und buchte einen Flug Frankfurt – Johannesburg, hin und zurück.

Heute

Der Medizinmann singt. Es ist ein archaischer Gesang, den er mit kurzen, harten Trommelschlägen auf der Kalebasse begleitet. »Ibraimo«, sagt er. »In deinem Körper steckt Böses. Ein Schatten will dich töten, weil dein Vater Schuld auf sich geladen hat.«

Unwillkürlich rücken wir zusammen. Es ist unerträglich heiß, das Wasser läuft mir in Strömen am Körper hinab. Meine Mutter richtet ihre Augen auf mich, ich werde ruhiger. Worte wirbeln durch meinen Kopf: das Geheimnis. Der Schatten. Mein Vater hat etwas getan, was verboten war, und ich büße dafür. Jetzt legt der Medizinmann die Kalabasse weg. Er nimmt den buschigen Schwanz eines Eichhörnchens, wirbelt ihn vor mir herum. Er rückt näher. Gerne würde ich zurückweichen, aber das ist unmöglich. Außerdem wäre es zu spät. Das Gesicht des Medizinmannes verändert sich, ich kann das Weiße in seinen Augen sehen. Er spricht, doch nicht mehr mit seiner eigenen Stimme. Ist es die Stimme meines Vaters? Ich weiß es nicht, es ist zu lange her, seit ich sie gehört habe. Aber was sie zu sagen hat, kann nur Vater wissen. Es ist sein am besten gehütetes Geheimnis. Nur zwei Menschen bewahrten es: er selbst – und sein Bruder Daniel.

»Das Verlobungsgeld«, sagt der Medizinmann mit der fremden Stimme. »Es war wegen des Verlobungsgeldes.«

Im Volksstamm der Mateúe hat das Verlobungsgeld eine große Bedeutung. Macht ein junger Mann einem Mädchen den Hof und bekundet Absichten, sie zu heiraten, muss er den Brüdern

Verlobungsgeld zahlen. Das verhindert, dass er das Mädchen nur bezirzt und sitzen lässt, wenn er bekommen hat, was er eigentlich wollte. Genau das passierte der Schwester meines Vaters. Ein junger Mann stellte ihr nach, bekundete ernsthafte Absichten, ging mit ihr ins Bett und sparte sich das Verlobungsgeld.

»Das konnten wir nicht durchgehen lassen«, sagt die Stimme. »Daniel und ich passten ihn ab. Wir hatten einen Spaten dabei. Den schlugen wir auf seinen Kopf. Er war tot.«

Auf einmal ist es mucksmäuschenstill in der Hütte. Alle halten den Atem an. In unserem Land liegen Leben und Tod nahe beieinander. Mein Vater und mein Onkel haben einen Mann getötet. Das allein kann nicht das Geheimnis sein.

Der Medizinmann holt tief Luft, unwillkürlich folgen wir seinem Beispiel.

»Als das geschah, war das Wechselkind ein Jahr alt«, fährt er fort. Das Wechselkind, so nannte man mich. Weil nicht klar war, ob der Alte Mann mich gezeugt hat oder mein Vater.

»Daniel nahm die Hoden des Toten, ich einen Finger. Den Körper warfen wir in den Fluss. Ich habe aus Hoden und Finger Talismane gemacht. So wurde Daniel der beste Schneider. Und ich ein großer Medizinmann.«

Auch die katholische Kirche verehrt Reliquien: Finger, Beine, Zehen, Augen und Knochen unzähliger Heiliger werden in Kirchen und Kathedralen aufbewahrt und angebetet. In Afrika ist das nicht anders. Schon immer glauben Menschen daran, dass Körperteile getöteter Menschen magische Kräfte enthalten. Am Oberlauf des Sambesi erzählt man sich die Geschichte des Sena-Volkes. Diese entführten und töteten junge Mädchen benachbarter Dörfer, schnitten die Herzen der Jungfrauen heraus und steckten sie auf Haken. Dadurch waren sie in der Lage, den seltenen Sambesikarpfen zu fangen, dessen Leib voller Diamanten ist. Eine grausame Geschichte, die aus den Werken der Brüder Grimm stammen könnte.

Der Medizinmann umfasst mein Gesicht mit beiden Händen. »Um den Geist des Toten zu besänftigen, wurde das Wechselkind geopfert«, fährt er fort. »Sein Schatten wurde auf dich übertragen.«

Das verlangte der Ermordete von meinem Vater. So, wie Livingstone es formulierte: »Niemand stirbt in Afrika. Die Toten kommen immer als Geister zurück.« Der Geist brauchte eine Behausung, das Wechselkind eignete sich am besten dafür.

Nach unserer Tradition überleben die den Geistern geopferten Menschen normalerweise nicht lange. Der Geist lässt sie erkranken – vielleicht an einer der zahlreichen Krankheiten, welche sich die Schulmedizin nicht erklären kann –, und dann sterben sie. Bei mir war es anders.

»Der Schatten des Toten ist der Grund für deine Unfälle«, sagt der Medizinmann. »Du warst oft an der Pforte des Todes, doch ich habe dich immer wieder zurückgeholt.«

Mein Vater hat doppelte Schuld auf sich geladen: Er hat einen Mann getötet – und mich, das Wechselkind, dessen Geist geopfert. Gleichzeitig stand er immer an meiner Seite. Als mächtiger Medizinmann war er in der Lage, mich zu beschützen. Das war der Preis, den er für seine Tat bezahlen musste.

Was dachte Vater, als er merkte, wie das Wechselkind aus der Art schlug? Als ich mit unbändigem Willen durchsetzte, zur Schule zu gehen? Als ich leben wollte wie die Götter? Dachte er an den Schatten, der in mir lebte? Überlegte er sich, wie sehr dieses Wesen mich verändert hatte?

Alles, was ich getan habe, und alles, was mein Vater getan hat, muss ich von heute an in einem anderen Licht sehen. Deshalb will ich eine Antwort, eine Antwort auf das »Warum«.

Was ich zu hören bekomme, gefällt mir nicht. »Der Talisman war gut fürs Geschäft. Ich wusste, du wirst nicht sterben, wenn ich bei dir bin. Nun ist die Zeit gekommen, dich zu befreien. Fragt den Schatten, was er will.«

Die Antwort kommt prompt. »Ein Huhn. Ein schwarzes Huhn.«

Schwarze Hühner sind bei uns sehr selten. Es ist ein hämischer Wunsch, der schwer zu erfüllen ist. Meine Mutter schüttelt den

Kopf, mein Bruder schüttelt den Kopf. Da sagt Onkel Francisco: »Ich hab' eins.«

Er macht sich auf den Weg. Eine halbe Stunde ist er mit einem schwarzen Huhn zurück. »Seltsam«, sagt er. »Ich musste es gar nicht fangen. Es kam von selbst.«

Der Medizinmann nimmt das Tier. Er atmet ein, immer tiefer, immer schneller, er hyperventiliert. Aus seinem Mund dringt dumpfes Grollen. Der Medizinmann hält den Kopf des Huhns vor den Mund. »Der Schatten ist nun auf ihm«, sagt er. »Gebt mir ein weißes Halstuch.«

Meine Mutter kommt der Aufforderung nach. Der Medizinmann bindet dem Huhn das Tuch um den Hals. Dann reicht er es Onkel Francisco. »Setzt es im Busch aus. Dort, wo keiner hinkommt.«

Mein Onkel macht sich auf den Weg, mein Bruder begleitet ihn. Es ist keine Sache, die man auf die leichte Schulter nimmt. Das Huhn ist gefährlich, denn es ist verzaubert. Sollte es jemand essen, wird der Betreffende sterben. Allerdings wird kein Mensch mit einem Fünkchen Verstand sich dieser Gefahr aussetzen. Ein Huhn mit einem weißen Tuch mitten im Busch? Für jeden Einheimischen ist die Sache klar: Lass die Hände davon! Selbst eine Hyäne oder ein anderes Wildtier wird einen Bogen um das Huhn machen. Durch den Zauber wird es lange leben.

Zwei Stunden später kehren Onkel und Bruder zurück. Solange haben wir schweigend gewartet. Nun fordert mich der Medizinmann auf, ihn zum Fluss zu begleiten. Am Ufer des Nhamassacara, der schon so viel gesehen hat, sucht er ein Wasserloch. Trotz Trockenzeit wird er fündig. Dort muss ich mitsamt Kleidern untertauchen. Dann klettere ich heraus, ziehe mich aus, schlüpfe in mitgebrachte Shorts und T-Shirt. Meine Kleider wird der Medizinmann verbrennen. Er nimmt eine Rasierklinge und ritzt mir an mehreren Stellen die Haut auf. In der östlichen Medizin würde man sie als Stellen ausmachen, an denen Meridiane verlaufen. Dort reibt er ein Pulver aus der gestampften Rinde des Baobab hinein. Plötzlich fühle ich mich unglaublich erschöpft – und gleichzeitig befreit. Ich schaffe es noch zur Hütte meiner Mutter. Dort lege ich mich in den Schatten des Baumes und schlafe ein.

In meinem Traum taucht ein Satz auf: Ein Geheimnis muss ein Geheimnis bleiben, damit der Zauber wirkt. Als ich erwache, wirbeln diese Worte durch meinen Kopf: Ein Geheimnis muss ein Geheimnis bleiben, damit der Zauber wirkt. Deshalb durfte Vater nicht darüber sprechen: Das Geheimnis ließ ihn mächtig werden. Gleichzeitig kostete es ihn viel Kraft und ließ ihn früh sterben, wie auch Daniel, seinen Bruder.

Mama kommt und setzt sich neben mich. Wir schweigen. Sie weiß, dass meine Mission erfüllt ist. Sie weiß, dass für mich die Zeit gekommen ist, nach Hause zurückzukehren. Nach Hause, nach Deutschland. Es liegt in der Tradition unseres Stammes, sich nicht voneinander zu verabschieden.

»Hast du von der ganzen Sache gewusst?«, frage ich. Ein feines Lächeln überzieht ihr Gesicht.

»Es ist so, Ibraimo«, antwortet Mama. »Ein Geheimnis muss ein Geheimnis bleiben, damit der Zauber wirkt.«

Dann steht sie auf und verschwindet, ohne »Auf Wiedersehen« zu sagen, in ihrer Hütte.

Danksagung

In meinem Leben mit all seinen Wendungen gab es viele Situationen, in denen ich mich für helfende Hände, tröstende Worte, selbstlose Unterstützung und tatkräftigen Beistand bedanken wollte. Nicht immer gab es Gelegenheit dazu. Das möchte ich an dieser Stelle gerne nachholen. Ein großer Dank gebührt meiner Familie, meiner Tochter, meinen Söhnen und natürlich Birgit. Vielleicht trägt dieses Buch dazu bei, die eine oder andere eurer Fragen zu beantworten.

Meiner Mutter, meinem Vater, meinen Brüdern und Schwestern, die noch hier oder schon in der Geisterwelt leben, danke schön für eure immerwährende Unterstützung. Ich war das Wechselkind, ich war der, der zu den Göttern ging. Wo immer ich bin, ihr seid stets in meinem Herzen.

Ein großes Dankeschön an Albertina, Edu, Dito und Salvatore, für die große Unterstützung während meiner letzten Reise nach Mosambik.

Allen Menschen in der DDR, die mir und meinen Kameraden die Hand reichten, als wir neugierig, ängstlich (und in manchen Wintern sehr verfroren) in euer Land kamen: Vielen Dank für eure Herzensgüte. Das gilt in besonderem Maße meinen Trainern Rainer Kühn und Ernst Urban. Ohne euch hätte ich in diesem Sport, den ich so liebe, nichts erreicht.

Ich bedanke mich mit Freude im Herzen bei allen Menschen, die nach der Wende dafür sorgten, dass mein turbulentes Leben nicht völlig aus den Fugen geriet. Ich werde die großen und kleinen Gesten eurer Nächstenliebe nie vergessen. Besonderen Dank gilt Birgits Freundeskreis in Schwedt sowie meinen Sportkameraden vom Uckermärkischer Boxverein 1948 Schwedt e. V. Ohne eure Hilfe hätte meine Einbürgerung nicht geklappt, und wer weiß, was dann geschehen wäre.

Ich möchte den Menschen Dank und Respekt aussprechen, die nicht wegsehen, wenn es in Auseinandersetzungen mit Rechtsradikalen hart auf hart geht. Dank an alle, für die Menschenrechte nicht bloß ein Wort ist. Besonders erwähnen möchte ich in diesem Zusammenhang Dr. Justus Werdin, Hans-Rainer Harney, Lothar Priewe, Frank Bürger und Irmela Mensah-Schramm. Menschen wie ihr sorgen dafür, dass der braune Terror in Deutschland nicht die Oberhand gewinnt.

José Zimbinga und die Familie Mandes sind immer für mich da, wenn ich Hilfe brauche. Vielen Dank dafür!

Danke an Andreas Brandt! Der Tipp, nach Karlsruhe zu gehen, war richtig gut!

Ein herzliches Dankeschön geht an alle Menschen in Karlsruhe, die mir ein neues Leben in ihrer schönen Stadt ermöglichen. Der KSC ist ein großartiger Verein, der mir zur Heimat geworden ist. Danke an die Verantwortlichen dort!

Ein herzliches »Vergelt's Gott!« (wie man das so sagt in Baden) geht an meinen Arbeitgeber und die Kollegen der Individuellen Schwerstbehindertenbetreuung Karlsruhe. Jeden Tag, wenn ich zur Arbeit gehe, weiß ich, dass es sinnvoll ist, und das ist euer Verdienst.

Wenn aus Betreuten Freunde werden, wie das bei Claus Krekeler der Fall ist, macht die Arbeit doppelt so viel Spaß. Vielen Dank, Claus!

Danken möchte ich Volker Eberhardt, Waltrud Motschall und Volker Eschenwer sowie der Familie Golotta, die mir in den Karlsruher Anfangszeiten eine große Unterstützung waren.

Ein »Muyasiita« und »Muita Mabassa« (ein Superdankeschön in meiner Landessprache) geht an Lutz Dursthoff und Stephanie Kratz vom Verlag Kiepenheuer & Witsch sowie an Christine Proske von Ariadne Buch München.

Danken möchte ich meinem Co-Autor Daniel Bachmann, der mit mir auf abenteuerliche Weise durch Mosambik reiste und mit dem ich so manche Packung Nüsse teilte.

Niemals vergesse ich die 29 Millionen Sklaven, die es weltweit immer noch gibt. Ich bedanke mich bei allen, die sich dafür einsetzen, dass diese unwürdige Zahl eines Tages nur noch in Geschichtsbüchern auftaucht.

Bildnachweis